Juliane Brauer

Lied und Musik im Geschichtsunterricht

WOCHEN
SCHAU
VERLAG

Bibliografische Information der Deutschen Nationalbibliothek

Die Deutsche Nationalbibliothek verzeichnet diese Publikation in der Deutschen Nationalbibliografie; detaillierte bibliografische Daten sind im Internet unter http://dnb.d-nb.de abrufbar.

Die Qualität der in dieser Reihe erscheinenden Bände wird vor der Publikation in einem offenen Peer-Review-Verfahren durch das Herausgebergremium – gegebenenfalls in Verbindung mit externen, vom Herausgebergremium benannten Gutachtern – geprüft.

www.wochenschau-verlag.de

Titelgestaltung: Ohl Design
Titelbild: Alexander Pokusay, adobe stock
Gesamtherstellung: Wochenschau Verlag
Gedruckt auf chlorfrei gebleichtem Papier
ISBN 978-3-7344-1213-4 (Buch)
E-Book ISBN 978-3-7344-1214-1 (PDF)
DOI https://doi.org/10.46499/423

Juliane Brauer

Lied und Musik im Geschichtsunterricht

Inhalt

Historisches: Eine kleine Geschichte des Singens

Unterrichtspraktisches

Vorwort und Dank

Dieses Buch ist das Ergebnis eines jahrelangen Ausprobierens von Liedern als historischer Quelle sowie von Testläufen und Diskussionen mit Studierenden und Schülern*innen. Es entstand in der inspirierenden Atmosphäre des Forschungsbereiches „Geschichte der Gefühle" am Max-Planck-Institut für Bildungsforschung (Berlin) in den Seminarräumen der Bergischen Universität Wuppertal und der Universität der Künste (Berlin) sowie den Klassenzimmern Potsdamer Schulen. Ich danke allen Kollegen*innen und Schüler*innen für anregende Debatten, zahlreiche Hinweise und Geschichten zu den Liedern, die sie in ihren Köpfen und Herzen herumtragen.

Am meisten jedoch habe ich aus den Diskussionen mit den Studierenden mitgenommen. Sie haben sich mit mir gemeinsam auf die Suche nach Liedbeispielen, nach Methoden und Unterrichtsideen gemacht und diese mit mir ausprobiert. Von ihnen habe ich viele neue Ideen mit auf den Weg bekommen.

Ich danke dem Wochenschau Verlag für die Geduld mit mir und meinen Reviewern für zahlreiche hilfreiche Hinweise. Mein größter Dank gilt meiner kritischen Erstleserin Christine Dzubiel, die mir geholfen hat, nicht auf der Hälfte des Weges stehen zu bleiben.

Das Buch widme ich meinen Kindern, in der Hoffnung, dass sie sich nicht mehr über langweiligen Geschichtsunterricht beklagen mögen.

Einleitung

Musik ist überall. Straßenmusiker*innen spielen auf Bahnhöfen oder in Fußgängerzonen. In Fahrstühlen, Kaufhäusern oder Supermärkten erklingt Musik, um die Zuhörenden zu entspannen und sie zum Einkaufen zu motivieren. Radiostationen senden je nach Profil die „größten Hits" unseres popkulturellen Hörrepertoires oder Kompositionen aus verschiedenen Jahrhunderten und Regionen. Dank diverser, auch kostenfreier Streamingdienste hat fast jede*r ihre*seine persönlichen *playlists* auf dem Smartphone, die dann über handliche und dennoch sehr leistungsstarke Bluetooth-Lautsprecher mit Vielen geteilt werden können oder über mehr oder weniger große Kopfhörer direkt ins Ohr gehen. Dank entsprechender Onlineanbieter und besserer Datenversorgung und günstiger Tarife lässt sich so ziemlich jede Musik je nach persönlicher Vorliebe und Geschmack überall gezielt und schnell abrufen. Entsprechende *tools* erlauben dann auch die digitale Verständigung in Form von *likes* oder *dislikes*. So lässt sich schnell erkennen und abgleichen, wie sich der eigene Musikgeschmack zu dem der *Peergroup* verhält.

Die gegenwärtige Omnipräsenz von Musik ist eigentlich alles andere als selbstverständlich, das zeigt ein Blick in die Ursprünge und Geschichte von Musik. Eigentlich ist Musik an sich nicht mehr als ein besonderes Zeichensystem, das den meisten wie ein Buch mit sieben Siegeln vorkommt. Diese Zeichen- oder konkret Notationssysteme wandelten sich im Laufe der Jahrtausende, sodass heute zum Teil kaum mehr herauszufinden ist, wie Musik in früheren Jahrhunderten überhaupt klang. Erst durch die Interpretation dieser Zeichensysteme, durch das Singen oder Spielen auf Instrumenten wird Musik zu Klang und damit überhaupt hörbar. Die technischen Entwicklungen seit Mitte des 19. Jahrhunderts ermöglichten die Konservierung von Klängen. Damit wurde sie zeit- und ortsungebunden und wir haben heute die Möglichkeit nachzuhören, wie Musik klang. Über Kontinente und Jahrzehnte, gar Jahrhunderte hinweg verbinden die klanggewordenen Notationen Menschen und wurden zu Identitätsmarkern. Denn Musik in ihren verschiedenen Medien, Räumen und Situationen wirkt insbesondere auf das emotionale Erleben von Menschen. Musik kann positiv motivieren, verbinden oder euphorisieren, aber auch beängstigen und sogar quälen. Das macht Musik zu einer besonders vielgestaltigen und vielschichtigen Quelle für das Verständnis vergangener Lebenswelten.

Das folgende Buch setzt genau an diesen Beobachtungen zum unbedarften und intrinsischen Umgang mit Musik und den Überlegungen zur medialen Vermittlung von Klängen an. Fragen über Funktion und Bedeutung von Musik in vergangenen Zeiten, darüber, was Lieder über das Denken, Fühlen und Handeln historischer Akteure*innen verraten können, lassen sich auch und gerade unabhängig von Notationen erarbeiten, denn Musik ist hörbar. Noten geben wenig preis darüber, wie und warum Menschen gemeinsam in bestimmten Situationen sangen. Noten sagen auch nichts darüber aus, wie die Musik tatsächlich klang oder welche Musik in welcher Zeit ganz besonders bedeutend und verbreitet war. Dafür braucht es andere Quellen, wie Erfahrungsberichte, verschriftlichte Erinnerungen, oder Programmhefte, bestenfalls historische Aufnahmen. Historische Musik kann und sollte damit eine Quelle im Geschichtsunterricht sein, auch wenn die Schüler*innen nicht die Lesefähigkeit für Notensysteme mitbringen.

Auf diese Kombination von Potenzial und Zugänglichkeit baut folgendes Buch. Es möchte motivieren, Musik als eine ernstzunehmende und bedeutsame Quelle in den Geschichtsunterricht zu integrieren, weil sie ein Schlüssel in die Vorstellungswelten vergangener Zeiten sein kann und gleichzeitig ein scheinbar so vertrautes Medium unserer Alltagswelt ist.

Musik ist nicht nur heute omnipräsent, sie war auch in der Vergangenheit alltägliche Begleiterin der Menschen. Es ist davon auszugehen, dass Musik von Beginn menschlicher Sozialisation an eine besondere Rolle in der gemeinschaftlichen Kommunikation gespielt hat. Dazu brauchte es nicht einmal gesonderter Instrumente. Das wichtigste Musikinstrument trägt der Mensch schon immer bei sich: seine Stimme. Von der Sprachmelodie der gesprochenen Sprache ist es nicht weit zu einer Liedmelodie. Das Singen hatte von Beginn an soziale Funktion. Die „lautliche Kommunikation“ signalisierte Nähe und Zusammengehörigkeit auf der Nahrungssuche oder der Wanderung (Grossbach/Altenmüller 2003, 18). Anhand ihres Gesanges signalisierte eine Mutter ihren Kindern, dass sie in der Nähe war, wenn auch nicht sichtbar. Darüber hinaus brauchte es den gemeinschaftlichen Gesang, um den Rhythmus gemeinschaftlicher Arbeiten zu synchronisieren. Singen lässt sich allein, aber auch und gerade gemeinsam.

Soziale Gruppen entwickelten ihren eigenen Erkennungsgesang. Das Phänomen gibt es bis heute in Fußballstadien zu beobachten (Kopiez 1998). Kollektives Singen bekannter Melodien bestärkt Identitäts- und Zugehörigkeitsgefühle, vermittelt Gruppenwissen und Gewissheiten. Musikpsychologen*innen führen ein weiteres Argument für die Bedeutung des frühen Gesanges an, das ebenso bis heute Relevanz hat: Singen fördere eine emotionale positive Grundstimmung, indem es das Selbstbelohnungszentrum im Gehirn anspricht. Emotionales Wohlbefinden und Zugehörigkeitsgefühle sind bis heute die beiden musikpsychologisch begründeten Hauptmotivation für Singen und (so ließe sich das Argument weiterführen) für Musikhören.

Damit waren und sind Singen und Musizieren feste Bestandteile menschlichen Erlebens und Gestaltens. Das hinterließ seine Spuren in vielfältigen Quellen und Überresten. Das bislang älteste überlieferte Lied der Welt ist eine religiöse Hymne, die Archäologen*innen in der antiken Stadt Ugarit im heutigen Syrien auf Tontafeln gefunden haben und auf die Zeit um 3400 vor Christus datieren. In den heiligen Schriften finden sich ebenfalls Hinweise auf den Gebrauch von Musik. Bekannt ist vor allem der spätere König David (1. Samuel 16,14-23), der mit seinen Harfenklängen den schwermütigen König Saul heilte. Ein anderes Beispiel ist die Geschichte von Joshua, dem nachgesagt wird, dass er mit dem Klang der Kriegshörner die Mauern der antiken Stadt Jericho zum Einsturz gebracht haben soll (6:1-25). Die alten Schriften der Weltreligionen sind voll von Klage- und Lobpreisungsliedern. Wie diese allerdings klangen, wer sie wie gesungen hat, welche Bedeutung und soziale Funktion Musik und Lied hatten, darüber ist aus diesen Schriften wenig zu erfahren, dafür braucht es andere Überlieferungen.

Das bislang älteste bekannte Musikinstrument wurde erst im Jahr 2008 auf der Schwäbischen Alp gefunden. Dabei handelt es sich um eine Flöte aus Gänsegeierknochen, auf der sich mehrere verschiedene Töne und damit ganze Melodien spielen lassen können. Das Alter dieser Flöte wird auf circa 40.000 Jahre geschätzt. Auch dieses archäologische Fundstück unterstreicht, wie wichtig Musik von Anbeginn menschlichen Gruppenlebens war.

Lieder, ob nun historisch oder zeitgenössisch, handeln von den Herausforderungen des Alltags, sie formulieren Überzeugungen und Gewissheiten über Vergangenheit, Gegenwart und Zukunft. Sie handeln von Hoffnungen, Träumen und Sehnsüchten. Damit sind historische Lieder durch ihre sprachliche Verfasstheit und soziale Wirksamkeit besondere historische Quellen für eine Alltags- und Sozialgeschichte. Sie geben Einblicke in vergangene Wirklichkeiten. Sie ermöglichen unter dem analytischen Blick der Historikerin und des Historikers Zugriff auf Denk- und Wahrnehmungsstrukturen, Weltsichten und Vergangenheitsdeutungen historischer Akteure*innen.

Diese Einsicht ist auch der Grund dafür, dass es in den letzten Jahren zahlreiche geschichtsdidaktische Vorschläge gab, wie historische Musik in den Geschichtsunterricht einzubinden sei. Auch in Geschichtslehrbüchern finden sich hauptsächlich für die Geschichte des 19. und 20. Jahrhunderts historische Lieder. Nimmt man die Regelmäßigkeit von Publikationen über Musik im Geschichtsunterricht, scheint es in den letzten 20 Jahren eine wachsende Aufmerksamkeit zu geben. Doch zielen diese Vorschläge überwiegend auf Illustration oder Auflockerung des Geschichtsunterrichtes. Das Potenzial als historische Quelle für eine Alltags- und Mentalitätsgeschichte wurde dabei selten thematisiert. Ein Grund dafür könnte sein, dass das Zeichensystem von Musik doch eher abschreckt als einlädt.

Vorliegendes Buch knüpft an vorhandene Überlegungen zur Musik als historische Quelle an und geht weiter darüber hinaus. Insbesondere wird die augenscheinliche Verbindung zwischen Musik, Emotionen und historischem Lernen diskutiert und problematisiert. Damit werden systematisch die Chancen und Herausforderungen historischer Musik als einer spezifischen Quelle der Geschichtswissenschaft und -didaktik diskutiert.

Folgende drei Grundprinzipien liegen den methodischen Vorschlägen zu Grunde.

1. Historische Musik ist auch ohne Notenkenntnisse als Quelle nutzbar: Solange die Musik nicht ausschließlich als Notentext vorliegt, sondern es weitere Quellen zum spezifischen Musikstück gibt, insbesondere in Form einer Vertonung, kann Musik durch aufmerksames, analytisches Hören und bekannte Methoden textbasierter Quellenkritik erschlossen werden. An der einen oder anderen Stelle lassen sich die Unterrichtsvorschläge um die Ebene eines musikwissenschaftlichen Zuganges erweitern, aber das ist immer optional und nie Voraussetzung. Denn dieses Buch möchte alle interessierten Historiker*innen und Lehrer*innen ermuntern und auffordern, Musik als historische Quelle auszuprobieren und ihre Potenziale kennenzulernen.

2. Musik ist nur scheinbar ein vertrautes Medium: Auch wenn Musik ein vertrautes Medium zu sein scheint, historische Lieder sind heutigen Kindern und Jugendlichen genauso fremd, wie andere historische Quellen. Historische Musik bricht mit Hörgewohnheiten, auch wenn sie an die gewohnte Praktik des Musikhörens oder Singens anknüpft. Musik und Lieder sind Produkte mit ihren je eigenen ästhetischen Konfigurierungen. Darin liegt die besondere Herausforderung der historischen Musik, aber auch das besondere didaktische Potenzial historischer Lieder als Quellen für den Geschichtsunterricht. Sie sind zugleich vertraut in ihrer Form und fremd in ihrem Ausdruck. Ausgehend von diesen Überlegungen wird ein analytischer Zugang vorgeschlagen, der es ermöglicht, die scheinbare Vertrautheit des Mediums Musik – so sehr sie auch motivationaler Faktor ist – zu brechen und in produktive Irritation zu überführen. Damit wird Musik als eine historische Quelle vorgestellt, die motivierende Lerngelegenheiten ermöglicht und unter entsprechender Fragestellung historisches Lernen als eigensinnigen und produktiven Prozess ermöglicht.
3. Der thematische Schwerpunkt liegt auf Liedern des 19. und 20. Jahrhunderts: Grundsätzlich konzentrieren sich die theoretischen und methodischen Vorschläge auf Lieder dieser beiden Jahrhunderte, erstens, weil Lieder gesellschaftlich relevanter waren und sind als Instrumentalmusik. Zweitens sind Lieder für eine historische Quellenkritik greifbarer. Drittens gab es ab der Mitte des 19. Jahrhunderts Aufnahmetechniken, mit deren Hilfe Lieder als Klangereignisse überliefert werden konnten. Unabhängig von dieser pragmatischen Zuspitzung werden jedoch auch Musik- oder Liedbeispiele aus anderen Jahrhunderten eingebracht.

Das Buch ist in einen *theoretisch-methodischen,* einen *historischen* und einen *unterrichtspraktischen* Teil untergliedert. Der *theoretisch-methodische* Teil beschreibt und definiert Musik als historische Quelle. Dafür wird ein kurzer Einblick in die Problem- und Interessenlagen zwischen den beiden Disziplinen Musikwissenschaft und Geschichtswissenschaft gegeben. Es geht vor allem darum, die besondere Beziehung von Musik, Emotionen und historischem Lernen zu klären. Denn die emotionale Wirkmächtigkeit von Musik in Geschichte und Gegenwart stellt insbesondere eine besondere Chance, aber auch eine besondere Herausforderung für das historische Lernen dar. Der Gegenstandsbestimmung von Musik als historischer Quelle folgt ein konkretes Analyseraster.

Der *historische* Teil bietet einen kurzen Abriss über das Singen in der Geschichte. Er unterbreitet weiterhin einen Vorschlag zur Systematisierung verschiedener Liedtypen. Diese beiden Teile haben das Ziel, dem*der interessierten Leser*in einen Einblick in die Besonderheiten musikalischer Quellen zu geben, einen Überblick über historische Entwicklungen zu bieten und für die spezifischen Herausforderungen und Potenziale dieses Quellentyps zu sensibilisieren.

Der *unterrichtspraktische* Teil hat die Aufgabe, grundsätzliche Überlegungen zum Einsatz historischer Musik im Unterricht zu systematisieren und konkrete Vorschläge zu unterbreiten. Dazu gibt es einen *Methodenpool* und ausführlichere *Unterrichtsbeispiele.* Der Methodenpool gibt anhand konkreter Lieder exemplarisch Einblick in verschiedene Methoden für unterschiedliche Unterrichtsprozesse. Gleichzeitig soll er einen Einblick in die Bandbreite von Themen und Liedern geben und die Leser*innen dazu anregen, selbst historische Lieder als Inhalte des Geschichtsunterrichts zu definieren. Während sich der Methodenpool als eine Sammlung von Bausteinen für den Einsatz von Lied und Musik im Geschichtsunterricht versteht, stellen die konkreten Unterrichtsbeispiele dar, wie sich historische Lieder mit der vorgestellten Vielfalt an Methoden in einen Unterrichtsverlauf einbetten lassen.

Theoretisch-Methodisches: Musik als historische Quelle – Gegenstand und Analyse

1. Noten, Texte, Klänge: Zur medialen Verfasstheit musikalischer Quellen

Auf der Suche nach vergangenen Lebenswelten begegnen Historiker*innen in den Archiven immer wieder Musik: Ob am Hofe Friedrichs II. von Preußen im 18. Jahrhundert oder in den Studentenkellern des frühen 19. Jahrhunderts; in den bürgerlichen Vereinszimmern nach 1800 oder auf den Feldern der amerikanischen Südstaaten; ob auf den Pariser Barrikaden während der Französischen Revolution oder unter den Weihnachtsbäumen bürgerlicher Wohnzimmer des deutschen Kaiserreiches; ob in den Schützengräben des 1. Weltkrieges; in den nationalsozialistischen Konzentrationslagern, ob der kollektivierende Massengesang zur Erziehung der Jugend in den Diktaturen des 20. Jahrhunderts oder die wütenden, manchmal auch leise anklagenden Protestsongs eben dieser Jugend – die Geschichte ist voller singender und musizierender Menschen. Der Gesang schweißte Gruppen zusammen, begleitete alltägliches Erleben, ließ Machtstrukturen hörbar und fühlbar werden. In der Musik artikulierten sich Hoffnungen, Träume und Zuversicht, aber auch Trauer, Wut und Angst. Doch wie ist dieses gesungene Fühlen heute (nach)hörbar und in historische Erkenntnis übersetzbar? Für diese Frage liegt eine ganze Bandbreite von Quellen vor, an die man im ersten Moment gar nicht denkt. Die Wirkmächtigkeit von Emotionen ist weniger in den Noten selbst erkennbar. Hieraus lässt sich höchstens ableiten, welche Absichten die Autoren*innen und Komponisten*innen verfolgten und in welchen Traditionen sie standen. Um über historische Musik Zugriff auf das alltägliche Erleben, Weltwahrnehmung und -deutung historischer Menschen zu bekommen, braucht es Quellen, die den Gebrauch der Musik dokumentieren und bestenfalls über die Wirkungen Aufschluss geben.

1.1 Primärquellen und Begleitquellen

Daher muss zunächst unterschieden werden in die konkrete musikalische Quelle, die Komposition oder die Liedaufnahme und die Quellen, die über Aufführung und Wirkung der Musik Auskunft geben. Diese Unterscheidung erfolgt mit den Begriffen musikalische *Primärquelle* und erläuternde *Begleitquellen*, das können sein: Berichte aus zeitgenössischer Feder, Programmhefte und Ablaufpläne.

Im Konzentrationslager Sachsenhausen entstand beispielsweise eine Liedkomposition mit dem Titel „Herzensgraf". Sie wurde auf der Rückseite eines Formulars aus den SS-Werkstätten von 1944 notiert. Doch mehr als den Namen des mutmaßlichen Autoren*innenpaares, Karl und Maria Szamek, ist nichts zu dem Lied herauszufinden. Damit hat es als historische Quelle kaum einen Aussagewert. Es gibt keine weiteren Informationen zu dem Autoren*innenpaar, in keinem Erinnerungsbericht taucht das Lied auf, es ist nicht einmal sicher, wann es wirklich entstanden ist und warum es notiert wurde. Sollte es gesungen werden und wenn ja, von wem? Diente die Notiz dazu, ein Lied aus einer früheren Zeit nicht zu vergessen? Die schlichte Liedkomposition lässt sich zwar in die Tradition deutscher Volkslieder zum Thema Liebe einordnen und das verwendete Blatt und der Stift weisen darauf hin, dass es ein Häftling geschrieben haben könnte, der in der entsprechenden Werkstatt arbeiten musste. Es kann aber auch sein, dass die Materialien weitergereicht wurden. Mehr Informationen lassen sich anhand dieser musikalischen Primärquelle nicht erarbeiten, so aufregend ihr Fund im Archiv auch sein mag. An diesem Beispiel zeigt sich eindrücklich, wie bedeutend erläuternde Begleitquellen sind.

Um beim Beispiel des Konzentrationslagers Sachsenhausen zu bleiben: Es ist bekannt, dass der niederländische Komponist Marius Hendrikus Flothuis zwischen September 1944 und April 1945 Gefangener im Außenlager Heinkel war. Dort komponierte er mindestens drei Orchesterstücke, davon ein Konzert für Horn Principale und kleines Orchester. Diese Komposition ist überliefert. Auf dieser findet sich auch der Verweis, dass Flothuis es dem Hornisten Georg Carac widmete. Im Gegensatz zu der oben erwähnten Liedkomposition, gibt es für Orchesterkomposition zahlreiche Begleitinformationen. Es existiert ein sogenanntes Blockbuch des Musikerblockes aus dem Außenlager Heinkel, das etwas über die Zusammensetzung des Orchesters verrät, über Häftlinge, die neu angekommen waren und solche, die das Orchester aus verschiedenen Gründen verlassen mussten, über die Instrumente, die sie spielten oder welche Stimmenlage sie sangen. Es gibt zudem Programmzettel von Konzerten, die offiziell im Außenlager Heinkel stattfanden. Es existieren zahlreiche verschriftliche Erinnerungen von Häftlingen, die sich an die Konzerte und auch an den Komponisten erinnerten. Nicht zuletzt gab Marius Flothuis selbst Radiointerviews, in denen er über seine Zeit im Außenlager des Konzentrationslagers Sachsenhausen berichtete. Anhand dieser ganzen Begleitquellen lässt sich eine Geschichte darüber schreiben, wie die Musik Menschen im Konzentrationslager beim Überleben half und wie wichtig die Beschäftigung mit Musik für die Gefangenen war, um sich weiterhin als Menschen zu fühlen. Zugleich zeigen die Begleitquellen aber auch, dass die Häftlingsorchester einen eigenen Wert für die Alltagsorganisation im Sinne der Lagerkommandantur hatten, anderenfalls hätte es gar nicht erst einen eigenen Musikerblock gegeben oder öffentliche Konzerte. Durch das Kontextwissen hat diese Komposition für Horn Principale und kleines Orchester bis heute einen besonderen Platz bei Gedenkveranstaltungen.

Für die Unterrichtspragmatik bedeutet das: Es reicht nicht aus, eine Lied- oder Musikquelle zu haben, so spannend und motivierend sie auch sein mag. Idealerweise sollte man auf Lieder oder Musik zurückgreifen, über die bereits Informationen und Materialien zusammengetragen wurden, anderenfalls bedeutet es zum Teil mühevolle Recherche, die sich aber häufig als lohnend herausstellt.

Damit ist die Auswahl der Lieder und Themen für den Geschichtsunterricht durch die bisherige fachwissenschaftliche Forschungsarbeit definiert. Dabei verwundert es kaum, dass bisherige Unterrichtsvorschläge zur Musik als historischer Quelle sich in der Hauptsache auf das 19. und 20. Jahrhundert beziehen. Schließlich sind für diese Zeit mit Abstand die meisten Materialien erschlossen und zusammengetragen worden.

1.2 Musik in Text- und Bildquellen

Musik ist in Noten notiert und diese „Notation ist so gesehen ein Medium für die Vermittlung und Reproduzierbarkeit von Musik" (Bruhn 2019, 256). In verschiedenen Systemen wurden Informationen über Musik festgehalten. Diese dienten der Gedankenstütze, aber auch der Überprüfbarkeit und Reproduzierbarkeit. Entscheidend ist die Einsicht darin, dass mit der Notation nicht so sehr die Musik selbst festgehalten wird, sondern der „Prozess der Entstehung von Musik" sichtbar wird. „Musikalische Notation im westlich-europäischen Sinn ist eine Handlungsanweisung, nach der ein bestimmtes Musikstück reproduziert werden soll" (Bruhn 2019, 257).

Bereits in der ägyptischen, griechischen und römischen Antike gab es einfache Formen der Notation, die einstimmige Melodien überlieferten. In der abendländischen Musikgeschichte war ab dem 10. Jahrhundert ein Notensystem in Gebrauch, in der erstmals auch Tonhöhen abgebildet wurden. So besteht die Möglichkeit, sich dem Klang der vergangenen Musik anzunähern. Von der Musikwissenschaft werden dafür Translationen angefertigt und die historische Musik in heutige Notensysteme übertragen. Entscheidend ist jedoch die Einsicht darin, dass wir heute dennoch nur eine Annäherung an den möglichen Klang der Musik vergangener Zeiten erreichen können. Erst in der Zeit des Hochmittelalters wird die Überlieferung von Musik systematischer. Liturgische Melodien mussten zunehmend festgehalten werden, um sie so einerseits reproduzieren zu können und sie andererseits für die kirchliche Obrigkeit kontrollierbar zu machen. Spätestens seit dem 12. Jahrhundert gab es eine in der Notre-Dame-Schule entwickelte Mensuralnotenschrift für den mehrstimmigen Gesang. Die Forschung über die gregorianischen Choräle und die weltliche Musik der Troubadoure, Trouvarès und Minnesänger bietet ausführliche Informationen über Inhalte, Gebrauch und die Funktion der Lieder der wandernden Sänger.

Quellen über den alltäglichen und außeralltäglichen Gebrauch von Musik werden mit fortschreitender Zeit und ausdifferenzierter Institutionalisierung zahlreicher und vielfältiger. Seither entstanden im frühen 18. Jahrhundert auch jenseits von Fürstenhäusern und Königspalästen Opern- und später Konzerthäuser in Mitteleuropa. Das selbstbewusstere und erstarkende Bürgertum fand im späten 18. und vor allem im 19. Jahrhundert seine musikalischen Institutionen und musikalische Ausdrucksweise. Trotz der zunehmenden Fülle an Quellen bleibt das Problem bestehen, dass wir hauptsächlich Informationen über die Musikpraktiken des Adels und später des Bürgertums haben. Es gibt wenig empirisches Wissen darüber, wie und was in den bäuerlichen Häusern, Feldern oder auf Dorffesten gesungen oder gespielt wurde, mit welchen Liedern und Gesängen Kinder der bäuerlichen Familien aufwuchsen, ob und was Arbeiter*innen zu den Zeiten der Frühindustrialisierung sangen. Die konkreten Methodenvorschläge in diesem Buch versuchen zum Teil, diese Lücken sichtbar zu machen und dennoch Ideen für die historische Erschließung der stilleren Zeiten und leiseren sozialen Gruppen zu unterbreiten.[1]

Mit dieser Einschränkung häufen sich die Überlieferungen über Musik in Konzertsälen und Kaffeehäusern, in den privaten Gemächern der Fürsten oder den Vereinszimmern des erstarkenden Bürgertums ab Mitte des 18. Jahrhunderts. Es lassen sich Programme, Berichte über Konzerte und das Konzertpublikum finden. Insbesondere die Herausbildung und das wachsende Selbstbewusstsein des Bürgertums ging mit einer fast inflationären Beschäftigung mit Musik und Gesang einher. Es wurde Repräsentationsmittel für das wohlhabende Bürgertum. Das Erlernen eines Musikinstrumentes war integraler Bestandteil der bürgerlichen Erziehung und Ausbildung. Die wachsende Begeisterung für die Hausmusik wurde forciert mit der Massenproduktion von kleineren Klavieren. Musikverlage publizierten massenhaft Lied- und Spielhefte mit populären Liedern und Melodien für den Hausgebrauch, mit leicht spielbarem Tonsatz.

Eine weitere Informationsquelle sind Abbildungen über den sozialen Gebrauch von Musik. Zu erinnern sei an die Apollon-Statuen, die den griechischen Gott der Künste häufig mit der antiken Kithara zeigen oder an Abbildungen von König Salomon, mittelalterliche und frühneuzeitliche Darstellungen der biblischen Geschichte von David, der die melancholischen Verstimmungen König Sauls durch sein Harfenspiel behandeln soll. Diese Art von bildhauerischen Darstellungen oder Abbildungen in der Malerei ermöglichen überhaupt erst eine Vorstellung darüber, welche Musikinstrumente es zu welchen Zeiten gab, wie sie konstruiert waren und wie gespielt wurden. Alle Interpretationen historischer Musik versuchen sich über möglichst originalgetreu rekonstruierte Musikinstrumente dem Originalklang anzunähern. Es gibt Musikensembles, die sich darauf spezialisiert haben, historische Musik so authentisch wie möglich (dementsprechend auch auf historischen Instrumenten, so wie sie rekonstruierbar sind) zum Klingen zu bringen.

1.3 Musik als Klangquellen

Über historische Musik bis weit ins 19. Jahrhundert speist sich unser Wissen aus diesen Noten, Text- und Bildquellen. Erst gegen Ende des 19. Jahrhunderts werden sie durch eine entscheidende neue Quellengattung erweitert: Tonaufnahmen. Im März 1857 meldete der französische Tüftler Edouard-Léon Scott de Martinville das Patent für den sogenannten Phonautografen an, einem Gerät, das in der Lage war, Schallwellen auf Papier aufzuzeichnen, allerdings nicht wiederzugeben. Erst der Phonograf von Thomas Alva Edison von 1878 war in der Lage, aufgezeichneten Schall akustisch wieder zu geben. Damit begann „ein neues Zeitalter der Musik“, das in erster Linie durch die „raumzeitliche Trennung“ von Aufführung und Rezeption gekennzeichnet ist (Wicke 2019, 5 und 9). Die Musikgeschichte ab Ende des 19. Jahrhunderts ist daher eng mit der Geschichte ihrer medialen Aufzeichnung und Verbreitung verbunden.

Seit mittlerweile gut 10 Jahren sind Klangquellen Gegenstand der Geschichtswissenschaft. Was die Historiker*innen daran fasziniert, ist die besondere „sinnliche Präsenz“ dieser Quellen, die es ermögliche, Geschichte zu hören (Morat/Blanck 2015, 704). Zugleich wird auch deutlich gemacht, dass diese Quellen ihr eigenes Analyserepertoire benötigen, um nicht dieser besonderen sinnlichen Präsenz „einfach aufzusitzen“ (Morat/Blanck 2015, 704).[2]

Auch wenn die Geschichtswissenschaft ihre „Ohren öffnet“ – wie es so schön heißt (Missfelder 2015, 633) – und die *Sound History* als Geschichte der Klänge und des Hörens sich zunehmend profiliert,[3] ist das erst der halbe Weg, um mit Musik als historischer Quelle zu arbeiten. Musik ist zwar Klang, jedoch auch deutlich mehr als das.

Musik als Primärquelle liegt in unterschiedlicher medialer Form vor, je nachdem, in welcher Zeit sie entstand. Das Prinzip, Musik auf Tonträgern zu konservieren, wurde nach seiner Entdeckung immer weiter perfektioniert und veränderte sich Hand in Hand mit allgemeinen technischen Entwicklungen. Aus den frühen Schellackplatten wurden Vinylschallplatten, später Magnettonbandkassetten, dann Compactdiscs (um hier nur die bekanntesten Tonträger zu nennen, die einen Bruchteil aller Formen darstellen). 1996 erreichte das Medium Tonträger „seinen Zenit“ und das Zeitalter der trägerlosen digitalen Verbreitung von Musik begann (Wicke 2019, 17). Heute ist auch historische Musik in großen Teilen digitalisiert und als solche auf verschiedenen Internetplattformen abrufbar.

Im Jahrhundert der Tonträger veränderte sich auch die visuelle Untermalung von Musik. Während die Liederbücher der letzten Jahrhunderte mit Vignetten und kleinen kommentierenden Bildern versehen waren, bildete sich eine eigene bildliche Kunst zur Cover-Gestaltung der Tonträger heraus, mit dem Ziel, Wiedererkennungseffekte zu schaffen und Verkaufszahlen zu fördern. Plattencover sind damit zugleich „inhaltsgebend“, „werbend“ und prägen eine spezifische „ästhetische Inszenierung“ von Musik aus, die nicht materiell und damit flüchtig ist (Seim 2019, 372). Die Idee einer bildlichen Kommentierung und ästhetischen Rahmung von Musik kann auch methodisch für den fächerübergreifenden Unterricht fruchtbar gemacht werden. Dieser ermöglicht es den Schülern*innen, sich sowohl über die spezifische „Popmusik“, als auch über die „Pop-Ikonographie“ Themen der Zeitgeschichte anzunähern.

Ab Mitte der 1980er Jahre gibt es Musikvideos, Musikclips oder Musikvideoclips, wie sie genannt wurden, die auf entsprechenden Spartenkanälen im deutschen Fernsehen gezeigt wurden. In westeuropäischen Ländern, vor allem in Großbritannien, begann die Geschichte des Musikfernsehens bereits in den 1960er Jahren. Ab dem Jahr 2005 ging die Internetplattform YouTube an den Start. Bis heute ist diese Marktführerin für das Hochladen und Sehen von Videos. Damit ist YouTube das „größte Musikkurzfilm-Archiv weltweit" (Lilkendey 2017, 147). Als solches lässt es sich auch hervorragend für den Einsatz von Musik im Geschichtsunterricht verwenden, denn es ist nicht nur eine Art Archiv für und über Musikkurzfilme. *User* luden und laden auch kontinuierlich ihre alten Platten oder CDs hoch, beziehungsweise Mitschnitte von Konzerten oder Gesangsevents. Damit steht ein schier endloser Fundus zur Verfügung, wenn man auf der Suche nach verschiedenen Aufnahmen und Interpretationen von Liedern ist. Größter Nachteil von YouTube ist es aber, dass diese Plattform dann doch nicht wie ein klassisches Archiv funktioniert und meistens die Kontextinformationen zu den Liedaufnahmen oder Musikvideos fehlen. Zudem ist durch die im März 2019 vom europäischen Parlament beschlossene Urheberrechtsreform, besonders in Bezug auf § 13 unklar, wie es mit der Verfügbarkeit der Videos auf YouTube weitergehen wird.

Diese Entwicklungen von Tonträgern zu trägerloser Verfügbarkeit von Musik sind für die didaktischen Vorschläge in diesem Band entscheidend. Das äußert sich schon in der Tatsache, dass sich für die Zeit ab circa 1900 mit zunehmender Wahrscheinlichkeit Tonaufnahmen im Unterricht verwenden lassen und nicht nur reine Textquellen zur Erschließung des Gegenstands zur Verfügung stehen.

Tipp

Mit der Aufzeichnung von Klängen und der zunehmenden Digitalisierung dieser, steht ein scheinbar unerschöpflicher Pool von Musikaufnahmen zur Verfügung. Daraus resultieren eigene Methoden für den Geschichtsunterricht. Praktisch ermöglicht es der Zugriff auf verschiedene Aufnahmen und Versionen eines Liedes den Schülern*innen, hörend zu erfahren, dass es einen großen Unterschied zwischen den Noten auf dem Papier und der Interpretation dieser geben kann, und dass damit die hörbaren Interpretationen für sich genommen als Quellen zu lesen sind.

Aus dieser hier kurz skizzierten spezifischen Quellensituation, ergibt sich für den Einsatz von Musik im Geschichtsunterricht eine pragmatische Zuspitzung auf Themen des 19. und 20. Jahrhunderts. Erst mit den Klangquellen ist die Möglichkeit gegeben, sich von den Notationen als Primärquellen zu lösen und damit auch den Einsatz im Geschichtsunterricht unabhängig von spezifischen Notenkenntnissen zu ermöglichen. Mit dem sinnlichen und ästhetischen Mehrwert des Klanges, kann historische Musik im Geschichtsunterricht ihre besonderen Potenziale entfalten. Anderenfalls bliebe die Untersuchung von Musik als Quelle auf eine historische Analyse der begleitenden Text- und Bildquellen limitiert.

1.4 Historische Musik: Ein kurzer Blick zwischen die Disziplinen

Bedenkt man den Boom der *Sound History* in den letzten Jahren, verwundert die anhaltende Zurückhaltung weiter Teile der historischen Zunft in Bezug auf Musik als Quelle. Ein Blick zwischen die Disziplinen hilft, hauptsächliche Berührungsängste zu erkennen. Das erklärt auch den bisher eher verhaltenen und illustrativen, statt analytischen Einsatz von Musik im Geschichtsunterricht

Historiker*innen nehmen die Musikwissenschaft überwiegend als eine „am reinen Notentext orientierte Disziplin“ wahr, und wollen ihr aus diesem Grunde „nicht ihre disziplinäre Hoheit streitig machen“, wenn es um musikalische Quellen geht (Müller/Osterhammel 2012, 7). Solange die Musik auf der Ebene der sprachlichen Beschreibung bleibt, kann man sich ihr mit dem methodischen Instrumentarium historischer Quellenanalyse widmen. Doch sobald musikalische Überlieferungen, wie Notationen, ins Spiel kommen, wird es ohne spezifische Kenntnisse schwierig, sie zu verstehen oder zu interpretieren. So lauten die hauptsächlichen Bedenken aus der Sicht der Geschichtswissenschaft.

Es scheint, dass Historiker*innen immer noch ein wenig scheu um die musikwissenschaftliche Werkanalyse herumschleichen. Dafür werden Argumente ins Feld geführt, die musikalische Klänge als „semantisch informationsarm“ oder „bis zur Unkenntlichkeit deutungsoffen“ (Geisthövel 2009, 158) markieren und sich damit per se einer historischen Analyse verschließen. Musik wird daher nach wie vor von vielen Historikern*innen überwiegend als soziale Handlung begriffen und dargestellt. Sie wird damit auf die schriftsprachliche Ebene reduziert, auf der sie in der Mehrheit der nicht auditiven Quellen präsent ist. In der Fokussierung auf Textquellen geht jedoch die spezifische

Qualität von Musik verloren. Das ist sicherlich ein Grund dafür, dass sich Historiker*innen mit Vorliebe auf die sprachliche Dimension der Musiküberlieferung stürzen, auf Rezeptionsgeschichten oder auf soziale und politische Verflechtungen.[4] Es gibt mittlerweile kaum mehr Bürgertumsforschung, die nicht das bürgerliche Musikleben in den Fokus nimmt.[5] Es gibt hervorragende historische Analysen über die bürgerlichen Gesangsvereine[6] und die Arbeitergesänge des 19. Jahrhunderts.[7] Es gibt kaum mehr eine Nationalgeschichtsschreibung, die ohne die Nationalhymnen auskommt und kaum mehr eine Geschichte der 1968er Bewegung, ohne Hinweise auf Protestsongs.[8] Mit konkreten Fragen nach Aufführungspraxis und Rezeptionsgeschichte, nach gesellschaftlichen Diskursen und Zuschreibungen über Musik ist ein alltagsgeschichtlicher Zugriff auf Denk- und Wahrnehmungsmuster, Mentalitäten und Verhaltensweisen historischer Akteure*innen gegeben. Das ist der große Gewinn, den Historiker*innen zu Recht in der Musik sehen. Dennoch verbleibt die Auseinandersetzung mit Musik in diesen Arbeiten auf der Ebene der sprachlichen Deskription und damit geht die besondere ästhetische und klangliche Dimension häufig verloren.

Auch die Musikwissenschaft konzentriert sich schon längst nicht mehr allein auf die Werke großer Komponisten*innen, wie es lange Zeit der Schwerpunkt der historischen Musikwissenschaft war. Mittlerweile schreiben auch Musikwissenschaftler*innen Geschichte. Sie liefern Impulse für eine neue Politikgeschichte, indem sie danach fragen, wie Musik als ein Instrument der „Machtstabilisierung und Machterosion“ (Mecking/Wasserloos 2012, 16) eingesetzt wurde oder warum Musik einen Beitrag zur Geschichte des Kalten Krieges liefern kann.[9] Das spezifische Potenzial auf Alltags-, Mentalitäts- beziehungsweise Emotionsgeschichte wird dabei jedoch kaum genutzt. Das hat sicherlich auch etwas damit zu tun, dass es sich hierbei um neuere Methoden und Konzepte der Geschichtswissenschaft handelt.

Dieser kleine Überblick zeigt erstens, dass Geschichtswissenschaft und Musikwissenschaft eine große Schnittmenge gemeinsamer Themen und Fragen haben, dass die Disziplinen aber zweitens wenige Gemeinsamkeiten in Bezug auf das methodische Repertoire historischer Analyse aufweisen. Daher kann auch nicht (trotz zunehmender Annäherungsversuche) der „acoustic“ oder „musical turn“ ausgerufen werden.[10] Der Haupteinwand zielt auf den fehlenden analytischen Einbezug von Musik in die Geschichtsschreibung. Man bedenke, dass auch

Bildquellen schon seit geraumer Zeit nicht einfach nur zur Illustration genutzt werden, sondern mithilfe eines entsprechenden Instrumentariums analysiert, durchaus in der Lage sind, neue historische Tiefendimensionen zu beleuchten. Auf diese Weise gehören sie auch schon längst zum Standardrepertoire des schulischen Geschichtsunterrichts.[11]

Es ist an der Zeit, Musik mit ihren spezifischen analytischen Anforderungen als historische Quelle ernst zu nehmen und sie selbstverständlich in den Geschichtsunterricht zu integrieren. Das bedeutet nicht, dass Musik im Geschichtsunterricht etwas völlig Neues wäre. Im Gegenteil, genau wie es für die Fachwissenschaft zu beobachten ist, gab es in den letzten 20 Jahren von Seiten der Fachdidaktik einige Versuche, Musik, vor allem das historische Lied, in den Geschichtsunterricht zu implementieren. Die entsprechenden geschichtsdidaktischen Handbücher zu Medien im Geschichtsunterricht haben das Stichwort „Musik" aufgenommen und didaktisch problematisiert. Es erschienen ganze Themenhefte zu Liedern für den Geschichtsunterricht[12] und daneben in konsequenter Regelmäßigkeit einzelne Aufsätze mit konkreten Unterrichtsbeispielen. Eine entsprechende Bibliografie befindet sich im Anhang dieses Buches.

Dennoch zeigt ein Blick in aktuelle Lehrbücher, dass historischer Musik überwiegend eine illustrative Funktion zugeschrieben wird. Die bisherigen geschichtsdidaktischen Überlegungen sehen weniger den eigenständigen Quellenwert historischer Musik, sondern zielen auf die emotionale Qualität von Musik. Kurzgefasst und zugespitzt formuliert herrscht die Auffassung vor, ein historisches Lied ermögliche das Nachfühlen mit den historischen Akteuren*innen in heutigen Klassenzimmern. Die Frage nach dem Potenzial und den Herausforderungen von Emotionen im Zusammenhang mit Musik im Geschichtsunterricht legt für die hier angeführten Unterrichtsvorschläge den methodischen und didaktischen Rahmen fest. Daher lohnt sich, genauer hinzusehen und dezidierter danach zu fragen, was es mit den hier vermittelten Emotionen auf sich hat.

2. Musik, Geschichtsunterricht und Emotionen

Für den Geschichtsunterricht sei gerade die „radikale Emotionalität" von Musik Chance und Herausforderung zugleich (Klenke 2002, 234). Dabei wirken Emotionen, Musik und historisches Lernen in zweifacher Weise zusammen, so die verbreiteten Annahmen. Erstens würde Musik *als auditives Erlebnis* die Emotionen der Schüler*innen gezielt ansprechen. Zweitens transportiere Musik die Emotionen der historischen Akteure*innen ins Heute und Jetzt. Damit würde Musik wie ein *Koffer für historische Emotionen* funktionieren, der durch die Zeit reist und heute einfach nur ausgepackt werden müsste.

Zu Erstens: Musik gehe über das Ohr und ist daher unmittelbarer wahrnehmbar als Textquellen. Musik als „gefühlsbetontes Zeugnis" habe das Potenzial, einen „gefühlsbetonten Zugang zur Geschichte" zu ermöglichen (Klenke 2002, 210). Musik vermittle daher „wegen ihres gefühligen Charakters" eine bessere Zugänglichkeit zu historischen Themen. Durch ihre unmittelbare emotionale Kraft könne Musik den „affektiven Zustand und [das] Vorstellungsvermögen der Schüler" unterstützen, so die Annahme Klenkes. Da diese didaktische Überzeugung auf die emotionalen Reaktionen der Schüler*innen zielt, soll in diesem Zusammenhang von *Emotionen auf der Subjektebene* gesprochen werden, die Wolfgang Hasberg als „Emotionen des erkennenden Subjektes" bezeichnete, Emotionen also, die im „Umgang mit der Vergangenheit/Geschichte" entstehen (Hasberg 2013, 49).

Darin liegt allerdings schon ein erstes Problem mit der Musik im Geschichtsunterricht begründet. Die „Kraft der Musik beruht auf der unmittelbaren und unterschwelligen Einflussnahme auf das Gefühlsleben" und damit unterhöhle sie die „rationale Urteilsfähigkeit" des Zuhörers und der Zuhörerin. Das sei ein „didaktischer Fallstrick", wie Dietmar Klenke zu Recht herausstellt (Klenke 2002, 212).

Zu zweitens: Musik funktioniere als Koffer historischer Emotionen, denn die besondere Emotionalität historischen Situationen und historischer Akteure*innen habe sich in der Musik eingelagert. Damit ist die Musik ein Medium, das diese historische Emotionalität über Zeit und Raum bis in das heutige Klassenzimmer transportieren kann. „Musik als soziale Praxis und als gefühlsbetontes Medium" habe Anteil an Sinnstiftungs- und Gruppenbildungsprozessen, so Klenke. Als „Gefühlsschleuse" überbringe sie auf „eindringliche Weise weltanschauliche und politische Botschaften" (Klenke 1999, 407). Musik vermittelt historisches Fühlen. Diese Annahme verortet die Gefühle auf der Ebene des historischen Gegenstandes und der historischen Akteure*innen und nicht so sehr bei den Schülern*innen. Daher soll hier von *Emotionen auf der Objektebene* gesprochen werden.

An dieser Stelle zeigt sich die Stärke von historischer Musik als Quelle im Geschichtsunterricht. Die Schüler*innen haben beispielsweise anhand einer Vielzahl verschiedener Quellen etwas über die Geschichte der sich etablierenden Arbeiterbewegung lernen können. Aber anhand der *Arbeitermarseillaise* oder des *Bundesliedes* und der Berichte über das gemeinschaftliche Singen auf den Versammlungen der frühen Arbeiterbewegung, erfahren sie auch, wie im gemeinschaftlichen Gesang Gefühle von Stärke und Kraft entstehen sollten, wie wichtig das Singen dieser Lieder war, um gemeinsame Ziele zu formulieren und in der zu großen Teilen analphabeten Arbeiterschaft zu verbreiten, wieviel überzeugender die Forderungen und Utopien in gesungenen Versen klangen, als in geschriebenen Pamphleten (siehe Methodenpool 2.3.2 Kreatives Schreiben).

Über die Organisation der Jugend im Nationalsozialismus geben die Geschichtslehrbücher beredt Auskunft. Wie aber die emotionale Mobilisierung erfolgte, können die heutigen Schüler*innen anhand der Berichte über das Singen beim Marschieren, zum Fahne hissen oder am Lagerfeuer erfahren. Die entsprechenden Lieder dokumentieren, an was die Hitlerjungen und -mädchen glauben sollten, wofür sie eintreten sollten. Die Erinnerungen bestätigen den erfolgreichen manipulativen Gebrauch des Singens, denn „die Lieder waren die eigentlichen Verführer“ (Niessen 1999, Titel) (siehe Methodenpool 2.3.6 Geschichte hören. Radiofeatures gestalten).

Über Wünsche, Ziele, Enttäuschungen und Zukunftsvisionen vergangener jugendlicher Generationen erfahren heutige Schüler*innen etwas aus deren Liedern, wie zum Beispiel aus dem Lied *My Generation* (1965) der Rock-Band „The Who“ (siehe Methodenpool 2.3.2 Kreatives Schreiben).

Trotz dieser überzeugenden Stärke, es gibt nicht nur *einen* didaktischen Fallstrick, wenn man mit Musik als Auslöser von Emotionen und Quelle vergangener Emotionen arbeiten möchte. Daher wird folgend vertiefend diskutiert: Was sind überhaupt Emotionen, oder Gefühle? Welche Bedeutung haben Emotionen im Prozess historischen Lernens? Was hat Musik mit Emotionen zu tun? Was bedeutet das für die Analyse von Musik als historischer Quelle?

2.1 Emotionen und Gefühle als historische Kategorie: Eine Definition

Emotionen sind ein zentraler Bestandteil im Prozess des historischen Lernens. Das ist bei weitem keine neue Erkenntnis. Aber mit der Neuentdeckung von Emotionen als Gegenstand der Geschichtsschreibung[13] lässt sich auch ein „emotional turn“ in den geisteswissenschaftlichen Didaktiken, insbesondere der Politik- und Geschichtsdidaktik beobachten.[14] Bevor geklärt wird, wo im Lehr-Lernprozess welche Emotionen zu beachten sind, soll zunächst eine Definition von Gefühlen und Emotionen (zwei Begriffe, die folgend synonym genutzt werden) vorgeschlagen werden.

Emotionen sind eine zentrale Dimension von Erfahrung und Erkenntnis und damit für die Geschichtswissenschaft eine „produktive Herausforderung“ (Hitzer 2011, 2). Die Definition dessen, was Emotionen sind, ist klar vom jeweiligen disziplinären Interesse her bestimmt. Emotionen sind Forschungsgegenstand der sogenannten „Brain-Studies“, d.h. der Neurologen*innen und Psychologen*innen, die sie als universell gegeben im Gehirn des Menschen verorten und per MRT-Scanner erfassen wollen. Dieser Sicht auf Emotionen als anthropologische Konstanten, die über Jahrhunderte gleich sind und von allen Kulturen geteilt werden, stehen sozialkonstruktivistische Theorien aus der ethnologischen Forschung gegenüber. Diese betrachten Emotionen ausschließlich als kulturell bedingt und konstruiert (Plamper 2012, 15 f.).

Die geschichtswissenschaftliche Perspektive auf Emotionen orientiert sich am sozialkonstruktivistischen Ansatz. Die noch recht junge Emotionsgeschichte startete mit der Beobachtung, dass Gefühle nicht nur „geschichtsmächtig“ sind, sondern eben auch „geschichtsträchtig“: Emotionen machen Geschichte und sie haben selbst eine Geschichte (Frevert 2009, 202). „Gefühle [sind] in der Regel unmittelbar handlungsrelevant. Sie [...] motivieren soziales Handeln“, begleiten und prägen es (Frevert 2000, 95). Damit sind Emotionen selbst „Gestaltungsfaktoren“, die „in den Fluss der Ereignisse eingreifen“ (Frevert 2000, 95). Diese Beobachtung unterstreicht die oben genannten Argumente, warum Musik als Quelle für vergangenes Fühlen und daraus resultierendes Handeln ein unverzichtbares Medium darstellt.

Emotionen sind wandelbar

Eine entscheidende Einsicht der bisherigen Forschungen zur Geschichte der Gefühle ist die der „Geschichtsträchtigkeit". Das verweist uns darauf, dass Emotionen und ihr Ausdruck wandelbar sind. Sie werden in den jeweiligen Zeiten und Gesellschaften immer wieder neu erlernt, geformt, gemanagt und verhandelt. Ein Beispiel hierfür ist die Emotion Heimweh. Im 17. Jahrhundert galt das Heimweh noch als eine tödlich verlaufende Krankheit, die sogenannte Schweizer Krankheit. Sie wurde als erstes an den Schweizer Söldnern beobachtet, die sich fern der Heimat in Diensten fremder Staaten so sehr nach Hause sehnten, dass sie darüber erkrankten und bei schwerem Verlauf auch daran starben. In der zweiten Hälfte des 19. Jahrhunderts erst wurde aus dem pathologischen Befund ein emotionales Phänomen. Spätestens mit der Geschichte um die Romanfigur des Schweizer Mädchens „Heidi" entwickelte sich Heimweh zu einer Emotion im Prozess der kindlichen Reife. Aus der verzehrenden Sehnsucht nach der verlassenen Heimat wurde eine erzieherische Herausforderung. Heimweh galt damit als legitimer Teil im Sozialisationsprozess des Kindes im frühen 20. Jahrhundert. Pädagogen*innen definierten es als eine ganz natürliche Reaktion auf die Trennung vom Elternhaus. Die Kinder nach 1900 waren im Gegensatz zu Heidi nicht mehr unheilbar krank, sondern nur unreif. Die Aufgabe der Eltern und Pädagogen*innen war es, die Kinder anzuleiten, mit diesem Anpassungsgefühl umzugehen, es zu überwinden und daran zu reifen. In den Folgejahrzehnten setzte sich daher auch die Einsicht durch, dass Heimweh ein Anzeichen von fehlendem Selbstwertgefühl sei und nur gemütsbetonte, schwache Kinder befalle. Den Müttern wurde daher der Ratschlag erteilt, ihre Kinder nicht zu sehr zu verwöhnen, denn Reife könne sich vor allem durch innere Stärke entwickeln. Um 1970 wiederum kehrte Heimweh als ein legitimes jugendliches Gefühl in der Literatur wieder. Heimweh war erlaubt, mehr noch, Heimweh wurde nach einer Phase von Heimatverlust, Flucht oder Vertreibung in der Mitte des Jahrhunderts sogar als notwendig für den persönlichen Reifeprozess betrachtet, um sich in einer immer mobileren und sich globalisierenden Welt zurechtzufinden. Das kindliche und jugendliche Heimweh ab den 1970er Jahren war ein sozial- und modernitätskritisches Gefühl mit dem Verlangen und dem Recht nach Wurzeln und Geborgenheit (Brauer 2021). Neuerdings lässt sich beobachten, dass Heimweh erneut pathologisiert und in den Begrifflichkeiten von Krankheit rationalisiert wird.[15]

Emotionen sind zeit- und kulturspezifisch

Emotionen sind jedoch nicht nur im historischen Verlauf wandelbar, sondern auch kulturspezifisch. Sie charakterisieren soziale Gruppen als emotionale Gemeinschaften (Rosenwein 2002, 842). Diese Gemeinschaften lassen sich mit einem in ihrer Zeit verbindlichen Set von emotionalen Normen und Regeln beschreiben, die regelten, wer beispielsweise in der Öffentlichkeit weinen durfte, wer mit welchen Handlungen, Worten oder Gesten in welchen Kontexten Trauer zeigen durfte und wer nicht. Aber auch diese Regeln wurden immer wieder neu ausgehandelt und veränderten damit das Fühlen.

Emotionen sind körperlich

Gefühle äußern sich drittens in körperlichen Reaktionen. Emotionen sind Vermittlungsinstanzen zwischen Physis und Psyche, zwischen Innen und Außen, zwischen Körper und Geist. Emotionen prägen in dieser Eigenschaft den Kontakt des Selbst mit dem Anderen und sie sind die „Markierungen" (im Sinn von „impress") die der, die oder das Andere im Körper des Wahrnehmenden hinterlassen (Ahmed 2004, 28). Diese Impressionen verändern den Körper. Diese Überlegung verweist erneut auf die Veränderbarkeit von Emotionen und Emotionsausdrücken im Verlaufe der Geschichte.

Aus dieser Verortung von Emotionen folgt die wichtigste Beobachtung für die Frage danach, wie Musik und Lieder als Quellen der Emotionsgeschichte analysiert werden können. Die Geschichte der Gefühle ist nicht so sehr eine Geschichte von Konzepten und Worten, sondern vielmehr eine Geschichte von Praktiken, so Ute Frevert.[16] Genau darin liegt die entscheidende methodische Herausforderung, aber auch der Gewinn einer Geschichte der Emotionen. Monique Scheer gab dafür den entscheidenden methodischen Impuls. Emotionen sind demzufolge etwas, das wir erlernen, erfahren und managen, aber auch etwas, das wir *tun*.

> *„Wir tun sie nicht im Sinne einer intentionalen Handlung, sondern im Sinnen des doing der Performativitäts- und Praxistheorie, und da dieses doing stets mit anderen Praktiken verbunden ist, kommen wir methodisch in der historischen und kulturwissenschaftlichen Forschung über diese Praxiskomplexe an die Gefühle ‚heran'." (Scheer 2016, 16f.)*[17]

Zusammenfassend kann herausgestellt werden: Emotionen sind kulturell und strukturell erlernt und in sozialen Praktiken verinnerlicht, aber auch Objekte der Aushandlung. Daher sind emotionale Standards veränderlich. Diese Erkenntnis ist zentral für die Frage nach der Nacherlebbarkeit historischer Emotionen, ein Gedanke, der nahe liegt, wenn Musik im Geschichtsunterricht eingesetzt wird. Auch wenn das Medium historisches Fühlen konserviert und scheinbar sehr direkt und unvermittelt über den Klang in die Klassenzimmer bringt, heutige Schüler*innen können nicht nachfühlen im Sinne einer Zeitreise in das Herz und in den Kopf der historischen Akteure*innen. Sicherlich ist eine Annährung im Sinne des analogen Fühlens denkbar, aber nicht ein identisches Fühlen. Wir als Menschen der Jetztzeit teilen nicht den „Erfahrungsraum und den Erwartungshorizont" vergangener Menschen, um hier prägnante historische Kategorien von Reinhart Koselleck aufzugreifen (Koselleck 1979, 349). Emotionen sind Praktiken, die aus dem Körperwissen resultieren, aus Erfahrungen, Geschmack, Präferenzen und Vorlieben.

Für die Frage nach Musik und Emotionen als Gegenstände historischen Lernens auf der *Objektebene* ist Folgendes festzuhalten:

1. Über historische Musik lässt sich etwas über emotionale Normen einer bestimmten Gesellschaft in einer bestimmten Zeit erfahren.
2. Diese historischen Gefühle können nicht in heutigen Kontexten nachgefühlt oder nacherlebt werden, auch wenn Musik als ein besonderer Koffer dieser historischen Gefühle gilt.
3. Historische Emotionen manifestieren sich in Praktiken. Das bedeutet für die Analyse historischer Musik, genau diese Praktiken von Singen und Musizieren unter die Lupe zu nehmen, denn darin lassen sich die Kraft und Bedeutung von Musik als Medium der Aushandlung und Darstellung von Gefühlen herausarbeiten.

2.2 Emotionen und historisches Lernen

Damit sind Emotionen und Musik auf der Objektebene umrissen. Folgend sollen Emotionen im Unterrichtsgeschehen, also auf der Subjektebene, näher betrachtet werden. Dabei ist zunächst festzuhalten, dass Emotionen „auf alle Strukturmerkmale des Unterrichts [wirken]: auf Schüler*innen, Lehrpersonen, das Lernen (Prozess und Effekte), Sprache, historisches Denken und Geschichtsbewusstsein, Medien sowie auf Kommunikation" (Bracke u.a. 2018, 108).

Die Begegnung mit Geschichte kann bei Schülern*innen zu Interesse, Irritation, Faszination, Neugierde oder auch Desinteresse, Langeweile beziehungsweise Abwehr führen. Auch die Lehrenden bringen in den Geschichtsunterricht ihre eigene Emotionalität mit hinein. Wie in anderen Lehr-Lern-Kontexten ist es das Ziel der Lehrenden, die möglichst positiven Emotionen der Schüler*innen zu fördern, sie für den Unterrichtsgegenstand zu interessieren, zu begeistern, Freude an der Begegnung mit Geschichte zu vermitteln. Denn diese emotionale Grundstimmung verspricht mehr Aufmerksamkeit und damit auch ein besseres Lernergebnis. Damit unterscheidet sich das historische Lernen nicht von anderen Lernsituationen in den Klassenzimmern. Im Sinne der oben aufgeführten Definition ist das Agieren im Klassenraum auch eine Emotionspraxis. Die Besonderheit eines Geschichtsunterrichtes liegt aber darin, dass das Fühlen historischer Akteure*innen thematisiert werden kann. Gerade, wenn das Medium Musik ins Spiel kommt, sollte es bei einer klaren Trennung zwischen den Emotionen der historischen Akteure*innen und den Emotionen der Schüler*innen bleiben. Denn, so das Hauptargument hier, die Schüler*innen brauchen ihren eigenen Denk- und Fühlraum für die historische Sinnbildungsleistung.

Die Erkenntnis, dass Emotionen bei der Auseinandersetzung mit Vergangenheit und der Konstruktion von Geschichte eine Rolle spielen, ist bei Weitem nicht neu. Wilhelm Dilthey, einer der Gründungsväter der modernen Geschichtswissenschaft, kennzeichnete das geisteswissenschaftliche Verstehen im Gegensatz zum naturwissenschaftlichen, kognitiven Erklären als ein „Nachfühlen fremder Seelenzustände“ (Dilthey 1961, 317). Damit wies Dilthey den Gefühlen im Verstehensprozess eine erkenntnistheoretische Bedeutung zu. Daniel Morat bezeichnete diesen Zugang daher folgerichtig als eine „Gefühlsmethode“ (Morat 2008, 103). Dilthey arbeitet mit der Vorstellung einer grundsätzlichen Gleichartigkeit zwischen Verstehendem und Verstandenem, die ein „Hineinversetzen“ in und „Nachbilden“ von fremden Gefühlen und damit ein Nacherleben fremder Erfahrungen ermöglicht.

Trotz dieser explizit geisteswissenschaftlich, hermeneutischen „Gefühlsmethode“ waren die Emotionen über viele Jahrzehnte aus dem Geschichtsunterricht regelrecht verbannt. Die Erklärung dafür liegt in der Geschichte des Unterrichtsfaches selbst. Geschichtsunterricht im Wilhelminischen Kaiserreich und der Zeit des Nationalsozialismus verfolgte unverhohlen „affirmativ-legitimatorische, ja manipulativ-indoktrinierende“ Absichten. Das Gleiche lässt sich für den Geschichtsunterricht in den diktatorischen Gesellschaften des

20. Jahrhunderts herausstellen. Emotionen galten deshalb in den frühen Jahrzehnten der Bundesrepublik als besonders problematisch für den Geschichtsunterricht. Das kumulierte in den 1970er Jahren in einen besonderen Rationalitätsschub im geschichtsdidaktischen Diskurs. So formulierte beispielsweise die Didaktikerin Annette Kuhn 1974, dass zwar der Geschichtsunterricht einen „emanzipatorischen Erkenntnisprozess" ermöglichen solle, dass dieses jedoch „weitgehend [...] als kritischer Erkenntnisprozess" geschehen sollte, auch wenn das „Schülerinteresse" sich aus „primäre[r] Betroffenheit heraus artikulieren" sollte (Kuhn 1974, 71 f.). Diese Furcht vor einer unkalkulierbaren Wirkung der Emotionen resultierte in einer Dominanz kognitiver Lernprinzipien und -ziele gegenüber emotionalen.[18]

Zu Beginn der 1990er gab es einen ersten Versuch, die Emotionen im Lernprozess neu zu systematisieren und auf ihre Potenziale und Herausforderungen hin abzuklopfen (Mütter 1994). Die Motivation dafür lag in der Einsicht, dass Emotionen in der historisch-politischen Bildung jahrelang vernachlässigt worden waren. Doch erst parallel zum *emotional turn* in der Geschichtswissenschaft fand die Frage nach Emotionen im historischen Lernen vor allem auch an außerschulischen Lernorten erneute und nachhaltige Aufmerksamkeit (Brauer/Lücke 2013a). Mittlerweile gab und gibt es zahlreiche Multiplikatoren*innentagungen, Gedenkstättenforen oder Vernetzungstreffen, auf denen offensiv und zentral die Rolle und die Bedeutung von Emotionen in der Begegnung vor allem mit der deutschen Diktaturgeschichte diskutiert wird. Insbesondere die Frage nach einer „emotionalen Überwältigung" steht dabei zur Diskussion. Denn während einerseits das Bedürfnis in Museen und Gedenkstätten groß ist, Interesse und Aufmerksamkeit zu wecken, wird andererseits immer wieder auf die Gefahr einer Emotionalisierung hingewiesen, die zu einer unzulässigen Überwältigung führen könnte.

Mit dieser Diskussion um einen manipulativen Gebrauch von Emotionen in Lehr-Lernsituationen ist der mittlerweile über 40jährige Beutelsbacher Konsens neu in den geschichtsdidaktischen Diskurs aufgenommen worden. Die Grundsätze des Konsenses wurden 1976 zunächst für die politische Bildung formuliert. Auch wenn er als Minimalkonsens galt, sollte mit diesen Prinzipien von Kontroversität, Schülerorientierung und Überwältigungsverbot eine politische Indoktrination der Lernenden wirkungsvoll verhindert werden. Spätestens mit der Diskussion um eine angemessene Vermittlung von

NS- und DDR-Geschichte und der Frage nach der Funktion und Bedeutung von Zeitzeugen*innen kamen diese Leitideen des Beutelsbacher Konsenses in die Diskussion der historisch-politischen Bildung zurück (Agentur für Bildung 2013). Interessanterweise erhielt dabei das Überwältigungsverbot im Kontext der Diskussion um Gedenkstättenarbeit eine zusätzliche Bedeutungsebene. Ursprünglich sollte es verhindern, die „Schüler – mit welchen Mitteln auch immer – im Sinne erwünschter Meinungen zu überrumpeln und damit an der ‚Gewinnung eines selbständigen Urteils' zu hindern" (Wehling 1977, 179). Mittlerweile geht es nicht mehr vorrangig um ein argumentatives Überwältigen, sondern vor allem um eine emotionale Überwältigung (Harfst 2013, 13).

Diese Überlegungen verweisen darauf, dass das historische Lernen über Emotionen durchaus vielversprechend sein kann, aber nur dann, wenn die Emotionen eindeutig auf der Objektebene bleiben und nicht die Grenze zur Subjektebene überschritten wird. Das bedeutet, das historische Lernen über Emotionen funktioniert dann, wenn die Schüler*innen nicht dazu aufgefordert werden, die Emotionen der historischen Akteure*innen nachzuempfinden, nachzufühlen, sich in deren Gefühlsleben hineinzuversetzen. Genau an diesem Punkt, der Grenze zwischen den Emotionen der historischen Akteure*innen und der Lernenden, handelt es sich jedoch häufig um einen Graubereich, in dem das historische Lernen weniger zu einem Lernen über die Gefühle vergangener Menschen wird, sondern zu einer emotionalen Überwältigung der Schüler*innen führen kann (Brauer/Lücke, 2021).

Dieser Exkurs in die Diskussion um Emotionen und Emotionalisierung vor allem an außerschulischen Lernorten ist unmittelbar lehrreich für die Frage nach dem Zusammenspiel von Emotionen, Musik und historischem Lernen im Klassenraum. In Bezug auf den methodischen Einsatz von Musik und Lied bedeutet das, nicht auf die emotionale Sogkraft von Musik zu setzen und damit den Einsatz als historische Quelle zu begründen. Abgesehen von der Möglichkeit einer unzulässigen Emotionalisierung, soll hier auch bezweifelt werden, dass das funktionieren könnte. Denn Lernende sind durch ihre je eigenen Hörgewohnheiten geprägt und empfinden Musik unterschiedlich, da sie verschiedene Situationen und persönliche Erinnerungen damit verbinden.

Dennoch gibt es Lieder, die ein solches überwältigendes Potenzial haben, gerade wenn sie sich mit Gewaltgeschichte auseinandersetzen. Dazu zählt beispielsweise das Lied *Anita spielt Cello* (2012) der deutschsprachigen alternativen Deutschrockband „Janus". In diesem Lied erzählen die Musiker in drastischen Szenen die Geschichte von Anita Lasker-Wallfisch, die als Cellistin im Mädchenorchester in Auschwitz-Birkenau den Holocaust überlebte. Bei solchen Liedern empfiehlt es sich dringend, diese nicht unkommentiert und unvermittelt im Unterricht einzuspielen, sondern sorgfältig vorzubereiten und sich genau zu überlegen, warum man ein solches Lied im Unterrichtsgeschehen benötigt.

Dietmar Klenke schlägt das Nachsingen als eine Form des handlungsorientierten Unterrichts vor, um damit einen „aktiven imitierenden Nachvollzug" zu ermöglichen (Klenke 2002, 226). Allerdings lässt sich an der Stelle schon darauf hinweisen, dass das Nachsingen von Liedern im Kontext des Schulunterrichtes aus den oben aufgeführten Gründen didaktisch in die Irre führt. Warum sollen Jugendliche des 21. Jahrhunderts Lieder diktatorischer Jugendorganisationen des 20. Jahrhunderts gemeinsam nachsingen? Selbst wenn sie die emotionale Sogkraft gemeinsamen Gesanges am eigenen Leib spüren sollten, ist erstens sehr zu bezweifeln, dass die Jugendlichen das möchten und zweitens ist deutlich geworden, dass diese Art des emotionalen Reenactment nicht zielführend ist.

Zusammenfassend ist zu betonen: Verbleiben Emotionen auf der Objektebene, bieten sie eine große Chance, vergangenes Fühlen und Handeln in den Blick zu bekommen und damit Themen der Alltags- und Mentalitätsgeschichte zu fokussieren. Haben die Lernenden überdies die Chance, ihre Emotionen auf der Subjektebene in das Unterrichtsgeschehen mit einzubringen, bieten diese die Möglichkeit bei der Erzeugung von Sinn und Bedeutung in den sozial- und geisteswissenschaftlichen Fächern zu helfen. Daher sollte der Einsatz von Musik im Geschichtsunterricht sich nicht mit der Frage aufhalten, wie historische Emotionen für die Lernenden nachfühlbar werden können, sondern, was Schüler*innen über die Thematisierung von Emotionen als Triebkraft historischer Prozesse und als Quellen für alltags- und mentalitätshistorische Fragen mehr, anders oder besser lernen können.

2.3 Musik und historische Emotionen

Die Musik vergangener Lebenswelten ist Ausdruck, Medium und Spiegel emotionalen Erlebens historischer Akteure*innen. Das ist keine überraschende Einsicht, so wurde von jeher der Musik eine besondere emotionale Wirkmächtigkeit zugeschrieben und das ist zentrales Argument dafür, Musik im Geschichtsunterricht zu verwenden. Doch genau in dieser scheinbaren Kontinuität liegt methodisch eine große Herausforderung. Denn, wie bereits herausgearbeitet wurde, verändern sich die Emotionsregeln einer Gesellschaft und damit auch das Fühlen und die Art und Weise, wie Emotionen dargestellt und ausgelebt werden. Das sei noch einmal betont, denn die Gefahr, sich mit heutigen Vorstellungen von Emotionen historischen Quellen zu nähern ist groß, gerade weil Musik und Fühlen als etwas Universelles und Unveränderliches wahrgenommen werden.

Die Suche danach, wo denn die Emotionen in der Musik genau stecken oder wie sich emotionale Reaktionen auf Musik erklären lassen, ist in der Musikgeschichte nicht neu. Schon die Inder sahen in den Ragas Repräsentationen spezifischer seelischer Zustände. Auch die griechischen Philosophen Aristoteles und Platon beschrieben die konkrete emotionale Wirkung von Klängen und formulierten darauf aufbauend ihr sittlich-erzieherisches Potenzial.[19] Auch im 6. Jahrhundert des frühen Mittelalters ging es um die Zuordnung von Kirchentönen zu den Temperamenten. Die in der Renaissance eingeführten gefühlsbetonten Kommentierungen der Musik, die sich in Bezeichnungen wie „affettuoso", „con affetto" oder „stile espressivo" äußerten, erreichte im 18. Jahrhundert, in der Epoche der sogenannten Empfindsamkeit, einen markanten Höhepunkt. Die im 18. Jahrhundert in der französischen und deutschen Musik formulierte *théorie des passions* oder auch Affektenlehre lebte von der Überzeugung, dass alle Musik, die keine besondere Empfindung zu beschreiben vermag, nur überflüssiger Lärm sei.

Heute wird die Beziehung von Musik und Emotionen aus verschiedenen disziplinären Perspektiven beschrieben und untersucht. Vor allem führen Vertreter*innen der Musikpsychologie diese Diskussion an. Fragt man nach der Wirkmächtigkeit von Musik auf den menschlichen Körper, bietet die Psychologie messbare Optionen. Der Wirkort der Musik scheint ganz klar das menschliche Gehirn zu sein. Musik, so die psychologisch geschulten Verfechter*innen, wirke voraussetzungslos auf das autonome Nervensystem. Musik beeinflusse die Herztätigkeit, die Atemfrequenz, Durchblutung, Blutdruck und elektrischen Hautwiderstand (Rötter 2005, 273). Auf der Grundlage dieser anscheinend messbaren Reaktionen bemüht sich die Musikpsychologie um die Zuordnung musikalischer Mittel (wie Rhythmik, Dynamik, Tonarten) zu bestimmten Emotionen. Auf diesen musikpsychologischen Grundlagen beruhen viele Überlegungen zur heilenden Wirkung von Musik und damit musiktherapeutische Konzepte. Auch wenn Laborstudien bereits nachgewiesen haben, dass Musik auf das vegetative Nervensystem von Menschen wirkt, ist noch lange kein Konsens darüber erzielt, wie Musik Emotionen auslöst, indiziert oder wie über Musik Emotionen kommuniziert werden. Fragen nach individuellen Hörgewohnheiten, nach Musiksozialisation, nach Vorlieben und Abneigungen, nach Erinnerungen von und Identitätsbildung durch Musik, Fragen nach dem persönlichen Gebrauch und Genuss von Musik, finden in diesen Forschungssettings kaum Platz.

Ein Beispiel für die situationsgebundene Abhängigkeit der emotionalen Wirkung von Musik stammt wiederum aus dem Konzentrationslager Sachsenhausen. Das *Ave Maria* von Franz Schubert ist eines der beliebtesten und bekanntesten Liedkompositionen der Romantik. Kaum eine bekannte Sopranistin, kaum ein Tenor lässt es sich entgehen, dieses Meisterwerk zu intonieren und kaum kann man sich diesen ruhigen, träumenden Klängen entziehen, so ist es auch längst in der heutigen Popkultur in angepassten Variationen angekommen, vorzugsweise zur besinnlichen Weihnachtszeit.

Auch im Dezember 1939 hatten die SS-Blockführer Gustav Sorge und Wilhelm Schubert im Konzentrationslager Sachsenhausen den Wunsch geäußert, dieses Lied zu hören. Der ehemalige Häftling Erwin Scheidel berichtete von einer Winternacht im Dezember 1939. Die Blockführer stürmten mitten in der Nacht eine Baracke der politischen Gefangenen und prügelten diese aus der Baracke. Die dürftig bekleideten Häftlinge des Blocks 24 mussten auf Befehl der beiden Blockführer vor der Baracke im Schnee antreten. Dann suchte Schubert gezielt nach einem Häftling namens Mirko und hielt ihm die Pistole an die Brust.

„[Er] befahl ihm, das Ave Maria zu singen, Schubert war total betrunken, der Häftling konnte vor lauter Angst nicht singen, erst auf Zureden von den anderen Häftlingen sang der Häftling im klaren reinen Ton das Ave Maria, Tränen liefen ihm dabei über das Gesicht." (zitiert in: Brauer 2009, 100f.)

Auch wenn es sich hierbei um ein besonders drastisches Beispiel musikalischer Gewalt in der Ausnahmesituation des Konzentrationslagers handelt, es verweist uns darauf, dass die emotionale Wirkung der Musik von der konkreten Situation abhängt und von den Erinnerungen, die sich an die Musik knüpfen. Es gibt keine Informationen darüber, ob dieser Häftling Mirko jemals wieder dieses Lied, das ihm vielleicht einmal viel bedeutet haben mag, singen konnte, ohne an dieses Erlebnis zu denken, ob die zuhörenden Häftlinge später jemals in einem Konzert einer Aufführung des Ave Marias lauschen konnten, ohne nicht an die SS-Führer zurückzudenken.

> Lieder und Musik haben keine von sich aus einprogrammierte, emotionale Wirkmächtigkeit, auch wenn es die Komponisten*innen so beabsichtigt haben. Die Wirkung entsteht im Gebrauch der Lieder, der Präsentation und Wahrnehmung des Gesanges.

Es braucht dementsprechend ein analytisches Instrumentarium, um die emotionale Wirkung von Musik in der Geschichte – auch in ihrer Veränderlichkeit – zu beschreiben. Genau diesen Aspekt der historischen Wandelbarkeit der emotionalen Wirkung gesungener Lieder und gespielter Musik gilt es methodisch fruchtbar zu machen. Konkret bedeutet das: Musik- und Liedkompositionen sind nicht nur als Werke, als musikalische Produkte, sondern auch in ihren Praktiken und Wahrnehmungen zu analysieren und historisieren.

Lied und Musik als musikalische Produkte

Musikalische Kompositionen lassen sich daraufhin überprüfen, welche emotionalen Angebote die Komponisten*innen machen, welches musikalische Material sie verwenden und wie dieses kulturell eingebettet ist, das heißt, gedeutet werden kann. Anhand zeitgenössischer Diskurse lässt sich herausarbeiten, welche Vorstellungen und Wirkungsabsichten der Komposition zu Grunde liegen, welche zeitgenössischen Konzepte emotionaler Wirkmächtigkeit von Gesang das Texten und Komponieren beeinflusst haben könnten.

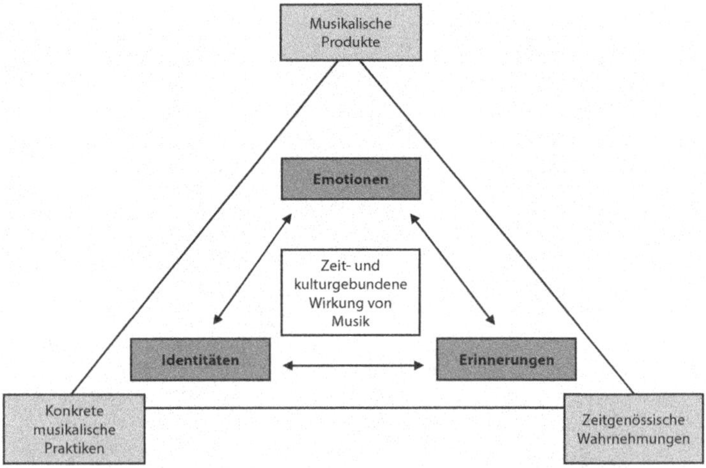

Praktiken des Singens und Musizierens

Musik wird durch ihren Gebrauch soziale Realität, durch Aufführung, Interpretation, Darbietung oder Vorstellung. Gemeinschaftliches Singen ist eine Praktik, die auf Selbsttätigkeit der Anwesenden baut. In diesem interaktiven Prozess der Beteiligten werden Emotionen aktiviert, kommuniziert und sozial geteilt. Die Aufführung ist ein einmaliger, nicht reproduzierbarer Akt. Dennoch können Aufführungen strukturell, wenn auch nicht identisch, wiederholt werden. Durch solche Wiederholungen können Praktiken zu Ritualen werden. Diese lassen sich als ein Prozess des Lernens und Verinnerlichens emotionaler Dispositionen in einer Gemeinschaft zum Zwecke der Stabilisierung dieser Gemeinschaft über ein geteiltes Setting an emotionalen Regeln und Normen verstehen.

Zeittypische Wahrnehmungen

Im gemeinschaftlichen Singen erfolgt die spezifische kulturelle Wahrnehmung, Deutung und Einverleibung der kulturellen Praktik. Wenn erlernte Präferenzen, Erwartungshaltungen und Erfahrungsgewohnheiten die Wahrnehmung von Musik prägen, dann bildet sich auf dieser Ebene ab, ob und wie Kinder und Jugendliche durch gemeinschaftlichen Gesang gelernt haben, sich erwünschte emotionale

Dispositionen einzuprägen, sie zu manifestieren und auszuagieren, – oder eben auch nicht.

Aus diesen ausführlichen Begründungszusammenhängen von Musik, Emotionen und historischem Lernen ergibt sich folgender Vorschlag eines Analyserasters historischer Musik. Dieses wird vor allem der Tatsache gerecht, dass Singen und Musizieren als emotionale Praktiken zeit- und kulturgebunden waren. Wenn es um die Frage nach zeittypischen Werten, Einstellungen und Lebensentwürfen geht, wird die Grundidee stark gemacht, dass Musik nicht grundsätzlich als historische Quelle dienen kann, nur weil sie zufällig überliefert ist. Im Sinne des praxeologischen Ansatzes geht es vor allem darum, Musik und Lieder als *aussagekräftige historische Quellen in Abhängigkeit von der historischen Fragestellung zu identifizieren.*

Welcher Irrtum entstehen kann, historische Lieder per se als Zeugen ihrer Zeit zu sehen, lässt sich am Aufbaulied der FDJ zeigen, *Bau auf, Bau auf* (1947, Reinhold Limberg). Kaum eine heutige Dokumentation für Funk oder Fernsehen verzichtet auf die Einspielung der Liedzeilen: „Bau auf, bau auf, bau auf, bau auf, Freie Deutsche Jugend bau auf." Dieses Lied gehört zum ikonografischen Sound der DDR-Geschichtsdarstellung nach 1989. De facto zeigte aber die empirische Analyse von Liederbüchern, Programmheften, Veranstaltungen der Pionier- und FDJ-Organisation, dass das Aufbaulied der FDJ in den Erziehungsinstitutionen der DDR so gut wie gar keine Rolle spielte. Das Lied eignet sich demzufolge hervorragend für die Frage nach Erinnerungsmotiven an die Geschichte der DDR nach 1989, aber überhaupt nicht dafür, etwas über den Erfahrungshorizont oder die Lebenswelt der Jugendlichen in den frühen 1950ern herauszuarbeiten (Brauer 2020, S. 352). Diese Diskrepanz sensibilisiert dafür, genauer hinzuhören, welche historischen Lieder in heutigen geschichtskulturellen Formaten verwendet werden sowie danach zu fragen, wer sie zu welchem Zweck ausgewählt hat und wie sich diese Auswahl zur historischen Relevanz verhält.

3. Musik als historische Quelle: Analyseraster

Die hier vorgeschlagene Analyse historischer Musik und Lieder besteht aus fünf einzelnen Teilschritten. Weil es bisher keinen systematischen Vorschlag zur Analyse von Musik und Lied als historischer Quelle gibt, wird im folgenden Kapitel in aller Ausführlichkeit jeder einzelne Schritt dieser Analyse dargestellt und begründet.

Grundlegend beruht die Analyse auf den oben vorgeschlagenen drei Eckpunkten: *Produkt*, *Praktik* und *Wahrnehmung*. Zusätzlich werden diese gerahmt von einer einleitenden Annäherung und einer abschließenden Interpretation.

1. Beschreibung und Charakterisierung
2. Das musikalische Produkt: äußere Quellenkritik, innere Quellenkritik
3. Die musikalische Praxis: Aufführungen
4. Zeitgenössische Wahrnehmung und Wirkung
5. Interpretation

Nicht alle diese Aspekte können im Unterrichtsgeschehen gleich detailliert und in vorgeschlagener Ausführlichkeit bearbeitet werden. Je nach Zielstellung und Frageorientierung im Geschichtsunterricht und je nach vorhandenen Begleitquellen, kann der Schwerpunkt individuell gelegt werden. Zur schnellen Orientierung und praktischen Anwendung befindet sich das Analyseraster als tabellarische Übersicht am Ende des Kapitels.[20]

Folgende Überlegungen bilden das Grundgerüst für die Analyse historischer Lieder, da diese voraussichtlich intensiver im Geschichtsunterricht zum Einsatz kommen, als reine Instrumentalmusik. Nichtsdestotrotz lässt sich dieses Schema auch auf andere musikalische Quellen übertragen.

3.1 Beschreibung und Charakterisierung

Auf der Ebene der Beschreibung und Charakterisierung gilt es vor allem, sich der medialen Verfasstheit der Quelle bewusst zu werden. Was liegt konkret vor? Sind es Tonaufnahmen, Noten, Liedtexte, illustrative Gestaltungen oder vielleicht sogar Musikvideos? Handelt es sich um historische Aufnahmen oder eventuell neuere Interpretation? Auf welchen Tonträgern lag die Klangquelle vor, bevor sie dann digitalisiert im Internet verfügbar war? Diese verschiedenen medialen Ebenen, auf denen Musik gleichzeitig daherkommen kann, müssen voneinander differenziert werden, um Klarheit darüber zu haben, was überhaupt Gegenstand der Analyse ist: eine Live-Aufnahme oder eine Studioaufnahme, eine Hörinszenierung, wie bei den Hörbildern oder eventuell ein nicht autorisierter Mittschnitt einer Gesangsperformance? Diese erste Charakterisierung sensibilisiert für die verschiedenen medialen Ebenen und damit auch zeitlichen Entstehungsebenen einer Musikquelle, die im ersten Moment homogen erscheint.

Beschäftigt man sich beispielsweise mit Liedern aus dem 18. oder 19. Jahrhundert kann es vorkommen, dass zunächst erst der Text existierte. Die Melodien sind häufig erst später auf die vorliegenden Gedichte komponiert, beziehungsweise der Text auf eine viel ältere Melodie gedichtet worden, wie es bei der *Arbeitermarseillaise* der Fall ist. Jacob Audorf schrieb den Text 1864 auf die Melodie der bekannten *Marseillaise* aus den Zeiten der Französischen Revolution, komponiert von Claude Joseph Rouget de Lisle 1792. Originale Tondokumente aus der Frühzeit der Arbeiterbewegung gibt es nicht, so kann man sich nur anhand von schriftlichen Überlieferungen erschließen, wie das Lied in den Ohren der Arbeiter*innen von 1864 geklungen haben mag. Dennoch gibt es Einspielungen dieser ersten Arbeiterlieder, die den Schülern*innen vom Klang und von der Interpretation historisch, im Sinn von alt, anmuten, dennoch aber deutlich später entstanden. So gibt es beispielsweise eine sehr frühe Tonaufnahme von 1909 auf einer Edison-Walze.[21] Es bietet sich an, diese Tonaufnahme für den Unterricht zu nehmen, weil sie am dichtesten an der Entstehungszeit liegt. Damit liegen aber strenggenommen drei verschiedene mediale Ebenen einer Quelle vor, oder sogar drei verschiedene Quellen, die sich in der Tonaufnahme vereinen: die ursprüngliche Melodie von 1792, der Text von 1864 und die Tonaufnahme von 1909. Diese verschiedenen medialen Schichten müssen wenigstens als solche kenntlich gemacht werden.

Weitere Aufmerksamkeit erfordert die Identifizierung des Tonträgers. Auch wenn digitalisierte Quellen in großer Zahl im Internet zur Verfügung stehen, sind die Tonaufnahmen meistens auf Tonträgern überliefert, die heute digitalisiert wurden. Die Aufnahme der *Arbeitermarseillaise* von 1909 beispielsweise ist ursprünglich auf der Edison-Walze überliefert. Doch wie war diese gestaltet und was waren ihre technischen Möglichkeiten und Einschränkungen? Was bedeutet die stattgefundene Transformation für das Tondokument? Die so einfach zu bedienenden und abzurufenden digitalisierten Tondokumente täuschen über eine längere und komplizierte Überlieferungsgeschichte hinweg, dafür sollte in diesem ersten Analyseschritt die Aufmerksamkeit geschärft werden.

Zusammengefasst braucht es die folgende Differenzierung der medialen Ebenen:

1. Das *Tondokument* in seine verschiedenen medialen Ebenen differenzieren.
2. Den *Tonträger* als ursprüngliches Medium und seine Transformationen klären.

> **Tipp**
>
> Transparenz in Hinblick auf die verschiedenen medialen Ebenen eines Liedes kann relativ einfach durch entsprechende Vermerke hinter dem Liedtitel umgesetzt werden. *Arbeitermarseillaise* (Melodie: Claude Joseph Rouget de Lisle, 1792; Text: Jacob Audorf, 1864; Tonaufnahme: unbekannt, 1909)

3.2 Das musikalische Produkt: äußere und innere Quellenkritik

Musikalische Quellen unterliegen wie auch andere Quellen, einer formalen (äußeren) und einer inhaltlichen (inneren) Quellenkritik. Speziell sind die Quellen in ihrer musikalischen Sprache und dem Gebrauch eines spezifischen Zeichensystems, das nicht allen Lehrenden und Lernenden gleich verständlich ist. An dieser Stelle sei nochmals betont: Kompositionen lassen sich daraufhin überprüfen, welche emotionalen Angebote die Komponisten*innen machen, welches musikalische Material sie verwenden und wie dieses kulturell eingebettet ist, das heißt, gedeutet werden kann. Es geht an dieser Stelle nicht um eine musikwissenschaftlich fundierte Analyse, sondern um musikalische Produkte als *historische* Quellen. Die historische Analyse von Musik basiert im Gegensatz zur musikwissenschaftlichen nicht auf der einen musikalischen Quelle, sondern auf einem ganzen Setting von weiteren Quellen, die die musikalische Quelle erklären, einbetten und zum Klingen bringen können (siehe 1.1 Primärquellen und Begleitquellen).

Äußere Quellenkritik

Analog zu allen anderen historischen Quellenanalysen gilt es zunächst, die Herkunft des Liedes festzustellen. Wenn man sich gleich für ein Tondokument entscheidet, bedeutet das auch, alle drei medialen Ebenen (Aufnahme, Komposition, Text) quellenkritisch zu berücksichtigen. Nimmt man zunächst nur einen Liedtext, handelt es sich nur um diese eine mediale Ebene, die betrachtet werden muss.

Text und Komposition: Für den Einsatz im Geschichtsunterricht bietet es sich an, diese Informationen zur äußeren Quellenkritik im Vorfeld bereit zu stellen. Grundsätzlich sollten Entstehungszeit, -ort, Verfasser*in und Adressaten*innen bekannt sein. Dabei ist die Besonderheit historischer Lieder, dass sie unter Umständen keine Verfasser*innen haben, z.B. wenn es sich um volkstümliche Lieder handelt (siehe dazu mehr unter: 7.2 Zentrale Liedgattungen des 18.-20. Jahrhunderts), beziehungsweise mehrere Versionen und Vertonungen existieren.

Tipp

Die Kerninformationen zur Überlieferungsgeschichte von Liedern lassen sich mithilfe von einschlägigen Materialien oder Webplattformen herausfinden. Vor allem zu nennen sind hier das *Historisch-kritische Liederlexikon* und das *Songlexikon* des Freiburger Forschungszentrums für Populäre Kultur und Musik. Diese beiden Internetlexika sind für den Einsatz von Musik im Geschichtsunterricht die wichtigsten Nachschlagewerke, da sie wissenschaftlich fundierte und sorgfältige Überlieferungsgeschichten anbieten.

Siehe dazu die Linkliste und die Materialsammlung im Anhang des Buches

Mithilfe von entsprechenden Begleitquellen beziehungsweise der vorhandenen Literatur sollte herauszufinden sein, was die Motivation zum Schreiben des Liedtextes, beziehungsweise der Komposition war, ob es konkrete Auftraggeber*innen gab beziehungsweise bestimmte Ereignisse oder Anlässe, zu denen dieses Lied entstand. Für Kinder- und Pionierlieder der DDR beispielsweise ist häufig festzustellen, dass sie im Auftrag des Ministeriums für Volksbildung oder des Zentralrates der Freien Deutschen Jugend entstanden. Die Funktionäre*innen überprüften regelmäßig das Liedrepertoire und beauftragten Lyriker*innen und Komponisten*innen mit bestimmten Liedthemen, wie beispielsweise Soldatenverehrung.

Diese Informationen geben bereits Hinweise auf den Gebrauch und die Verbreitung der Lieder. Demnach ist genauer festzuhalten, in welchen Kontexten die Lieder publiziert wurden: waren es Liederbücher für bestimmte Organisationen, Lehrbücher für den Schulunterricht, Tageszeitungen oder Zeitschriften oder handelte es sich um lose Liedblattsammlungen? Das Format der Publikation von Liedtexten mit und ohne Notenteil verweist auch auf die intendierten Adressaten*innen. Entstanden Lieder als Gebrauchsgegenstände, sollten sie schnell erlernt werden, dann erschienen sie in günstigen Drucken oder als lose Blattsammlungen. Schlager oder Popsongs wurden eher selten in großen Mengen publiziert, stattdessen erscheinen unregelmäßig „Best-Off" Notenhefte.

Arbeitet man mit einer *Tonaufnahme*, müssen auf der Ebene der äußeren Quellenkritik die gleichen Fragen angelegt werden. Um beim oben genannten Beispiel der *Arbeitermarseillaise* zu bleiben: Im Geschichtsunterricht wird nicht die Edison-Walze abgespielt, sondern das Digitalisat über den entsprechenden Internetlink. Doch auf dem Weg der Transformation von der Walze zu digitalen Zeichen kann die Quelle verändert worden sein. Wir wissen nicht, welche zusätzlichen Informationen auf der Walze standen. Vielleicht gibt sie darüber Auskunft, welcher Männerchor da singt, wer das Lied wo aufgenommen hat und was die Intention war. Vielleicht war die Walze illustriert oder/und beschriftet. Gibt es verschiedene Versionen dieser Musikquelle und wenn ja, lassen sich diese verschiedenen Versionen chronologisch zurückverfolgen? Welche Liedversion wurde eingespielt? Handelt es sich um eine Liveaufnahme oder eine Studioaufnahme? Die letzte Frage ist eher relevant für Musikquellen ab der Mitte des 20. Jahrhunderts, denn Tonstudios im modernen Verständnis gab es vorher nicht. Zumeist reisten Sammler*innen oder Wissenschaftler*innen um die Welt, um Tonaufnahmen zu sichern. Beispielhaft zu nennen ist hier die Königlich Preußische Phonographische Kommission, die zwischen 1915 und 1918 über 1000 Tonaufnahmen von Kriegsgefangenen auf Wachswalzen sammelte.

Zudem muss die Validität des Tondokumentes geprüft werden: Handelt es sich um einen Ausschnitt oder eine komplette Aufnahme, um einen zufälligen Mitschnitt oder eine gezielte Einspielung? Ist die

Aufnahme bearbeitet? Wie, von wem und warum wurde die Hörquelle überliefert und zur Verfügung gestellt?

Sind diese Fragen für die verschiedenen medialen Ebenen der Quelle geklärt, kann man sich der inneren Quellenkritik zuwenden.

Innere Quellenkritik

Auch in diesem Schritt gilt es, die Quelle (je nach Gebrauch im Klassenzimmer) auf allen Ebenen ihrer medialen Verfasstheit zu untersuchen: Komposition, Text und Tonaufnahme.

Zunächst soll es um die Ebene *Komposition* gehen. In Anlehnung an die bekannten Schemata der Quellenanalyse bedarf es in diesem Schritt eines tiefergehenden Blickes auf den historischen Kontext und daraus schlussfolgernd auf den Erlebnis- und Erfahrungshorizontes der Komponisten*innen und Verfasser*innen. Musikalisch bedeutet das an der Stelle herauszuarbeiten, an welche musikalische Tradition die Komposition anschließt, das heißt, welche musikalische Sprache die*der Komponist*in nutzt, wie sie*er sie vielleicht verändert und was das für die Liedaussage heißt. Relativ einfach lässt sich der formale Aufbau der Komposition heraushören oder herausarbeiten. Arbeitet die*der Komponist*in mit Wiederholungen, inwiefern verändern sich Dynamik oder Rhythmik? Wie verhalten sich Strophen und Refrain zueinander? Diese Überlegungen ermöglichen es auch darüber nachzudenken, ob das untersuchte Lied für seine Zeit einfach oder kompliziert war, ob es eher zum Mitsingen oder zum Zuhören geschrieben wurde. Welche Rückschlüsse bieten diese Informationen auf die Intention der*des Komponisten*in. Falls es einem nicht möglich ist, an dieser Stelle tiefer zu dringen, dann sollte zumindest eine Einordnung in Liedgattungen vorgenommen werden, beziehungsweise in musikalische Genres (siehe dazu Kapitel 7. Das Lied. Systematisierungsvorschläge).

An dieser Stelle lässt sich getrost auf vorhandene Literatur zurückgreifen, zumal im Geschichtsunterricht sehr häufig die historischen Lieder zum Einsatz kommen werden, zu denen diese Kontextinformationen bereits recherchiert und abrufbar sind.

Tipp

Es braucht nicht unbedingt Notenkenntnisse für die historische Analyse. Aber die musikalischen Quellen bieten die Chance, Schüler*innen mit entsprechenden Kenntnissen zu Experten*innen zu erklären und ihnen damit die Verantwortung für eine musikalische Analyse zu übergeben.

Auch bei der inneren Quellenkritik des *Textes* geht es darum, die Intentionen sowie den Erfahrungs- und Erwartungshorizont der*des Autors*in herauszuarbeiten und in den historischen Kontext einzubetten. Dazu stehen bestenfalls Selbstaussagen oder im Fall moderner Popsongs auch Interviews mit den entsprechenden Künstlern*innen zur Verfügung, die kritisch bewertet werden müssen. Die Intention der*des Autors*in lässt sich auch mit einem genaueren Blick auf den Text erschließen: Wie ist der formale Aufbau, gibt es Wiederholungen beziehungsweise Sequenzierungen? Welche rhetorischen Mittel werden verwendet? Gibt es ein spezifisches Vokabular? Lässt sich ein Dialekt ausmachen? Was für Stimmungslagen werden mit welchen Worten bedient? Was ist der historische Horizont des Liedes (gibt es Verweise auf bestimmte Ereignisse, werden Zukunftsvorstellungen, Wünsche und Sehnsüchte benannt)? An wen oder gegen wen richtet sich das Lied? Zugleich muss auch immer nach Auslassungen gefragt werden. Was wäre zu erwarten gewesen, was fehlt in dem Text?

Diese konkreten inhaltsbezogenen Fragen an die Lieder lassen sich je nach Unterrichtssetting, Leitfrage und Lerngruppe ausdifferenzieren und vertiefen. Dazu finden sich im Methodenpool verschiedene Methoden der Erarbeitung. Für einen ersten quellenanalytischen Zugriff sollte es das Ziel sein, dass die Schüler*innen die Hauptintentionen und Hauptaussagen des Liedes in eigenen Worten erfassen und wiedergeben können (siehe dazu Methodenpool 2.2.1 Take-Away-Botschaften).

Der Unterschied zu einer reinen Gedichtanalyse ist der, dass die beiden Ebenen der *sprachlichen und musikalischen Gestaltung* zusammengeführt werden müssen. So ergibt sich vor allem durch die musikalische Gestaltung die Betonung bestimmter Worte oder Phrasen. Das ist möglich, indem mit einer Liedzeile eine zweite oder dritte Stimme einsetzt oder sich die instrumentale Begleitung verändert. Musikwissenschaftlich ließe sich eine solche Untermalung oder Betonung bestimmter textlicher Aussagen analytisch durch Veränderungen im Rhythmus, der Dynamik, der Harmonik oder einer plötzlichen Wendung in der Melodie darstellen. Aber diese Elaboriertheit braucht es an der Stelle nicht. Steigt der Melodiebogen an, oder fällt er plötzlich ab? Erhält dadurch der Text eine besondere Wendung? Gibt es melodisch unerwartete Tonsprünge, die wie ein Ausrufezeichen bestimmte Worte hervorheben? Unterscheidet sich der Refrain von den Strophen durch andere Instrumentierung oder Mehrstimmigkeit?

Wird die Musik an der einen Stelle plötzlich langsamer oder leiser oder an einer anderen Stelle schneller beziehungsweise lauter. Was bedeutet das für die Textaussage? Harmonisch lassen sich häufig Brüche in einem Lied benennen. Beim aufmerksamen Zuhören lässt sich beispielsweise heraushören, ob es einen Wechsel zwischen Moll und Dur oder Brüche mit Hörerwartungen gibt. Das kann zu dem interessanten Ergebnis führen, dass eine Liedzeile sprachlich als Aussage endet, die harmonische Gestaltung des Liedes aber wesentlich offener ist und eher ein musikalisches Fragezeichen setzt. Zu diskutieren wäre dann, was wirkmächtiger oder hörbarer ist und was das für die zentrale Aussage des Liedtextes bedeutet. Beispielhaft zu nennen ist das Lied *Gekreuzigter* (1944 Aleksander Kulisiewicz). Der polnische Häftling Aleksander Kulisiewicz komponierte das Lied im Konzentrationslager Sachsenhausen. Darin verarbeitet er die Begebenheit, dass deutsche SS-Männer am 20. Juli 1944 in der Prèsles bei Nice ein 3jähriges Kind kreuzigten. Das Lied endet mit der Zeile „es war Dein Söhnchen am Kreuz". Musikalisch äußert sich die Trostlosigkeit, der Schmerz und die Anklage des Liedes darin, dass es völlig entgegengesetzt aller Hörerwartungen nicht auf dem Grundton endet, sondern außerhalb der klassischen Tonalität. Damit bleibt die Anklage im Raum stehen, das Lied hat keinen Schluss. Aus dieser musikalischen Gestaltung zieht es vor allem seine Wirksamkeit (Brauer 2009, 233 f.).[22]

Dieses Zusammenbringen der musikalischen und textlichen Bausteine des Liedes ist der Kern einer spezifischen Analyse historischer Musik. Was es dafür braucht, sind gezielte Höraufgaben, die die Aufmerksamkeit genau auf diese musikalischen Markierungen und Unterstreichungen lenken (siehe z.B. Methodenpool 2.1.2 Höreindrücke visualisieren).

Die kombinierte Analyse von Musik und Text macht es erforderlich, auf der dritten Ebene die *Tonaufnahmen* näher zu betrachten. Denn jede Tonaufnahme, die für das Hörbarmachen von Musik genutzt wird, ist für sich genommen auch eine Quelle, deren „medienspezifische Semantik" offengelegt werden muss (Morat/Blanck 2015, 718). Auch an dieser Stelle gilt in erster Linie, den Schülern*innen ein Bewusstsein darüber zu vermitteln, dass jedes Hörbarmachen von Notentexten immer auch eine Interpretation oder eine Inszenierung dieser ist. Wie jede andere Quelle hat auch das Tondokument eine Entstehungszeit, einen Entstehungsort, es gibt Ausführende (die Künstler*innen, die singen oder musizieren, die Techniker*innen, die aufnehmen). Zu bedenken sind ebenso die technischen Voraussetzungen und Möglichkeiten zur Entstehungszeit der Quelle.

Dieser gesamte quellenkritische Komplex kann sich aus unterrichtspragmatischen Gründen darin erschöpfen, den Schülern*innen die notwendigen Angaben zur Tonaufnahme im Vorfeld zur Verfügung zu stellen. Entscheidend ist, dass wie für jede andere verwendete Quelle im Unterricht diese Kontextinformationen überhaupt bereitgestellt werden.

Zusammenfassend ist festzuhalten: Es sollte den Lernenden klar sein, dass die Tonaufnahme der *Arbeitermarseillaise* nicht aus der Zeit ihrer Entstehung stammen kann, auch wenn diese Aufnahme für die Ohren der Lernenden antiquiert und historisch klingt. Dass in der medialen Überführung des Liedes vom Notenblatt zur digitalisierten Aufnahme mehrere Schritte und verschiedene Zeitebenen liegen, ist ein zentrales Erkenntnisziel dieser Analyse.

Das Tondokument als historische Quelle hat in der Regel drei verschiedene mediale Verfasstheiten: Noten, Text, Interpretation (als Tondokument). Das mag auf den ersten Blick komplex scheinen, da die Verwendung von Tondokumenten als Quelle einer entsprechenden Vorbereitung bedarf. An dieser Stelle soll allerdings für Pragmatismus plädiert werden. Die Ebenen sind vor allem deshalb in aller Ausführlichkeit hier diskutiert worden, um ein grundsätzliches Verständnis für die verschiedenen medialen Ebenen von Musikquellen zu schaffen. Für den Einsatz im Geschichtsunterricht ist in erster Linie diese Quellenlogik zu vermitteln. Das bedeutet:

1. *Berücksichtigen Sie alle medialen Ebenen der Quelle.* Geben Sie immer Informationen zum Entstehungskontext des Liedes, der Aufführung und der Aufnahme an. In welcher Ausführlichkeit die Schüler*innen sich selber mit den einzelnen Analyseebenen befassen sollen, hängt von dem didaktischen Ziel des konkreten Unterrichtes ab. Entscheidend ist, dass den Lernenden die verschiedenen medialen Ebenen der Quelle bewusst sind.
2. *Lenken Sie die Aufmerksamkeit auf das Verhältnis von Sprache und Musik.* Würde ausschließlich der Liedtext analysiert werden, dann ginge der spezifische Charakter von Musik als historischer Quelle verloren und es ließe sich genauso gut jedes andere Textdokument verwenden. Daher sollte historische Musik vorrangig als Klangquelle zum Einsatz kommen.

Übersicht: Innere und äußere Quellenkritik

<table>
<tr><td colspan="2">Liedtitel/Werktitel</td></tr>
<tr><td colspan="2">1. Erste Charakterisierung: Tondokument, Tonträger</td></tr>
<tr><td colspan="2">Text: Autor*in und Entstehungsjahr
Komposition: Komponist*in und Entstehungsjahr
Tonaufnahme: Interpret*in, Ort, Datum,
Tonträger: original/aktuelle Verfügbarkeit</td></tr>
<tr><td colspan="2">2. Äußere und innere Quellenkritik</td></tr>
<tr><td colspan="2">2.1 Formale Kriterien</td></tr>
<tr><td>Entstehung</td><td>Anlass? Auftraggeber? Publikationsformen? Versionen?</td></tr>
<tr><td>Tondokument</td><td>Überlieferung der Aufnahme, ursprüngliche Tonträger</td></tr>
<tr><td>Lebensweltliche Einbettung</td><td>Erfahrungshorizont der Autoren*innen, Komponisten*innen; mögliche Intention? Traditionen?</td></tr>
<tr><td>Formaler Aufbau</td><td>Wechsel zwischen Strophen und Refrain? Wiederholungen? Sequenzierungen?</td></tr>
<tr><td>Dynamik/ Rhythmik</td><td>z. B. schwungvoll, kräftig, zögernd, matt, überlegend, besonnen, bedächtig, leidenschaftlich, ruhig, still, laut, energisch, zielstrebig, unentschlossen, kämpferisch, schreitend</td></tr>
<tr><td>erster Höreindruck</td><td>Stimmungslagen: z. B. hymnisch, pathetisch, ironisch, munter, lebhaft, klagend
Inhalt: z. B. erzählend, kryptisch, verständlich</td></tr>
<tr><td>erste Vermutung: Genre/Gattung</td><td>erste Zuordnung zu bekannten Gattungen</td></tr>
<tr><td colspan="2">2.2 Inhaltliche Kriterien</td></tr>
<tr><td>Bezug auf historische Ereignisse</td><td>Verweis auf historische Ereignisse?</td></tr>
<tr><td>Erzählperspektive</td><td>Wer spricht? Wie spricht er/sie/es?</td></tr>
<tr><td>Erfahrung und Erwartung</td><td>Benennung von Wünschen, Sehnsüchten, Vergangenheitsbezügen, Zukunftsvorstellungen?</td></tr>
<tr><td>Sprache</td><td>Spezifische Begriffe? Unbekannte Worte? Dialekt?</td></tr>
<tr><td>Adressat</td><td>An wen oder gegen wen richtet sich das Lied</td></tr>
<tr><td>Zentrale Begriffe</td><td></td></tr>
<tr><td>Leerstellen</td><td>Was wäre zu erwarten gewesen, was fehlt?</td></tr>
<tr><td colspan="2">2.3 Sprachliche und musikalische Gestaltung</td></tr>
<tr><td>Text und Rhythmus</td><td>Zentrale Worte, die durch auffälligen Rhythmus betont werden: Pausen, schneller, langsamer werdend,
enden sprachliche Sinneinheiten auch mit musikalischen Sinneinheiten, gibt es Brüche</td></tr>
<tr><td>Text und Melodie</td><td>Zentrale Begriffe, die durch die musikalische Gestaltung besonders hervorstechen, z. B. durch auffällige Tonsprünge, harmonischer Wechsel, aufsteigender, abfallender Melodiebogen, Brüche mit Hörerwartungen</td></tr>
</table>

2.4 Interpretation der Musik (wenn eine Klangquelle vorliegt)	
Wer singt?	Chor, Sologesang, 2. oder 3. Gesangsstimme, verändert sich das im Lied und warum
Welche Instrumente	Verändert sich die instrumentelle Begleitung, warum
Tonaufnahme	Ursprüngliche Tonträger? Technische Bedingungen? Situation der Aufnahme (Live, Studio); Ziel der Aufnahme? Vollständigkeit, Bearbeitung?
Verhältnis zur Komposition	Dicht an der Komposition orientiert, bearbeitet und freie Interpretation?
3. Fazit	
Thema/Botschaft/ zentrale Aussagen des Liedes in eigenen Worten	
Weiterführende Fragen in Hinblick auf das historische Thema	

3.3 Die musikalische Praxis: Aufführungen

In einem dritten Analyseschritt geht es darum, sich von den Fragen der medialen Verfasstheit zu lösen und vielmehr den historischen Kontext zu beleuchten, in dem das konkrete historische Lied gesungen und gehört wurde. Um der sozialen Bedeutung von Musik in der Vergangenheit nahe zu kommen, muss explizit die Inszenierung und Aufführung der Musik im spezifischen historischen Kontext in das Zentrum der Aufmerksamkeit gelangen. Dafür braucht es die erläuternden Begleitquellen, von denen oben gesprochen wurde.

Singen als Emotionspraktik zu sehen, fordert den genauen Blick auf den Aufführungsprozess. Im Zuge des „performative turns" hat sich die Erkenntnis manifestiert, dass Bedeutung und Erfahrung erst im Handeln hergestellt werden und nicht einfach gegeben sind, „Handlungen" bringen die „Wirklichkeit […] erst hervor", auf die sie verweisen (Fischer-Lichte 2012, 44). „Performanz, Performance und Performativität werden zu neuen kulturwissenschaftlichen Grundbegriffen". Wie funktioniert das „Gemachtsein von Sprache und Wirklichkeit", „wie kann mit Sprache Handlung ausgelöst werden, wie wird Wirklichkeit produziert und in Szene gesetzt", „durch welche Handlungen werden Bedeutungen erzeugt" (Fischer-Lichte 2012, 44). Das sind die zentralen Fragen an das menschliche Tun auch und gerade in der Vergangenheit. Dieses Paradigma verschiebt die Perspektive von dem musikalischen Produkt zum Prozess des Singens oder Musizierens. Es rückt die*den Musizierende*n, die*den Zuhörer*in als aktive*n, wahrnehmende*n Gestalter*in in das Blickfeld der Analyse.[23] Dies bedeutet, den Aufführungsprozess nicht einfach nur als Reproduktion des „Musiktextes", sondern als eine eigenständige kulturelle Praktik anzuerkennen. Mit diesem Blick auf Musik als performativer Kunst ist der Blick frei auf das Wechselverhältnis von Musik und Gesellschaft. Denn Musik spiegelt nicht einfach nur Gesellschaft, sondern prägt und formt sie ebenso.

Praktisch bedeutet dieser Zugang, historische Lieder in die Situationen einzubetten, in denen sie gesungen wurden.

Zentrale Fragen an die historische Aufführung

Wer singt oder spielt; warum; mit welcher Wirkungsabsicht; wer legt fest, was erklingt und wie es erklingt; gibt es daneben noch andere Medien, die zum Einsatz kommen, vor allem Bilder oder Videos; wer hört zu und warum; handelt es sich um ein zufälliges Hören oder ein geplantes Zuhören (im Rahmen eines Konzertes); was waren beschreibbare Reaktionen der Zuhörer*innen; was waren zusätzliche Elemente der Inszenierung (zusätzliche Instrumente); standen die Singenden und Zuhörenden, oder bewegten sie sich (eventuell marschierten oder klatschten sie zur Musik oder zum Gesang); gab es Reden, Fahnen, Transparente; wurde die Musik vorher erlernt oder woher kannten die Teilnehmenden eventuell den Liedtext?

Die möglichen Quellen, in denen diese historischen Situationen des Singens und Musizierens überliefert sind, sind gleichermaßen medial divers wie selten konkret. Zunächst handelt es sich um Soundquellen, wie die Hörbilder des späten Kaiserreiches (siehe Methodenpool 2.2.2 Liedbiografien). Soundmitschnitte von Großereignissen, Festivals oder Konzerten sind für die Mitte des 20. Jahrhunderts in den Rundfunkarchiven zu finden und damit zwar für historische Forschung zugänglich, jedoch selten für den Geschichtsunterricht verfügbar. Je entwickelter mobile Aufnahmetechniken wurden, desto mehr Klangquellen liegen vor. Insbesondere für den Bereich der Pop- und Rockmusik lassen sich mit fortschreitendem 20. Jahrhundert immer mehr Hörbeispiele (vorrangig auf YouTube hochgeladen) für Lieder aus ihren jeweiligen Entstehungszeiten finden. Für die Zeit ab Mitte der 1980er Jahren entstanden Popsongs zunehmend mit Musikvideos, die ihrerseits die Liedinhalte spezifisch interpretierten. Zu nennen ist hier beispielhaft der Song *Russians* (1985, Sting), dessen offizielles Musikvideo die im Song verarbeiteten Bilder und Narrative zu einem der Höhepunkte des Kalten Krieges auf eine ästhetisch eindrückliche Weise kommentieren.[24] Häufig lassen sich für Popsongs Mitschnitte von Livekonzerten finden. Diese erlauben zusammen mit der Musik ebenfalls einen Zugriff auf die spezifische Situation des Singens und die besondere Botschaft bestimmter Songs. So kommentieren die Künstler*innen auf Livekonzerten gern ihre Songs, verweisen zum Beispiel auf politische Kontexte. Zu nennen ist hier der Livemittschnitt eines Auftrittes des britischen Sängers Tom Robinson, der auf einem Benefiz-Konzert von *Amnesty International* 1979 seinen Song *Glad to Be Gay* (1976, Tom Robinson) nur von der Gitarre begleitet, performte. Das Video, das hauptsächlich auf das Gesicht des Sängers fokussiert, dokumentiert deutlich und eindrücklich die spezifische emotionale Gemengelage des Sängers. Während das Lied mit seiner musikalischen Gestaltung und mit einem oberflächlichen Blick auf den Text durchaus leichtfüßig daher kommen kann, wird in der Performance des Sängers, den offen nonverbal kommunizierten Gefühlen, die bittere Kritik Robinsons am Vorgehen der Polizei und den gesellschaftlichen Vorurteilen gegenüber Homosexuellen sehr deutlich.[25]

Manchmal werden in diesen Mitschnitten die Reaktionen des Publikums eingefangen: Gibt es Zwischenrufe? Singt das Publikum? Wie reagiert es auf bestimmte Textpassagen, mit Klatschen oder Buhrufen? Weitere audiovisuelle Quellen sind Dokumentarfilme, die entsprechende Situationen eingefangen haben. So sind beispielsweise große Jugendtreffen in der Zeit der DDR häufig im Auftrag der politischen Funktionäre in Dokumentarfilmen festgehalten worden. Diese zeigen dann auch mit großer Verlässlichkeit, wie die Jugendlichen auf den Großveranstaltungen sangen. Mit analytischem Blick lässt sich einiges darüber erfahren, welche Bedeutung man dem gemeinschaftlichen Singen unterstellte und was man sich in einer „Erziehungsdiktatur“ davon erhoffte.[26]

Diese multimedialen Quellen helfen vor allem für zeitgeschichtliche Themen weiter, es gibt aber auch schriftliche Quellen oder Bildquellen, die für die Jahrhunderte davor musikalische Praktiken dokumentieren. Um herauszufinden, wie der Sound historischer Ereignisse klang, braucht es zeitgenössische Beschreibungen oder Dokumentationen. Eine wichtige Quelle sind zunächst Programmhefte. Sie geben über den rituellen Ablauf von Zusammenkünften Auskunft. Beispielhaft lassen sich hier überlieferte Programme aus dem Konzentrationslager Sachsenhausen benennen. Ohne diese

Zettel, auf denen sorgfältig der Ablauf von Sonntagnachmittagskonzerten der offiziellen Häftlingskapelle vermerkt wurde, hätten wir heute keine Vorstellung davon, welche Bedeutung Musik im Konzentrationslager hatte. Wir wüssten nicht, dass es vor allem das gewohnte klassische Orchesterrepertoire war, dass die Häftlingskappelle spielte, oder dass es ein Gemisch aus alten, vertrauten, volkstümlichen Liedern und politischen Liedern der Arbeiterbewegung war, das in den Häftlingsbaracken erklang. Sicherlich geben Programme einen Planungsstand wieder und dokumentieren nicht, wie diese Treffen tatsächlich abgelaufen sind, dennoch ermöglichen sie einen Einblick darin, wie es sehr wahrscheinlich war. Denn die Programme formulierten Erfahrungen und Erwartungen der historischen Akteure*innen und hatten auch den Zweck, ihnen Struktur und Anhaltspunkte zu geben.

Darüber hinaus braucht es Quellen, die über Ereignisse berichten, diese dokumentieren und kommentieren, in denen Musik eine besondere Rolle gespielt hat. An erster Stelle sind Zeitungsberichte zu nennen, Erinnerungen von Zeitgenossen*innen, Briefe oder Tagebucheinträge. Beispielsweise ist im Mai 1947 in der Tageszeitung *Neues Deutschland* anlässlich des II. Parlaments der Freien Deutschen Jugend in Meißen von einem Fackelzug zu lesen. Dort wird deutlich kommentiert, was die Erwartung an die emotionale Sogkraft gemeinschaftlichen Gesanges war.

> *„Ein unvergessenes Bild, als die ersten mit ihren blauen FDJ-Fahnen durch das gotische Burgtor schreiten, gespenstisch beleuchtet von den zahllosen Fackeln. Der endlose Zug marschiert durch die winkligen Gassen zwischen den engen Fachwerkhäusern einer vergangenen Zeit zur großen breiten Elbebrücke: „Jugend heraus“ klingt das Lied durch die Straßen und es gibt wohl kaum deutsche Jungen und Mädel, die sich nicht in diesen Zug eingereiht hätten.“ (Klaus 1947, 3)*

Aber auch Polizeiakten beziehungsweise Berichte verschiedener Institutionen über Stimmungen aus dem Volk dokumentieren Situationen des Singens. Dieser kurze Einblick zeigt: mit den entsprechenden Begleitquellen kann man sich der konkreten historischen Situation annähern, in der Musik sozial wirksam wurde.

3.4 Zeitgenössische Wahrnehmung und Wirkung

Eng an die Frage der Aufführung ist die Frage nach der zeitgenössischen Wahrnehmung von Musik gebunden. Die oben gesammelten Fragen auf der Ebene der Praktik und Inszenierung haben vor allem das Ziel, zu einer Aussage über die mögliche Wirkung oder auch Wirkungsabsicht von Musik in den konkreten historischen Situationen zu kommen. Didaktisch gewendet bedeutet diese analytische Bearbeitung auch, die Historizität der Musik, der emotionalen Wirkung von Musik zu thematisieren. Das Lied *Heut ist ein wunderschöner Tag* (1944, Siegfried Köhler) beispielsweise hat eine wechselvolle Geschichte. Es entstand als volkstümliches Lied eines Gesangsensembles der Meißner Hitlerjugend und wurde von eben dieser „Bannspielschar" Meißen im Jahr 1944 häufiger gesungen; zum Beispiel auf ihrer Chorreise durch sächsische Städte und Dörfer, mit dem Ziel, die kriegsgebeutelte Bevölkerung abzulenken und aufzumuntern. Das gleiche Lied sangen die gleichen Jugendlichen in anderer Besetzung 1947 auf ihrer „Spielfahrt" über sächsische Dörfer. Es wurde das bekannteste und bedeutendste Lied im Gesangsrepertoire der Schulkinder in der DDR (allerdings wurde das Entstehungsdatum auf 1946 vordatiert). Es sangen Gruppen von 10 bis 14jährigen Kindern in den Betriebsferienlagern der DDR der 1950er und 1960er Jahre, nach einem Sommertag voller gemeinsamer Spiele, ideologischer oder nicht ideologischer Art. 16jährige Zehntklässler*innen mussten es im September 1961 in Anklam auf dem Fahnenappell zur Eröffnung des Schuljahres singen. Im Gegensatz zu den zahlreichen Kindern in den Ferienlagern verweigerten diese den Gesang, weil sie die Staatsmacht einen Tag zuvor zum Wehrdienst zwangsverpflichtet hatte. Diese 16jährigen beschrieben im Rückblick wie ausgerechnet die Forderung nach dem Gesang dieses so unpolitischen Kinder- und Wanderliedes „das Faß zum Überlaufen" brachte und die Jugendlichen in ihrem Widerstandswillen zusammenschweißte. Die kollektive Verweigerung des Singens wiederum sorgte bei der Staatsmacht zu rigorosen erzieherischen Maßnahmen, die in dem sogenannten „Fall Anklam" dokumentiert wurden.[27]

Wenn eine Studioaufnahme dieses Liedes, gesungen von einem Kinderchor, in einem Klassenzimmer des Jahres 2021 im Ruhrgebiet präsentiert wird, lässt sich nichts über zeitgenössische Wirkungen und Wahrnehmungen heraushören, solange die konkreten Kontexte unbekannt sind. Den Schülern*innen von heute wird der künstlich wirkende Kinderchorgesang sicherlich fremd vorkommen.

Dieses Beispiel unterstützt bereits oben formulierte Zweifel darüber, dass historische Lieder über Zeit und Raum hinweg historische Gefühle als eine Art Koffer transportieren und jederzeit ein Abrufen dieser vergangenen Gefühle ermöglichen können. Das funktioniert so nicht. Dass eine bestimmte Musik ganz individuelle und unterschiedliche Emotionen hervorrufen kann, ist populäres Erfahrungswissen. Ein Musikstück kann eine*n Hörende*n positiv berühren, Freude und Zufriedenheit hervorrufen, da es sie*ihn an eine glückliche Begebenheit in der Vergangenheit erinnert. Ein*e Andere*r dagegen reagiert körperlich überhaupt nicht auf dieses Musikstück, nimmt es gar nicht richtig wahr. Musikwahrnehmung ist demzufolge das (Wieder)erkennen von Musik in Abhängigkeit von individuellen Erfahrungen, Prägungen und kulturellen Fertigkeiten und der aktuellen Situation der Wahrnehmung.

Aus diesem Grund ist es an dieser Stelle wichtig, die Ebene der zeitgenössischen Wahrnehmung und Wirkung in das Analyseschema explizit mit aufzunehmen. Wenn man einmal versucht, den spezifischen Wahrnehmungen historischer Akteure*innen von Musik in bestimmten Situationen nahe zu kommen, wird schnell deutlich, wie sehr sich diese je nach konkreter Situation ändern. Das bedeutet weiterführend auch, dass heutige Schüler*innen sich den historischen Liedern mit ihrem je eigenen Wahrnehmungshorizont annähern, der sich grundsätzlich von dem der historischen Akteure*innen unterscheidet. Allein an den Klangdokumenten historischer Lieder werden die Schüler*innen nicht viel über die Geschichte der Kinder- und Jugenderziehung in der DDR lernen und verstehen können. Aber wenn sie beginnen, die Situationen und Ereignisse, in denen dieses Lied für die Heranwachsenden in der DDR eine besondere Rolle spielte, wie Puzzleteile zusammenzusetzen, ließe sich daran vortrefflich über die Erziehungsdiktatur und Eigensinn lernen.

3.5 Interpretation: Sinnvolle historische Fragestellungen

Die vorangegangene ausführliche Darstellung hatte das Ziel, modellhaft eine adäquate quellenkritische Analyse historischer Lieder auf den verschiedenen Ebenen ihrer medialen Verfasstheit vorzustellen. Damit sollte vor allem eine Sensibilität für die Quelle Lied geschaffen werden, die eben nicht aufgrund ihrer ästhetischen Verfasstheit besonders eingängig ist, sondern im Gegenteil auch befremdlich wirken kann und darf.

Unterrichtspragmatisch werden die Schwerpunkte der Quellenanalyse von den Ausgangsfragen an die historischen Lieder bestimmt. Lieder sind deshalb auch bedeutende Quellen für den Geschichtsunterricht, weil sie ein Ausdrucksmedium marginalisierter Gruppen in der Geschichte waren und sind (siehe Unterrichtsbeispiele 3.1 Arbeitsmigration nach Deutschland und 3.3 Gender, Geschlecht und sexuelle Identität). Sie sind (häufig auch multimediale) Speicher von entsprechenden Lebensgefühlen, Weltdeutungen, Wünschen, Sehnsüchten und Utopien. Sie sind Medien, in denen sich Menschen kritisch reflexiv, spöttisch, ironisch, wütend und hassentbrannt oder liebevoll, optimistisch mit ihrer Gegenwart auseinandersetzten. Insofern begleitete das Singen immer auch konflikthafte Situationen in der Geschichte. Zudem haben Lieder (im Gegensatz zu Gedichten) eine sozialverbindende und ausgrenzende Wirkung, gerade wenn sie in öffentlichen Räumen Gruppenbildungsprozesse begleiteten. Musikquellen können verschiedene Perspektiven beleuchten, wie zum Beispiel die Vorstellung herrschender Gruppen darüber, wie die Gesellschaft und andere Gruppen in der Gesellschaft zu sein haben, wie sie zu erziehen sind oder an welchen Werten und Normen sie sich zu orientieren haben. Zugleich geben Liedquellen auch den umgekehrten Blick von unten nach oben frei, wie beispielsweise die Wahrnehmungen von Menschen, die wegen ihrer Homosexualität benachteiligt und ausgegrenzt wurden.

Mit diesen Eigenschaften ist bereits skizziert, welche Fragen an die Geschichte sich sinnvollerweise mit historischen Liedern als Quelle bearbeiten lassen und welche nicht.

Für die Erarbeitung von Auslöser, Verlauf und Nachwirkungen des Dreißigjährigen Krieges oder der Bedingungen und Entwicklungen der Industriellen Revolution oder Gründe und Abläufe der Machtübernahme Adolf Hitlers 1933 eignen sich Lieder und Musik eher nicht. Dazu braucht es Quellen, die die Ebenen von Politik, Wirtschaft und Institutionen beleuchten. Wenn es aber darum geht herauszuarbeiten, was der Dreißigjährige Krieg für die Menschen in Mitteleuropa bedeutete, lassen sich Landsknechtslieder, Bauernlieder und andere volkstümliche Lieder zu Rate ziehen, die genau in dieser Zeit entstanden sind und das Lebens- und Zeitgefühl dieser Jahrzehnte widerspiegeln, wie zum Beispiel die Angst der Bevölkerung vor den plündernden Landsknechten und das Verhaltnis dieser zur Obrigkeit (siehe Methodenpool 2.2.1 Take-Away-Botschaften formulieren). Einen Einblick in die Folgen der Industriellen Revolution in Hinblick auf Arbeitsbedingungen, geben volkstümliche Arbeitslieder über verschiedene Berufe, wie das Weberlied *Ach, was soll ich Weber machen* (circa 1830 ohne Autoren), die detailliert beschreiben, wie wenig Lohn es für die harten und undankbaren Arbeiten gab. Wenn man wissen möchte, wie es dem nationalsozialistischen Regime gelang, so schnell breiten Zuspruch in der deutschen Gesellschaft zu finden, sollte man sich auf der Ebene der Alltagsgeschichte die Praktiken der Vergemeinschaftung in den nationalsozialistischen Organisationen ansehen und das gemeinschaftliche Singen (siehe Methodenpool 2.2.6 Personenaufstellung oder Gruppenaufstellung). Die Entwicklung des deutschen Nationalstaates im 19. Jahrhundert lässt sich aus der Perspektive der Ideengeschichte oder der Politikgeschichte betrachten, aber auch auf der mentalitätsgeschichtlichen Ebene. Dazu lässt sich anhand des nationalpatriotischen Liedes *Was ist des deutschen Vaterland* (Text: Ernst Moritz Arndt 1813; Melodie Johannes Cotta 1815) der tägliche Gebrauch dieser Lieder erarbeiten und diskutieren, wie die Idee einer Nation in die Köpfe und Herzen der Menschen kommt, wie sie zu einer „vorgestellten Gemeinschaft" nach Benedict Anderson werden konnte (Anderson ³1996, im Titel), wie stabil ein solches gefühltes Wissen gewesen ist (siehe Methodenpool 2.2.5 Zuordnen/Matching).

4. Guter Geschichtsunterricht und Musik

Historische Lieder sind nicht nur deshalb eine geeignete Quelle für das Klassenzimmer, weil sie Einblicke in vergangenes Denken und Fühlen zulassen, sie ermöglichen auch einen guten Geschichtsunterricht. Was ist guter Geschichtsunterricht? Folgend ist es nicht das Ziel, eine Theorie des Geschichtsunterrichtes zu entfalten,[28] sondern deutlich zu machen, wie und warum die hier vorgeschlagenen Methoden zum Einsatz historischer Lieder einen guten Geschichtsunterricht ermöglichen.

„Guter Geschichtsunterricht' ist anhaltender Gegenstand der geschichtsdidaktischen Debatte.[29] *Folgend orientieren sich die Methoden an der Definition Peter Gautschis: Geschichtsunterricht ist dann gut, wenn Schülerinnen und Schüler anhand von fachspezifisch bedeutsamen Inhalten und Themen mittels eines Unterrichtsprozesses, der den Ansprüchen der Bezugswissenschaften entspricht, relevantes geschichtliches Wissen und für historisches Lernen grundlegende Kompetenzen erwerben und ausdifferenzieren." (Gautschi 2009, 100)*

Aus dieser Definition, die das Ergebnis einer empirischen Studie ist, leitet Gautschi Kriterien ab, die guten Geschichtsunterricht ermöglichen können.

Als Ergebnis seiner empirischen Studie kommt Gautschi zu dem Ergebnis, dass weder die „Form des Unterrichtes", noch die „Art der Lernmaterialien" guten Geschichtsunterricht garantieren können (Gautschi 2009, 241). Stattdessen identifiziert er zwei Schlüsselfaktoren für guten Geschichtsunterricht als besonders zentral:

1. „Bezogenheit des Themas auf die Situation der Lernenden"
2. „Gewährleistung von anregenden und angepassten Lerngelegenheiten" (Gautschi 2009, 243).

Diese Schlüsselfaktoren zielen erstens auf die Bedeutsamkeit des Themas und damit auf die Exemplarität für die „Thematisierung von menschlichem Handeln in gesellschaftlicher Praxis" (Gautschi 2009, 97), zweitens auf die didaktischen Prinzipien „Sachrichtigkeit, Multiperspektivität, Kontroversität" und „Bezogenheit des Themas auf die Situation der Lernenden" um letztendlich einen domänespezifischen Kompetenzerwerb zu ermöglichen.

Alle Methodenvorschläge dieses Buches orientieren sich an diesen beiden Schlüsselfaktoren.

4.1 Historische Lieder und die Erarbeitung „fachspezifisch bedeutender Themen"

Es wurde bereits verdeutlicht, dass sich mit historischen Liedern Praktiken von Gemeinschaftsbildung, Vorstellungen von Identität, Aushandlungen von Konflikten, Denken und Fühlen verschiedener historischer Akteure*innen erarbeiten lassen. Dieser Zugriff auf zeitspezifisches Denken und Fühlen ist es, der für den Einsatz von historischen Liedern im Geschichtsunterricht von Bedeutung ist. Lieder sind „anschauliches Auskunfts- und Ausdrucksmittel zeit- und gruppenspezifischer Gefühlslagen" (Klenke 2002, 211).

Somit sind historische Lieder Gegenstände, mit denen sich zentrale menschliche Probleme exemplarisch besonders gut erarbeiten lassen. Ein Blick auf „epochaltypische Schlüsselprobleme der Menschheit", nach Wolfgang Klafki unterstreicht das besondere Potenzial von Liedern. Insbesondere „Schlüsselprobleme", wie Krieg und Frieden (die „Friedensfrage"), „gesellschaftlich produzierte Ungleichheit" zwischen sozialen Klassen und Schichten, zwischen Männern und Frauen, „Subjektivität des einzelnen und Ich-Du-Beziehungen" in Bezug auf das Verhältnis der Geschlechter, Identität und soziale Beziehungen, Gleichstellung von Jungen und Mädchen, Frauen und Männern in Familie, Schule, Beruf und Gesellschaft beziehungsweise Medien und Alltagskultur, lassen sich sinnfällig mit historischen Liedern bearbeiten, wie die Beispiele im Methodenteil zeigen (Klafki 1997, 182f.).

4.2 Schüler*innenorientierung als zentrales didaktisches Prinzip

Gautschi benennt als ein zentrales didaktisches Prinzip für guten Geschichtsunterricht das der *Schüler*innenorientierung*. Dieses bedarf hinsichtlich der spezifischen Quelle Musik noch ein paar erläuternder Bemerkungen.

Historische Lieder haben eine spezifische ästhetische Anmutung, die im Unterrichtsgeschehen zu mehr Aufmerksamkeit, Interesse aber auch Irritation führen kann. Das besondere Potenzial der historischen Lieder liegt in ihrer expliziten Subjektorientierung, der direkten emotionalen Ansprache. Der „affektive Gehalt" der Musik vermag daher „subjektorientierte Lernprozesse" anzustoßen (Klenke 2002, 210). Hierbei handelt es sich um emotionale Reaktionen auf der Subjektebene, die im ersten Kapitel ausführlich diskutiert wurden. Eine zentrale Erkenntnis dieser Trennung von Objekt- und Subjektdimension der Emotionen war die, dass das historische Lernen über Emotionen nur dann vielversprechend sein kann, wenn die Emotionen eindeutig auf der Objektebene, also auf der Ebene der Vergangenheit und Geschichte bleiben und es Schülern*innen erlaubt wird, ihre eigenen Gefühle zu haben und in den Lernprozess mit einzubringen. Aus dieser grundlegenden Beobachtung resultiert eine besondere Sensibilität hinsichtlich des didaktischen Prinzips der Schüler*innenorientierung, zu der insbesondere – das sei ergänzt – das Alteritätsgebot zählt.

An dieser Stelle sei weiterführend argumentiert, dass die Beschäftigung mit der historischen Musik nicht nur subjektive Emotionen der Schüler*innen erlauben sollte, sondern dass der ästhetisch-sinnliche Gehalt regelrecht dazu einlädt, sich mit der eigenen Emotionalität auseinanderzusetzen. Dazu gehört auch, Unbehagen und Ablehnung zuzulassen, da wo Berührung und Ergriffenheit erwartet wird. Beispielhaft zu nennen sind Liedinterpretationen des polnischen KZ-Überlebenden und Sängers Aleksander Kulisiewicz, die im Unterricht eingesetzt werden können. Kulisiewicz verbrachte fünf Jahre im Konzentrationslager Sachsenhausen. In dieser Zeit komponierte er 46 eigene Lieder. Nach seiner Befreiung sah er es als seine Aufgabe, seine Liedkompositionen und die Lieder der Mitgefangenen der Nachwelt zu überliefern. Diese Lieder dokumentieren Ereignisse des Lageralltages: Hinrichtungen, Hunger, Krankheit oder Sehnsucht nach der Heimat. Als KZ-Sänger gab er in den 1960er Jahren europaweit zahlreiche Konzerte und brachte einige Platten mit den KZ-Liedern raus.[30] Aufgrund des dokumentarischen Charakters eignen sich die Lieder gut für den Geschichtsunterricht. Doch der Vortragsstil Kulisiewicz' ist besonders dramatisch, klagend und anklagend. Spielt man eines der Lieder im Plenum, können die Schüler*innen ablehnend darauf reagieren, so lehrt es die eigene Erfahrung. Statt mit gebannten Zuhörern*innen muss man vielmehr mit abwehrendem Kichern rechnen oder betretenem Weghören. In der Tat ist die Intensität der Interpretation gepaart mit den drastischen Inhalten kaum in der Öffentlichkeit eines Klassenraumes zu ertragen.

An dieser Stelle kann eine besondere Schüler*innenorientierung geschaffen werden, indem den Lernenden der Raum gegeben wird, sich nicht normativ betroffen zu zeigen, sondern sich „eigensinnig-produktiv" (Brauer/Lücke 2013b, 22) mit der emotionalen Wirkung der Musik auseinanderzusetzen, bevor es in die Erarbeitungsphase dieser Quelle geht. Historisches Lernen kann dann erfolgreich sein, wenn es eigensinnig und produktiv im Sinne von eigenverantwortlichen Aneignungsprozessen sein darf. Denn das historische Lernen wird im „sozialen System" Geschichtsunterricht „maßgeblich von Emotionen beeinflusst" (Bracke u.a. 2018, 126). Eine nachhaltige Veränderung des Geschichtsbewusstseins ist dann denkbar, wenn „kommunikative Akte [im Unterrichtsgeschehen] in Gedanken und Emotionen transformiert werden" (Bracke u.a. 2018, 36). Diese Verinnerlichung kann aber nicht von außen gelenkt oder herbeigeführt, sondern muss „autopoietisch erzeugt werden" (Bracke u.a. 2018, 36). Der Umgang mit der eigenen Emotionalität muss daher Bestandteil der Beschäftigung mit historischen Liedern sein. Das Alteritätsgebot wird demzufolge gerade in Bezug auf historische Lieder als ein zentrales Ziel der Schüler*innenorientierung verstanden.

Historisches: Eine kleine Geschichte des Singens

1. „Und stets ein frohes Lied erklingt"[31]: Gesang als Glücksversprechen

„Singen macht glücklich", ist das Credo zahlreicher neuerer Publikationen sowie musikpsychologischer Studien.[32] „Singen macht glücklich", damit werben Laienchöre um Sänger*innen. „Singen macht glücklich", behaupten einige Beiträge auf den öffentlich-rechtlichen Fernseh- und Radiosendern im November 2013 zur Themenwoche „Glück". Unglückliche Menschen treffen sich im „Chor der Muffligen", singen zehn Wochen gemeinsam und sind anschließend nachweislich glücklicher, so jedenfalls die Ergebnisse des „wissenschaftlichen ‚Glückshormontests'" (Haverkamp 2013). Gemeinschaftliches Singen, so das angeblich nachweisbare Fazit der Suche nach dem Glück, ist ein Schlüssel für ein glückliches und gesundes Leben, denn Singen sei „Lebenshilfe". Es diene nach Überlegungen des Musikpsychologen Karl Adamek dem Management der eigenen Emotionen, der Entwicklung von Emotionalität überhaupt sowie der Herausbildung von Vertrauen und Gruppenzusammenhalt (Adamek 2008, 208 f.).

Mit Blick auf das öffentliche Singen zeigt sich, dass gemeinschaftliches Singen in den letzten zehn Jahren wieder „in" geworden ist und aus jahrzehntelanger Vergessenheit (jedenfalls in Deutschland) auftaucht. Dafür sprechen Großereignisse öffentlichen Singens, die immer beliebter werden, wie beispielsweise das „generations- und vereinsübergreifende" Weihnachtssingen des Fußballvereins 1. FC Union Berlin, an dem mittlerweile gut 30.000 Menschen in der Alten Försterei (dem Fußballstadion) teilnehmen.[33] Wegen dieses immensen Erfolgs haben in den letzten Jahren auch andere Fußballvereine das Format übernommen, zur Freude der Fans, die das mit Begeisterung annehmen. Deutschlandweit gibt es „Ich-kann-nicht-singen-Chöre" nach der Idee von Michael Betzner-Brandt[34] oder sogenanntes „Rudelsingen", das „Kultformat zum Mitsingen".[35] Diese Mitsing-Formate werben mit Spaß, Freude und Wohlfühl-Atmosphäre.

Gefühle eines starken Gruppenzusammenhaltes sind es auch, die rechtsradikale Gruppierungen seit den 1980er Jahren europaweit mit der sogenannten White Power Musik heraufbeschwören wollen.[36] Auch in diesem Fall sollen über Musik die Herzen der Jugendlichen erreicht werden. Musik gilt den Produzenten*innen und Bands der rechten Szene als Identifikationsangebot, als emotionaler Zugang zur rechten Ideologie. Insbesondere über kostenlose sogenannte Schulhof-CDs versuchten rechte Bands in den 2000er Jahren, ihre Musik wirkungsvoll zu platzieren. Heute ist die Musik über das Internet leicht zugänglich. Die zahlreichen Konzerte, vor allem im ländlichen Raum locken mit Bier und Beat. Dabei handelt es sich nicht mehr eindeutig um Rock, mittlerweile sind viele verschiedene Musikstile vertreten: Singersongwriter, Deutschrock, Hiphop, Hardrock, Rap oder Pop. Im Jahr 2014 gab es in der Bundesrepublik 200 registrierte Bands der rechten Musikszene, mehr als 40 Label produzieren deren Musik. Im Sommer 2017 kamen im Thüringischen Themar circa 6.000 Nazis zu einem Konzert zusammen, seitdem ist Rechtsrock als Problem in den Medien präsent (Raabe 2019, 19). Für den Politikunterricht an den Schulen gibt es mittlerweile einige Hinweise und Handreichungen, wie Schüler*innen für diese Versuche emotionaler Vereinnahmung über Musik mit rechten Ideologien und Gedanken sensibilisiert und dagegen stark gemacht werden können.[37]

Worauf diese Beispiele über aktuelle Gesangspraktiken verweisen, ist vor allem die Erkenntnis, dass gemeinschaftliches Singen Menschen berührt, sie bewegt, ihnen ein Gefühl von Zugehörigkeit und Wohlbefinden gibt. Das ist zunächst einmal völlig unabhängig von der moralischen Zielrichtung der Gesangsformate. Umso mehr lassen die Beispiele der Vereinnahmung über Musik aufhorchen. Man sollte skeptischer gegenüber dem so gern vertreten Diktum sein, dass Musik immer und per se die gute Muse ist, so wie es in dem Titelsong von Heinz Rudolf Kunze zur beliebten Zeichentrickserie „Little Amadeus“ heißt: „Wohin die Reise geht/Was unser Held erlebt/Solang’ die Welt sich dreht/Musik macht alles gut“. Genau in diese Überzeugung ist bis heute die bürgerliche Idee von der moralischen Kraft der Musik eingeflochten, die wunderbar in dem Leitspruch bürgerlicher Gesangsvereine zum Ausdruck kommt: „Wo man singet, laß Dich ruhig nieder/ohne Furcht, was man im Lande glaubt/wo man singet wird kein Mensch beraubt:/Bösewichter haben keine Lieder“ (Seume [3]1810, 271). Diesen Versen zugrunde liegt eine enge diskursive Verflechtung von Musik und Emotionen ebenso wie die Überzeugung, dass Musik (insbesondere gemeinschaftliches Singen) zur Bildung und Festigung von moralisch guten Menschen beiträgt.

Diese Vorstellungen können ideengeschichtlich bis zu den ersten Quellen über Musik in der menschlichen Gesellschaft nachvollzogen werden. Ohne den Anspruch auf Ausführlichkeit und Vollständigkeit zu haben, sollen im folgenden Abschnitt Traditionslinien über die Geschichte des Singens nachgezeichnet werden. Diese verdeutlichen, welche Bedeutung dem gemeinschaftlichen Singen in vielen Zeiten und Kulturen zugeschrieben wurde. Ziel dieses Überblickes ist ein zweifaches. Zum einen geht es darum, in aller gegebenen Ausführlichkeit und notwendigen Kürze historisches Kontextwissen für mögliche Unterrichtsprojekte bereitzustellen. Zum anderen soll der Überblick erneut für die Breite und Fülle konkreter historischer Themen sensibilisieren.

2. Das „staatsordnende Medium“: Gesang und politische Erziehung

Dass Singen direkt auf das Fühlen wirkt und damit eine kaum zu überschätzende Bedeutung in Erziehungskontexten und in der Herausbildung von Gruppen und Identitäten hat, ist ein Wissen, dass sich mindestens bis in die griechische Antike zurückverfolgen lässt. Musik galt aus dieser Überzeugung heraus den alten Hochkulturen als „staatsverordnetes und ein staatsordnendes Medium [...] das Zwecks Erhaltung des inneren sozialen Friedens politisch hoch geschätzt“ war.[38]

In heutigen mitteleuropäischen Diskursen um die Beziehung von Musik und Emotionen werden vor allem Platon und Aristoteles als Vordenker und Gründungsväter einer Erziehung mit, zur und durch Musik zitiert. Platon positionierte seine Gedanken zur Musik bezeichnenderweise in seiner „Staatslehre“.[39] Musik galt ihm als Grundpfeiler in der Charakterbildung der Jungen, wenn sie pädagogisch sinnvoll eingesetzt werde. So liest man in seiner „Erörterung über die Musenkunst“

„So ist also, mein Glaukon, fuhr ich fort, die Erziehung durch Musik [E] darum die vorzüglichste, weil der Rhythmus und die Harmonie am meisten in das Innerste der Seele dringt und am stärksten sie erfaßt und Anstand bringt und anständig macht, wenn jemand darin richtig erzogen wird.“ (Platon, Politeia 403, St 32 A)

Ebenso wie sein Lehrmeister maß auch Aristoteles der Musik eine zentrale Position bei der Erziehung zu. Neben Grammatik oder Lesen und Schreiben sowie Gymnastik galt Musik als Grundpfeiler der Erziehung. Er differenzierte in seiner Musiklehre die Tonarten nach ihren emotionalen und erzieherischen Wirkungen. Die „ethischen“, das heißt charakterdarstellenden Tonarten (Aristoteles, Politeia VIII, 1341b) seien seiner Ansicht nach am ehesten zur Erziehung der Jugend geeignet, sie würden der „Tugenderziehung“ dienen und eine „bestimmte Wesensart [...] bewirken“ sowie zur „Lebensweise“ und „Einsicht“ beitragen (Aristoteles, Politeia VIII, 1339a-b). Wohingegen die „praktischen, tätigkeitsbezogenen“ und „enthusiastischen, begeisternden“ Tonarten (Aristoteles, Politeia VIII. 1341b) zur Entspannung und Erholung wichtig seien. An diesen Gedanken knüpfte er Überlegungen zur heilenden und reinigenden Funktion der Musik an.

Die Musik des Mittelalters ist zunächst von den lateinischen liturgischen Gesängen geprägt, die bis zum 10. Jahrhundert hauptsächlich mündlich überliefert wurden. Erst ab dem späten 10. Jahrhundert wurden die liturgischen Gesänge, insbesondere die gregorianischen Choräle mit musikalischen Notationen überliefert, die sich zunehmend ausdifferenzierten. Über die nicht liturgische Musik des Mittelalters ist wenig überliefert, unser Wissen darüber dementsprechend lückenhaft. Insbesondere ist wenig über den tatsächlichen Klang zu erfahren, da heute vorrangig nur Texte verfügbar sind, beziehungsweise Notationsweisen, die häufig nicht mehr zu entziffern sind. Über aktuelle Praktiken des Singens und Spielens lässt sich etwas aus literarischen Quellen erfahren. Bildquellen liefern Informationen über Aussehen, Bau und Gebrauchsweise von Musikinstrumenten.

Am besten erforscht und dokumentiert ist der klassische Minnesang. Er hatte seine Hochzeit im 12. und frühen 13. Jahrhundert und dominierte in dieser Zeit die mitteleuropäische lyrische höfische Gesellschaftskunst. Ausgangspunkt für die Entwicklung des Minnesangs ist ein spezifischer mentalitätsgeschichtlicher Wandel im 12. Jahrhundert, der sich durch kulturelle, soziale und ökonomische Innovationen in der Zeit begründet. Zu nennen ist hier vor allem der Investiturstreit und damit der Zerfall der adligen Alltagswelten in eine religiöse und säkulare Sphäre und die Neustrukturierung der feudalen Gesellschaft. Damit einher gingen eine neue Perspektivierung zwischenmenschlicher Beziehungen, die sich an den zentralen Werten der Lehensstruktur „Dienst" und „Treue" orientierten, eine neue Auffassung der christlichen Liebe und damit auch ein neuer Blick auf die Beziehungen zwischen Mann und Frau.

„Aus dieser historischen Realität entnahm der Minnesang seinen Bild- und Vorstellungsrahmen: in der Metapher des Frauendienstes wurde sowohl die Dienstideologie gerechtfertigt und sublimiert, wurden aber auch grundsätzlich neue emotionale Erfahrungen (Minnesang als Liebesdichtung), als auch existentielle Probleme ins Bild gefasst." (Schweikle ²1995, 75f.)

Auch wenn der Minnesang sich durch eine Einheit von Text und Melodie auszeichnete, gibt es zahlreiche Texte, die ohne Melodien überliefert worden sind. Das deutet nicht darauf hin, dass es keine Möglichkeit gab, die Melodie festzuhalten, sondern eher darauf, dass für die Zeitgenossen*innen gar nicht die Notwendigkeit bestand, die Melodie mit zu überliefern. Das ist vor allem der weitverbreiteten Praxis geschuldet, bekannte Melodien für neue Texte zu übernehmen (die sogenannten Kontrafakturen). So gibt es zu einem Text mehrere Melodien genauso wie eine Melodie für mehrere Texte. Die Musikwissenschaft ist sich daher einig, dass die Gestaltung von Rhythmus, Tonart und Melodieverlauf relativ frei und im konkreten Singen gestaltbar waren. Das bedeutet für den Einsatz von Minneliedern im Geschichtsunterricht, dass alle verfügbaren Hörbeispiele wenig darüber sagen können, wie die Lieder wirklich geklungen haben. Genauso wenig ist bekannt über die Art des Gesangsvortrages. Einigermaßen sicher lässt sich nur sagen, dass die Lieder solistisch vorgetragen wurden. Ob es Instrumente dazu gab, lässt sich nicht für alle Gesänge festlegen.[40]

Was und wie jenseits der Fürstenhöfe, Königsschlösser, Stifte, Klöster und Kirchen im frühen Mittelalter gesungen wurde, darüber lässt sich aufgrund mangelnder Informationen kaum etwas sagen. Insofern ist es zwar sehr wahrscheinlich, dass auch die Menschen des „einfachen Volkes“ ihre Lieder und Gesangsriten hatten, doch war es niemandem wichtig genug, diese zu überliefern. Dass die Unterschichten des 12. und 13. Jahrhunderts ein entbehrungsreiches Dasein fristeten, ist ausreichend belegt. Sie suchten Ablenkung von ihrem harten Alltag in den kirchlichen, lebenszyklischen und jahreszeitlichen Festen und Feiern, wie Hochzeiten, Prozessionen, Heiligenfesten, Jahrmärkten oder heidnischen Ritualen, wie Sonnenwendfeiern, Fastnachtbräuchen, Maientänzen. Doch auch hier wissen wir wenig mehr, als die Anlässe des gemeinschaftlichen Singens. Über Klang und Liedinhalte schweigen die Quellen größtenteils, wohingegen sich immer mehr europäische klerikale und höfische Musikzentren herausbildeten.

In der Renaissance gesellte sich neben den Klerus und den Adel das städtische Patriziat zu den sozialen Gruppen, in denen Musik eine zunehmend dokumentierte Rolle spielt. Damit differenzierten sich auch Musikstile zwischen der höfischen Musik und der liturgischen Mehrstimmigkeit der Kirche aus, die vor allem auf den regional typischen Stadtfesten beziehungsweise kommunalen Festen erklang. Das städtische Patriziat nutzte diese zur Demonstration ihres wachsenden Selbstbewusstseins. Zur gleichen Zeit veränderte sich auch das System schulischer Bildung. Zunehmend gab es städtische Lateinschulen „zwischen kirchlicher Autorität und patrizischer Aufsicht“ (Finscher 1989,

79). Damit wurde die Ausbildung aus der ländlichen Einsamkeit der Klöster herausgelöst und profitierte von der musikalischen Moderne der Städte. Mit dieser Verbreitung schulischer Bildung war die Grundlage für eine gesellige bürgerliche Musikpflege gelegt, „die in ihrer überkonfessionellen Freiheit den Reflex eines neu erwachten Lebensgefühls darstellt" (Finscher 1989, 82). Diese entwickelte sich dann im Laufe des 18. Jahrhunderts und vor allem im 19. Jahrhundert mit der Auflösung der Ständegesellschaft und dem Erstarken des Bürgertums zur vollen Blüte.

Welche wichtige Funktion Musik in vielen Bereichen des Lebens hatte, insbesondere aber auch in den Bereichen der Bildung und Erziehung, darauf verweisen immer wieder Erziehungstraktate und Romane. Die antike Lehre vom Ethos der Musik erlebte in den humanistischen Bestrebungen insbesondere des Florentiner Neuplatonismus des 15. Jahrhundert eine Wiederbelebung. Die pädagogische Idee der Musik als Lehrmeisterin des Lebens verlor sich seitdem nicht wieder.

Die volksmusikalischen Produkte und Praktiken der Renaissance sind im Vergleich zum bürgerlichen, klerikalen und adligen Musikgebrauch immer noch dürftig überliefert, dennoch ist davon auszugehen, dass alle wichtigen Lebensphasen von der Geburt bis zum Tod, genauso wie alle wichtigen Ereignisse im Jahresverlauf von Musik und Tanzliedern begleitet worden waren. Diesen Ritualen und Festen stand ein sehr sporadisch musikalisches bäuerliches Alltagsleben entgegen, dass wohl nicht über das Singen von Volksliedern bei der (in den Lebensräumen stattfindenden) Erwerbsarbeit oder in Gaststuben hinausging. Es bleibt aber auch für diese Zeit der Befund, dass wenige dieser Lieder und Rituale dokumentiert sind, handelte es sich doch weitgehend um eine mündliche Überlieferung.

Das änderte sich erst mit dem frühen 19. Jahrhundert, das sich durch ein ausgesprochenes Interesse an der Kultur und den Überlieferungen des einfachen Volkes auszeichnete. Johann Gottfried Herder, seines Zeichens Philosoph, Dichter und Fürstenerzieher kommentierte 1773 scharfzüngig den zeitgenössischen Trend, Kinderlieder als pädagogisches Allzweckmittel zu verwenden. „Reimgebetlein und Lehrverse" gebe es genug, was es brauche seien „Gesänge", die „eine ganze jugendliche, kindliche Seele [...] füllen" könnten (Herder 1773, 35). Damit traf Herder den Kern dessen, was besonders Lieder für Heranwachsende seit Jahrhunderten mehr oder weniger stark charakterisiert. Sie sind von Erwachsenen für Kinder gemacht und haben damit moralisch erziehende Ansprüche. Sie haben ihre Überlieferung der Tatsache zu verdanken, dass sie aus der Feder des berühmten Reformators Martin Luther stammten, wie das bis heute bekannte Lied *Vom himel hoch* (1535). Luther wollte damit nach bestem Gewissen die Kinder seiner Zeit religiös-moralisch erziehen. Kinderlieder entstanden daneben aber auch aus alltäglichen Ritualen. Sie sind Gesänge des Alltags, die Tages- und Jahresverlauf begleiteten oder alltägliche Routinen, wie Wiegenlieder. Diese volkstümlichen Lieder gaben den Heranwachsenden Struktur und ein Gefühl von Sicherheit in ihren je eigenen Welten. Spiellieder begleiteten das soziale Miteinander, das Erlernen und Aushandeln der bestehenden sozialen Regeln und Normsysteme. Bis heute sind diese volkstümlichen Kinderlieder bekannt, dank des Sammlungs- und Dokumentationseifers des 19. Jahrhunderts.

Neben dem pädagogischen Aspekt kam mit der Renaissance auch die Idee der heilenden Kraft der Musik wieder, die in verschiedenen Traktaten ausformuliert wurde und sich durchaus auch in alltäglichen Situationen wiederfand. So lobte Herzog Albrecht von Preußen in einem Brief vom März 1559 an den polnischen König Siegesmund II. das Spiel seines Hoflautisten, dessen „liebliche Musik" ihm half „vom Krankenlager" aufzustehen (Finscher 1989, 96).

Mit diesen skizzenhaft dargestellten Entwicklungen wird ideengeschichtlich die enge Verbindung zwischen Musik, Erziehung und Fühlen in einem Gemeinwesen deutlich, die bis heute dem Statement „Singen macht glücklich" eingelagert ist und die zugleich auch Musik zu einem Medium politischer Vereinnahmung werden lässt. Diese beiden Entwicklungslinien prägten sich insbesondere ab dem 19. Jahrhundert aus.

3. „Bildungsmacht Musik": Das 19. Jahrhundert

Der Schweizer Musikpädagoge und Komponist Hans Georg Nägeli sah Anfang des 19. Jahrhunderts das „Zeitalter der Musik" (Nägeli 1809/10, 53 f.) gekommen. Dezidierter als zuvor, wurde die Musik in den Dienst der Erziehung von Menschen, Völkern und Nationen genommen.

Diese kulturpädagogische Idee des Gesanges als vergemeinschaftendes Lebensmodell fand seine Ausformulierung vor allem in Johann Wolfgang von Goethes *Wilhelm Meisters Wanderjahre* (1829), in der er die Grundpfeiler einer bürgerlichen Idee von der „Bildungsmacht Musik" (Ehrenfort 2005, 336) formulierte. Gesang sollte dementsprechend eine Schlüsselstellung im Erziehungskonzept einnehmen:

„Bei uns ist der Gesang die erste Stufe der Bildung, alles andere schließt sich daran und wird dadurch vermittelt. Der einfachste Genuß sowie die einfachste Lehre werden bei uns durch Gesang belebt und eingeprägt, ja selbst was wir überliefern von Glaubens – und Sittenbekenntnis, wird auf dem Wege des Gesanges mitgeteilt [...] Deshalb haben wir denn unter allem Denkbaren die Musik zum Element unserer Erziehung gewählt, denn von ihr laufen gleichgebahnte Wege nach allen Seiten." (von Goethe 1821, 2. Buch, 1. Kapitel)

Was dahinter steht, ist nicht nur die Vorstellung einer besonderen Wirkmächtigkeit des Gesanges zur Bildung und Selbstbildung. Musik in der Praxis des Singens wird hier von Goethe als Königsweg in der Bildung und Erziehung dargestellt. So helfe das emotionale und intellektuelle Erfassen von Musik beim Erlernen der Grundfähigkeiten Lesen, Rechnen und Schreiben. Darüber hinaus beschrieb er den Gesang der Knaben in der pädagogischen Provinz als Kern eines Gemeinschaftserlebens.

Das 19. Jahrhundert verabschiedete sich mit einer fast unüberschaubaren Dokumentation und Systematisierung von volkstümlichen und Kunstkinderliedern, wohlgemerkt: bürgerlich romantischer Couleur. Zugleich zeigte sich deutlicher als jemals zuvor, mit welch unverhohlenem manipulativen Anspruch vor allem die neuen Kinderlieder daherkamen, die für den Schulmusikunterricht im Kaiserreich entstanden, einer Zeit, die von zunehmendem Nationalismus, Patriotismus und Militarismus gekennzeichnet war. Das „Lied als

Gefühlsausdruck zunächst im Volksschulgesange" (Stiehler 1890, Titel), so die Abhandlung eines sächsischen Lehrers, nahm Ende des 19. Jahrhunderts im Fahrwasser einer zunehmend militaristischen und patriotischen Wehrkrafterziehung eine bedeutende Stellung ein. Das gemeinschaftliche Singen geeigneten Liedgutes galt dem sächsischen Musiklehrer als „Gefühlstechnik", als „Reproduktionshilfe der Gefühle" und eignete sich damit vorzüglich zur Gesinnungsbildung und inneren Stärkung der Wehrhaftigkeit, ein Erziehungsprogramm, wie es Kaiser Wilhelm der II. von den Schulen einforderte (Lemmermann 1984, 633 f.).

Es ist genau dieser quasi religiöse Glaube an den Einfluss der Musik auf die Gefühle, von der gemeinschaftsbildenden Kraft des Singens, der sich durch die Gesangspraktiken des 19. Jahrhunderts zog und bis weit in das 20. Jahrhundert nachwirkte. Das erstarkende Bürgertum demonstrierte mit dem organisierten Männergesang in den sogenannten Liedertafeln Entschlossenheit, Stärke und Zusammenhalt. Das gemeinschaftliche Singen betonte Zugehörigkeit in den bürgerlichen Gesangsvereinen und unterstützte eine Gefühlsbindung im gemeinschaftlichen Gesang.[41] Mit dem gemeinschaftlichen Gesang wollten die bürgerlichen Männer eine besondere moralische Überlegenheit demonstrieren. Musik als ethische Muse, als „Geschenk Gottes" wurde die Macht zugeschrieben, „sittlich [zu] veredeln" (Klenke 1998, 7).[42] Die Männergesangsvereine, so die Schlussfolgerung des Historikers Klenke, waren „ohne Übertreibung die wichtigsten Träger und Propagandisten nationalreligiösen Denkens" und ein „bedeutsame[s] öffentliche[s] Sprachrohr des aufstrebenden liberalnationalen Bürgertums" (Klenke 2009, 28).

4. „Mann der Arbeit aufgewacht und erkenne deine Macht“:[43] Singen in politischen Gemeinschaften

Der Männerchorgesang entwickelte sich im Laufe des 19. Jahrhunderts von einem genuin bürgerlichen kulturellen Phänomen zur Praxis politischer Vereinigungen. Das Zur-Schau-Stellen kollektiver Stärke und männlichen Selbstbewusstseins, die Artikulation eines kämpferischen Selbstverständnisses in Lied und Gesang, genau diese Aspekte beflügelten die Herausbildung des Arbeitergesanges. Die sich formierende Arbeiterbewegung nutze das Singen ebenso wie die bürgerlichen Gesangsvereine und noch darüber hinaus.

Am 14. April 1863 bat der erste geistige Führer der Arbeiterbewegung Ferdinand Lassalle seinen Freund Georg Herwegh in einem Brief um ein „begeisterndes und begeistertes Gedichte auf das Auftreten des Arbeiterstandes“, für den der Allgemeine Deutsche Arbeiterverein (ADAV) ins Leben gerufen werden sollte. Herwegh lieferte zeitnah zu dessen Gründungsversammlung „Bet und arbeit! ruft die Welt/Bete kurz! denn Zeit ist Geld.“ Dieses *Bundeslied* formulierte in 12 Strophen das Programm der neu entstehenden Vereinigung. Von da an hatten Arbeiterlieder, die bis in die 1930er Jahre in großer Zahl entstanden, ihren festen Platz im politischen und kulturellen Leben der Arbeiterbewegung. Etliche wurden auf Melodien bekannter patriotisch-nationaler Lieder gedichtet. Wie wichtig Arbeiterlieder bei der Formierung der Bewegung waren, zeigte sich daran, dass die Arbeiterbildungsvereine schon frühzeitig eigene Abteilungen für Gesang hatten. Im April 1877 gründete sich der Allgemeine-Arbeiter-Sängerbund. Trotz zwischenzeitlicher Verbote im Kaiserreich zählte der Verein 1908 mehr als 50.000 Mitglieder.

Zu den ersten Liedern der sozialdemokratischen Vereine gesellten sich die Hits der internationalen Arbeiterbewegung – wie vor allem die *Internationale* (1871, Eugene Pottier/Pierre Degeyter/dt. Fassung: Emil Luckhardt) – und rasch reagierten staatliche Instanzen mit Verboten.[44] In der Weimarer Republik entwickelte sich eine andere Arbeiterliedkultur, die Erfahrungen von Weltkrieg, Revolution, Inflation und dem entstehenden Nationalsozialismus musikalisch widerspiegelte. Es waren die Agitprop-Gruppen der 1920er Jahre, die diesen neuen Typus entwickelten, allen voran der „Rote Wedding“, der mit dem gleichnamigen Lied von Erich Weinert und

Hanns Eisler den Sound für die zahlreichen Demonstrationen jener Jahre lieferte.

Das Singen auf Veranstaltungen, Wanderungen und gemeinsamen Treffen diente der Selbstversicherung der Arbeiter*innen. Es galt vor allem in der Kaiserzeit, aber auch in der Zeit der Weimarer Republik als ritueller Bestandteil der politischen Kultur der sich etablierenden und wiederholt verfolgten Arbeiterbewegung. Die Arbeiterlieder zündeten jedoch nicht nur wegen ihrer Programmatik unter den Anhängern, sondern vor allem wegen der von ihnen vermittelten Gefühle von Stärke, Mut, Siegeszuversicht, aber auch Zusammengehörigkeit und Solidarität. Die Integration und Stärkung nach innen und die Abgrenzung nach außen galten als die vordringlichsten Bedürfnisse einer deutschen Arbeiterpartei, die sich im politischen System der Kaiserzeit behaupten wollte und gleichzeitig mit eigenen Differenzen und Spaltungen konfrontiert war. Mit dem Arbeitergesang wurde das Lied, wie so häufig betont, zu einer „ideologischen Waffe" stilisiert (Adamek 1987, 18). Genau diese Vorstellungen von einer tatsächlichen Wirkmächtigkeit des Singens, die milieu- und parteiübergreifend geteilt wurden, führten zu unzähligen Neukompositionen politischer Lieder. Genau diese Idee einer nicht gewalttätigen, jedoch ebenso mächtigen wie moralisch überlegenen „Waffe" begleitet die Geschichte gemeinschaftlichen Singens bis in die Gegenwart.

Nach diesem kurzen Einblick in Gesangspraktiken lässt sich zusammenfassend feststellen, dass gemeinschaftliches Singen eine bedeutende kulturelle Praxis des 19. Jahrhunderts war, mit der sich unterschiedliche soziale Schichten und politische Bewegungen moralisch legitimierten, sich nach innen konstituierten und stärkten sowie gerade in der Phase der eigenen Findung in der Öffentlichkeit positionierten, sich Gehör und Anerkennung verschafften. Im gesungenen Liedgut war das gesellschaftliche Selbstverständnis der eigenen Stärke und Überlegenheit formuliert, Hoffnungen und Utopien lassen sich darin wiederfinden. Die Lieder verkündeten den Mut, den Willen und die Bereitschaft der Singenden genau für diese Hoffnungen und Utopien einzutreten.

5. „Klampfen schwirren und Geigen klingen": Jugendliches Singen und Ideologie im 20. Jahrhundert

Zu einer Verschiebung des bürgerlichen quasireligiösen Gesanges und Arbeitergesanges zum pädagogisierten Singen kam es um 1900, also parallel zur Entstehung der bürgerlichen Jugendbewegung. Die deutsche Jugendbewegung entwickelte sich aus einem kulturpessimistischen und sozialromantischen bürgerlichen Habitus heraus. Dabei handelte es sich zunächst um den Typus des männlichen, bürgerlichen Jugendlichen, der von einer in den bürgerlichen Grundwerten und Überzeugungen verunsicherten Elterngeneration quasi zum Aufbruch genötigt wurde. Am 4. November 1901 gründeten zehn Erwachsene den *Verein Wandervogel – Ausschuss für Schülerfahrten in Berlin Steglitz*, womit die Jugendbewegung ihren organisatorischen Anfang nahm. Das Wandern, als Form der Stadtflucht und ebenso die Wiederentdeckung alter deutscher Volkslieder, die als authentisch, unverfälscht und rein galten, standen symbolisch für die Kultur- und Fortschrittskritik der Jugendbewegung und für die Rückbesinnung auf die echten (bildungsbürgerlichen) Werte. Diese Stadtflucht verkörperte aber auch das Bemühen um eine Distanzierung von Schule und Elternhaus und die Suche nach neuen jugendlichen Lebensformen. Unterstützung fand diese Jugend bei Reformpädagogen*innen, die parallel und im Fahrwasser der Jugendbewegung neue pädagogische Konzepte formulierten und propagierten. Es waren vor allem die Ideen der „Charakterbildung", die Betonung von selbsttätiger, ganzheitlicher Persönlichkeitsentwicklung und -bildung worin sich Jugendbewegung und reformpädagogisches Gedankengut trafen und gegenseitig inspirierten. Kunst und Musik gewannen als Prinzipien zur Gemüts- und Willensbildung an Bedeutung. Genau in dieser Zeit entwickelte sich entsprechend der rückwärtsgewandten Ablehnungshaltung der bürgerlichen Wandervogelbewegung eine eigene Musikkultur, in deren Zentrum alte Volkslieder und Volkstänze standen. Diese galten symbolisch für das Ursprüngliche, Authentische, Reine und Wahre, auf dessen Suche die Jugendbewegung war. Begleitet wurden die Gesänge und Tänze mit traditionellen Instrumenten, wie der Laute, die als das Erkennungssymbol des „Musikanten" galt. Der Musikant war der begeistert musizierende Laie, Symbolfigur des singenden jugendbewegten Jünglings der 1920er Jahre.

Diese Bewegungen, Erfahrungen und Ideen kumulierten Ende der 1920er Jahre im Diskurs um die *musische Erziehung*.[45] Diese prägte die pädagogische Diskussion darüber, wie mithilfe der Musik, genauer des gemeinsamen Gesanges, Jugend erzogen und gebildet werden könne. Im Zentrum der Bemühungen stand die Herausbildung von Zugehörigkeit, Gemeinschaftlichkeit und die Verinnerlichung identitätsbildender Werte.

Nur drei Jahre nach dem Gründungsakt des Wandervogels organisierte sich die proletarische Arbeiterjugend, jedoch aus anderen Gründen. Am 10. Oktober 1904 gründete sich der *Verein der Lehrlinge und jugendlichen Arbeiter Berlins* mit dem erklärten Ziel, sich für die arbeitende Jugend stark zu machen, sie vor Willkür, Misshandlung und Ausbeutung zu schützen.

Auch wenn die Jugendorganisationen der proletarischen und der bürgerlichen Jugend sehr unterschiedlich waren, sind bis in die 1930er Jahre zwei übergreifende Tendenzen zu beobachten: zum einen die Tendenz zur politischen Lagerbildung. Das bedeutet, dass sich die Jugendorganisationen hauptsächlich nach dem Ersten Weltkrieg an politischen Parteien und Strömungen orientierten und zum anderen das gemeinschaftliche Singen. Dennoch gab es bemerkenswerte Unterschiede im Liedgut und der Organisation des Singens. Das Liedersingen wurde aus Versammlungsräumen der Arbeiterbewegung, aus den bürgerlich halböffentlichen Vereinsräumen in die freie Natur geholt. Das gemeinschaftliche Singen war nicht mehr Zweck des geselligen Beisammenseins, sondern begleitendes Ritual, um Gefühle von Zugehörigkeit zu erzeugen und zu unterstützen.

Mit den gemeinschaftsbildenden Praktiken des bürgerlichen Wandervogels ließen sich die Ideen und Prinzipien der musischen Erziehung ab 1933 problemlos in die nationalsozialistische Erziehungsideologie integrieren, wie sich am Beispiel des 1929 von Gerhard Götsch gegründeten „Musikheimes für musische Erziehung" in Frankfurt/Oder zeigen lässt. Dort boten die Verfechter der musischen Erziehung Kurse für Volksschullehrer*innen an. Mit diesen Angeboten geriet die musische Erziehung nach 1933 rasch in den Bann der völkischen Erziehung. So fanden die Lehrgänge in Frankfurt/Oder auch während der Zeit des Nationalsozialismus und mit Unterstützung nationalsozialistischer Bildungspolitik statt.

Dass sich gemeinschaftliches Singen anscheinend wunderbar dazu eignete, nicht nur Gemeinschaften zu bilden, sondern auch

Grundüberzeugen, Weltbilder und Ideologien zu vermitteln, demonstrierten nicht zuletzt die singenden Kohorten paramilitärischer und militärischer Formationen im nationalsozialistischen Deutschland.

Was nach 1945 passierte, ist weniger konsistent und geradlinig. Wenig überraschend ist die Geschichte gemeinschaftlichen Singens im Nachkriegsdeutschland eine Geschichte zweier konkurrierender politischer Systeme. Nach dem Ende des Zweiten Weltkrieges gab es in Deutschland entlang des „Eisernen Vorhanges" zwei verschiedene Entwicklungen des Singens. In der Sowjetischen Besatzungszone knüpfte man ungeachtet aller Parallelitäten zur Zeit des Nationalsozialismus an das gemeinschaftliche Singen der Arbeiterbewegung vor 1933 an. 1946 erschien unter der Lizenznummer 91 der Sowjetischen Militärverwaltung in der zweiten Auflage ein Liederbuch mit dem Titel „Singt alle mit! Lieder für Feier und Gemeinschaft". Zum Geleit hieß es „Singen? Inmitten der Trümmer? Ja! Sagen die Hoffnungsvollen. [...] Allen sollen diese Lieder Freude am Zusammensein bringen. Wir brauchen Freude, wir brauchen die Gemeinschaft beim nicht leichten Aufbauwerk" (Magistrat der Stadt Berlin, Abteilung für Kunst 1946, 3). Aufgenommen sind in diesem Liederbuch Arbeiterlieder der zwanziger Jahre, Volkslieder und russische Lieder.

So erklangen in den Nachkriegsjahren zunächst die alten Arbeiterlieder des 19. und frühen 20. Jahrhunderts. Mit unglaublicher Schnelligkeit entstanden aber ab 1945, ministerial angeordnet, überwacht und überprüft, hunderte neuer Lieder für die Jugend, Kinder- und Pionierlieder, politische Lieder sowie Spiel- und Jahreszeitenlieder. Ein geringer Teil dieser neuen Kompositionen fand Eingang in das Liedrepertoire, das an den Schulen und in der Pionier- und Jugendorganisation FDJ verpflichtend gelehrt und gesungen wurde. Sie erklangen wiederholt an Pioniernachmittagen, zu Kreis-, Bezirks- oder Deutschlandtreffen der Kinder und Jugendlichen. Dies waren genau die Lieder, von denen sich Pädagogen*innen und Jugendfunktionäre*innen dezidiert ein Erlernen von Gefühlshaltungen versprachen.[46]

Daher kämpften Musikpädagogen*innen vor allem in den ersten beiden Jahrzehnten der DDR für eine – in ihren Augen angemessene – Anerkennung des Musikunterrichtes. Denn, die „stärksten erzieherischen Potenzen des Musikunterrichtes liegen im Liedgesang. Im Lied sind Text und Melodie zu einer unlösbaren

Einheit verschmolzen. Verstand und Gefühl werden im gleichen Maße beeinflußt“ (Dittrich/Frisch 1960, 5). Genauso wie die Verfechter der musischen Erziehung in den 1920er und 1930er Jahren waren die DDR-Pädagogen*innen der festen Überzeugung, dass eine besondere emotionale und vergemeinschaftende Kraft im kollektiven Gesang liege. Das führte dazu, dass das gemeinschaftliche Singen ein zentrales Ritual in den Erziehungskontexten der DDR wurde. So sind Handbücher für Pionierleiter*innen und FDJ-Funktionäre*innen, in denen es um die Gestaltung der nachmittäglichen Zusammenkünfte oder Ferienaktivitäten geht, gespickt mit Hinweisen, wie folgendem: „Der gemeinsame Gesang belebt die Feier, hebt die Stimmung, schließt die Kinder zu einem freundschaftlichen Kollektiv zusammen. Durch die gemeinsam ausgesprochenen Worte entstehen bei allen die gleichen Gefühle, Gedanken, Bestrebungen“ (Zentralrat der FDJ 1952, 533). Diesen Überlegungen folgend, bestand für das Ministerium für Volksbildung die Notwendigkeit, geeignetes Liedgut festzulegen, Liedwettbewerbe auszuloben beziehungsweise die Neukomposition entsprechender Lieder in Auftrag zu geben oder wenigstens anzuregen. Diese Erziehung zu Gefühlen durch das Singen und die daraus resultierende Überwachung und Reglementierung dessen, was gesungen wurde, war spezifisch für die „Erziehungsdiktatur“ der DDR, so, wie sie für die Erziehungspraktiken in Jugendverbänden sozialistischer Regime insgesamt typisch war.[47]

Zusammengefasst lassen sich drei Kontinuitätslinien benennen, die die kollektive Praxis gemeinschaftlichen Gesanges um die Jahrhundertwende prägten und sich darüber hinaus vereinzelt in bestimmten Gesellschaftssystemen wiederfinden lassen. Zum einen ist es die enge Verzahnung von Gesang und politischen und gesellschaftlichen Bewegungen, zum zweiten die Vorstellung des gesungenen Liedes als Waffe und damit die Funktionsbestimmung des Singens in einem realen oder imaginierten gesellschaftlichen „Kampf“. Daran schloss sich drittens die Überzeugung der moralischen Richtigkeit des eigenen Standpunktes, durch den Gebrauch der Musik als moralisch guter Muse.

6. „Sei wachsam, sing nicht": Vom Singen und Nichtsingen in der Bundesrepublik Deutschland

Auch in den westlichen Besatzungszonen und der frühen Bundesrepublik wurde nach 1945 noch weiter gesungen. Bis Mitte der 1950er war das Singen in den wiederzugelassenen politischen und religiösen Jugendvereinigungen der Bundesrepublik absolut geläufig. Erst zur Wende der 1960er Jahre verschwand das Singen als Gruppenritual. Ein Grund war unter anderem die technische Entwicklung von Abspielgeräten. Mit der neuen Transistortechnik kamen um 1960 zunehmend leistungsstärkere Transistorradios und Kofferplattenspieler auf den Markt. Musik wurde damit an jeder Straßenecke und auf jeder Parkbank hörbar.[48] Nicht zu vergessen ist, dass diese zunehmende Mobilität mit einer bis dahin ungehörten neuen Musik einherging, die dem Abgrenzungsbedürfnis der Jugendlichen entgegenkam. Die Kofferradios und tragbaren Kassettenrekorder mussten in der Lage sein, den neuen Beat wiederzugeben. Das Selber-Singen wurde vom Selber-Hören abgelöst.

Ein anderer Grund resultierte aus der Auseinandersetzung mit der Zeit des Nationalsozialismus. Bereits 1954 führte Theodor Adorno einen Generalangriff gegen das nationalsozialistische Erbe der bundesdeutschen Musikpädagogik durch. Mit seinem Diktum „Nirgends steht geschrieben, dass Singen not sei", deckte er die ideologisch fragwürdigen Wurzeln des Musischen auf, das auch in der frühen Bundesrepublik weit verbreitet war (Adorno [6]1982, 81). Mitte der 1960er Jahre setzte im Bereich der Schulmusikpädagogik eine kritische Auseinandersetzung mit den geistigen Grundlagen der Disziplin ein. Somit ist auch in der schulischen Musikpädagogik die Diskussion um den Prioritätenwechsel vom Singen zum Hören und Analysieren angekommen. Der Schritt von einer traditionellen am Singen und Fühlen orientierten musischen Erziehung zur „musikalischen Bildung" als kognitive Auseinandersetzung mit Musik, prägte ab den 1960er Jahren das Verhältnis der Schulmusikbildung zum Singen (Binkowski 1965, 46).

Hans Magnus Enzensberger fasste 1957 ideologische Vorbehalte gegenüber dem Singen pointiert in seinem Gedicht „ins lesebuch für die oberstufe" zusammen (Enzensberger 1957, 85):

„lies keine oden, mein Sohn, lies die Fahrpläne:
sie sind genauer. Roll die seekarten auf,
eh es zu spät ist. sei wachsam, sing nicht.
der tag kommt, wo sie wieder listen ans tor
schlagen und malen den neinsagern auf die brust
zinken [...].“

„Sei wachsam, sing nicht“, war ein Motto, das für die Jahre um 1960 durchaus Überzeugungskraft hatte. Der Liedermacher Franz-Josef Degenhardt brachte es ebenfalls in seinem Lied *Die Alten Lieder* (1966) auf den Punkt:

„Wo sind eure Lieder
Eure alten Lieder [...]
Tot sind unsere Lieder
unsre alten Lieder
Lehrer haben sie zerbissen
Kurzbehoste zu verklampft
braune Horden totgeschrien
Stiefel in den Dreck gestampft“ (Degenhardt 1969, 84).

Mit den neuen sozialen Protestbewegungen der 1960er Jahre (beginnend mit den Ostermarschprotesten) hielt das gemeinschaftliche Singen auch langsam wieder Einzug auf den Straßen der Bundesrepublik. Musikalisch begleiteten Waschbrettkapellen, sogenannte „Skiffle-Groups“ die Protestierenden in den bundesrepublikanischen Städten. Es erklang Folkmusik, begleitet von Banjos und Gitarren. Zunächst sangen die Marschierenden die Lieder, die sie kannten: kirchliche Choräle, alte Arbeiterlieder oder auch amerikanische Folksongs, vor allem *We shall overcome* (ursprünglich 1901/1903), einem der bekanntesten Lieder der US-amerikanischen Bürgerrechtsbewegung (in der Version von Joan Baez 1963). „Das gemeinsam gesungene Lied machte unheimlich Mut – ‚Wir werden es schaffen‘“, erinnerte sich rückblickend die aktiv protestierende Sängerin Fasia Jansen (Jansen 1982, 33 f.).[49] Später entstanden mit dieser Protestbewegung die ersten politischen Lieder in der Bundesrepublik. 1964 erhielten Chansons, Folksongs und alte Volkslieder Einzug in das Repertoire jugendlicher Protestierer*innen, zumindest auf dem ersten Open-Air-Festival der Bundesrepublik an dem symbolischen Ort der Burg Waldeck im Hunsrück. Schon über drei Jahrzehnte zuvor traf sich an der wildromantischen Burgruine die singende Bündische Jugend. Nach dem Krieg war es einer der zentralen Treffpunkte des wieder gegründeten „Nerother Wandervogel". Damit begann die Wiederentdeckung des deutschen Liedes 1964 an einem mystisch aufgeladenem „Gedächtnisort" altbekannten jugendlichen Singens.

Trotz dieser Ausrichtung des bis Ende der 1960er Jahre regelmäßig stattfindenden Festivals auf der Burg Waldeck wurde das gemeinschaftliche Singen argwöhnisch betrachtet. Nach der „historisch bedingten Ernüchterung" und einer „Allergie gegen gedankenleeren und -verdrängenden Gefühlsüberschwang" vermieden die Organisatoren*innen den Gemeinschaftsgesang und konzentrierten sich auf das Lied, auf den Chanson. Dieser sei „keine Manifestation eines rauschhaften Gemeinschaftsgefühls, sondern Anrede an den Einzelnen, sie [die Chansons] brauchen Hörer und lassen ihn gelten." (Wenzel 1966, 3 f.).

Die wenigen Jahre reichten aus, um das deutschsprachige Lied und das gemeinschaftliche Singen wieder in eine zunächst linksalternative und gesellschaftskritische Öffentlichkeit der Bundesrepublik zu bringen. Die Idee des Liedfestivals wurde fortgeführt in neuen Festivals, wie den „Essener Songtagen" oder der „Interfolk Osnabrück." Das Folkrevival in der Bundesrepublik Anfang der 1970er war ohne die Vorarbeiten in Waldeck nicht denkbar. Zahlreiche Liedermacher begannen in Waldeck mit ihrer Karriere: Reinhard Mey, Hannes Wader, Dieter Süverkrüp, Walter Moßmann oder Franz-Josef Degenhardt sind hier zu nennen. Waldeck zeigte in einer Zeit, die fest in der Hand angloamerikanischen Beat- und Rockformationen war, dass das Singen in der deutschen Muttersprache nicht notgedrungen rückwärtsgewandte verherrlichende Sozialromantik sein musste (wie in der bündischen Jugend) oder vereinheitlichender „Gefühlskitsch" (wie im deutschen Schlager), sondern intellektuelle Gesellschaftskritik sein konnte.

7. Das Lied: Systematisierungsvorschläge

Das Ziel des folgenden Abschnittes ist es, jenseits von musikhistorischen und musikwissenschaftlichen Gattungsdiskussionen von Liedern einen zweischrittigen Systematisierungsvorschlag historischer Lieder für den Geschichtsunterricht zu unterbreiten. In einem ersten Schritt geht es um die erste historische Verortung eines Liedes oder einer Gesangssituation anhand klassischer W-Fragen (W5-Systematik). In einem zweiten Schritt werden drei für den Geschichtsunterricht zentrale Liedgattungen in erforderlicher Breite und Tiefe vorgestellt, um damit einen differenzierteren Überblick zu diesen drei Hauptformen zu erhalten.

7.1 Die W5-Systematik

Grundsätzlich sind Lieder Kunstformen, in denen Text und Musik eine Einheit bilden. Diese beiden Komponenten können zwar getrennt voneinander betrachtet werden, dennoch bleibt die Sprachstruktur an die Grundanforderung des Liedes – singbar zu sein – inhaltlich und formal gebunden. Auch die musikalische Gestaltung bleibt damit an die Sprache gekoppelt, das bedeutet, dass sie sich durch Geschlossenheit und Einfachheit auszeichnet. Variationen oder Wiederholungen sind spezifische Gestaltungsmittel.

Lieder lassen sich demnach nach ihrer formalen Gestaltung historisch und systematisch strukturieren sowie nach ihrer Funktion. Um die formale Gestaltung zu benennen, lässt sich zum Beispiel von Balladen sprechen, Geschichtenliedern, Vierzeilern, Reimen, Kanons, Strophenliedern, Tanzliedern, Bewegungsliedern, Kettenreimen, Parodien beziehungsweise Coverversionen von bereits existierenden Liedern.

Historisch ist eine klare Entwicklung der formalen Gestaltung von Liedern festzuhalten. Die vorherrschenden Liedformen des Mittelalters waren der gregorianische Choral, der Minnesang und der volkstümliche Gesang, von dem nur wenig überliefert ist. In der Zeit der Renaissance kamen mit der Herausbildung und Institutionalisierung von Opernhäusern entsprechende künstlerische Gesangsformen auf, wie Arien, die jedoch für den alltäglichen Gebrauch weniger relevant waren. Im 18. und 19. Jahrhundert entwickelt sich die Kunstform des romantischen Liedes. Ab Mitte des 19. Jahrhunderts beginnt mit dem Arbeiterlied die Geschichte des politischen Liedes. Durch die bereits erwähnten Sammlungen wissen wir auch deutlich mehr über die Volksgesänge ab dieser Zeit. Das 20. Jahrhundert wiederum ist zunächst die Zeit der Wanderlieder der Jugendbewegung, später des Schlagers, des Chansons und des Songs.

Dieser kurze Aufriss zeichnet nur sehr schematisch Entwicklungslinien nach, die wesentlich verästelter sind. Zudem berücksichtigt er nicht außereuropäische Entwicklungen. Da für den Einsatz historischer Lieder im Geschichtsunterricht eine schematische formale Einordnung der Liedformen reicht, soll es an dieser Stelle aber bei dem knappen Überblick bleiben.

Wichtiger ist hingegen eine Systematisierung, die sich an den zentralen Zielen, Arbeitsweisen und Denkoperationen des Geschichtsunterrichtes orientiert. Da es dabei vor allem um den sozialen Gebrauch der Lieder geht, wird eine Liedsystematisierung nach Themen und Funktion vorgeschlagen.[50] Im Mittelpunkt stehen dabei die historischen Akteure*innen, diejenigen, um die es in den Liedern geht und diejenigen, die sie zu bestimmten Anlässen gesungen haben. Diese Systematisierung dient dazu, die Aufmerksamkeit der Schüler*innen darauf zu lenken, dass es benennbare Menschen oder soziale Gruppen gab und gibt, die für die Entstehung des Liedes zuständig waren, dass es eine Zeit und einen Ort der Entstehung gab. Genauso lassen sich auch für konkrete Gesangssituationen Menschen, Zeiten, Orte und Funktionen benennen.

Die untenstehende Auflistung stellt einen ersten quellenkritischen Zugriff auf historische Lieder dar und hat die Funktion, die Schüler*innen zu motivieren, systematisch über Entstehung und Gebrauch der Lieder nachzudenken sowie Kategorien zur Vertiefung der einzelnen Analyseschritte bereitzustellen. Neben der sozialhistorischen Einordnung erfolgt zugleich eine Abstraktion des Inhaltes. Damit lässt sich ein Lied mithilfe der klassischen W-Fragen (Wo, Wann, Wer, Was, Warum) relativ schnell systematisieren und historisch einordnen.

> Aus Gründen der besseren Merkbarkeit, soll hier von der *W5-Systematik* gesprochen werden. Jedes Lied, jeder Gesang eines Liedes lässt sich mit entsprechenden Quellen grundsätzlich in *Was, Wo, Wer, Warum + Wann* systematisieren.

Übersicht: Systematisierungsebenen historischer Lieder: W5-Systematik

Ortsbezogen *Wo wird gesungen?*	Gassenhauer, Straßenlieder, Wirtshauslieder, Kirchenlieder, Lieder aus den Konzentrationslagern, Kriegslieder, Schullieder
Personengruppenbezogen *Wer singt?*	Studentenlieder, Arbeiterlieder, Pionierlieder, Kinderlieder, Soldatenlieder, Jägerlieder, Hirten- und Bauernlieder, Ständelieder, (Handwerk und andere Berufe), Gesellenlieder, Burschenlieder, Landsknechtslieder
Anlass- und Ereignisbezogen *Was wird besungen?*	Nationalhymnen, Weihnachtslieder, Festtags- Feiertagslieder, Buß-, Sterbe- und Totenlieder, Lieder im Tageszeiten- und Jahresverlauf, Geburtstagslieder, Karnevalslieder, Revolutionslieder, Kriegslieder, Abschiedslieder, dokumentarische Lieder: auf ein konkretes Ereignis bezogen (Bauernkriegslieder), Fahnenlieder, Parteilieder, Gruppenlieder
Funktion *Warum wird gesungen?*	Wanderlieder, Kampflieder, Marschlieder, Heimatlieder, patriotische Lieder, Protestlieder, Ansingelieder, Liebeslieder, Trinklieder, Marschlieder, Arbeitslieder, Scherz- und Spottlieder, Wiegenlieder, Schlaflieder, Schaukel- und Kniereiterlieder; Lernlieder, Klagelieder, Huldigungslieder, Arbeitslieder
Zeitbezogen *Wann wurde gesungen?*	Jahr, Datum

Dabei versteht sich diese Auflistung nicht als vollständig, sondern auch als Assoziationsgenerator. Denn die Kategorien des Gebrauchs (Funktion und Anlass) lassen sich beliebig erweitern und sind auch nicht immer sauber voneinander zu trennen. Wohingegen die Fragen nach dem Wo, Wer, Wann oftmals eindeutig benannt werden können.

7.2 Die zentralen Liedgattungen des 18. bis 20. Jahrhunderts

7.2.1 *Komm lieber Mai und mache:* Volkstümliche Lieder

Volkstümliche Lieder sind Lieder, die im Lebensalltag der Menschen entstanden, diesen dokumentieren und begleiten sollten. Grundsätzlich zeichnen sie sich durch ihre klare und einfache Sprache und musikalische Struktur aus, da sie im Alltag niedrigschwellig, ohne große musikalische Vorkenntnisse Anwendung fanden. Damit umfasst diese Kategorie Lieder vom Mittelalter bis in unsere heutige Zeit, vom Bauernlied über Lieder, die während der Arbeit gesungen wurden, Lieder, die den Tages- und Jahresverlauf besangen, genauso wie Wander- und Lagerfeuerlieder der Jugendbewegung am Beginn des

20. Jahrhunderts oder der bündischen Jugend nach Ende des 2. Weltkrieges. Volkstümliche Lieder können benennbare Autoren*innen oder Komponisten*innen haben, müssen aber nicht zwangsläufig.

Eine besondere Kategorie volkstümlicher Lieder sind Volkslieder. Sie zeichnen sich durch eine „ausgesprochene Einheit von Wort und Ton" aus (Krones 2001). Sie sind grundsätzlich dadurch gekennzeichnet, dass sie anonym überliefert werden und zumeist ein Konglomerat aus verschiedenen Texten sind. Denn im Laufe der Zeit werden Strophen hinzugefügt oder weggelassen. Volkslieder haben daher auch keine*n konkrete*n benennbare*n Urheber*in und lassen sich nur ungefähr datieren. Sowohl vom Text als auch von der Melodie her sind sie das Ergebnis einer fortschreitenden kollektiven Umgestaltung. Daher sind sie musikalisch und sprachlich durch eine gewisse Formelhaftigkeit gekennzeichnet. Das lässt sich an stereotypen sprachlichen und musikalischen Wendungen oder formelhafter Reimbildung erkennen. Daher sind Volkslieder entindividualisiert und typisiert. Typisch ist eine weite Verbreitung und Popularität über einen langen Zeitraum. Melodisch, rhythmisch und harmonisch zeichnen sich Volkslieder durch Einfachheit aus, die vor allem darin begründet liegt, dass sie sich durch mündliche Überlieferung verbreiteten und daher eingängig und leicht erlernbar sein sollten. Volkslieder sind zumeist einstimmige Gesänge.[51] Der Begriff des Volksliedes geht auf Johann Gottfried Herder 1773 in Anlehnung an den Begriff „poésie populaire" von Michel de Montaigne zurück (Krones 2001). Mit dieser Begrifflichkeit machte Herder vor allem den Unterschied zu dem ab dem 18. Jahrhundert verbreiteten Kunstlied deutlich.

Das Kunstlied ist im Gegensatz zum Volkslied kein alltäglicher Gebrauchsgegenstand, sondern ein unter ästhetischen Kriterien entstandenes Lied, das immer eine*n benennbare*n Autoren*in und Komponisten*in hat und nur einem ausgewählten (zumeist bürgerlichen) Publikum zugänglich war. Anders als die volkstümlichen Lieder waren die Kunstlieder durchkomponierte musikalische Werke, für deren Aufführung musikalische Kenntnisse und Fähigkeiten nötig waren. Beispielhaft zu nennen ist der 1827 entstandene Liederzyklus „Winterreise. Ein Cyclus von Liedern von Wilhelm Müller. Für eine Singstimme mit Begleitung des Pianoforte komponiert von Franz Schubert. Op. 89." Bis heute steht dieser Liederzyklus exemplarisch für das romantische Kunstlied. Als historische Quelle ist es weniger von Interesse, eben weil das Kunstlied weniger ein Spiegel alltäglichen

Erlebens historischer Akteure*innen ist. Daher soll es an dieser Stelle bei der kurzen Charakterisierung bleiben.

7.2.2 *Song von den brennenden Zeitfragen:*[52] Politische Lieder

Die Liedgattung des politischen Liedes ist weit weniger eindeutig zu definieren, als die der volkstümlichen Lieder, da im umgangssprachlichen Gebrauch oft nicht deutlich ist, worauf sich das Attribut „politisch" bezieht: auf die musikalische Gestaltung, den Text oder den Gebrauch? Das Handbuch für populäre Musik definiert das politische Lied anhand des Gebrauchs, als ein „Liedgenre mit einer primär politischen Funktion [...], das agitierend, propagierend, mobilisierend, solidarisierend, reflektierend in die sozialen Auseinandersetzungen eingreift" (Wicke u.a. 2007, 538).

Interessanterweise waren historische Lieder bisher genau dann Thema des Geschichtsunterrichtes, wenn sie als historisch-politisch klassifiziert werden konnten. Dieser Trend steht aber eher für den stark politisch orientierten Geschichtsunterricht in der alten Bundesrepublik bis in die 1990er Jahre als für ein klares Konzept von politischen Liedern.[53] Die Auswahl der Lieder, die als historisch-politisch Eingang in den Geschichtsunterricht fanden, zielte dementsprechend in der Mehrzahl auf historisch politische Themen, wie Aufstände, Revolutionen, Diktaturen. Eine solche Zuspitzung ist heute jedoch nicht mehr sinnvoll, da es ja gerade der Gewinn historischer Lieder ist, Perspektiven historischer Akteure*innen jenseits der machtpolitisch sichtbaren Dimension aufzuzeigen. Dennoch sind politische Lieder *per se* eine bedeutende Liedgattung der Moderne. Zunächst bleibt die Frage zu beantworten: Was sind politische Lieder?

Aus der Musikwissenschaft gibt es den Vorschlag einer sehr engen, an gegenwärtigen Trends entwickelten, Definition politischer Lieder, die das Phänomen der Liedermacher*innen in den Blick nimmt. Dementsprechend zeichnet sich das politische Lied vor allem aus dem „Dreiklang" Text, Musik und Vortrag aus, so der Musikwissenschaftler Sygalski (2011, 6). Denn auf diese Weise, so das Hauptargument an dieser Stelle, würde die politische Botschaft des Liedes im Vortrag der*des Komponisten*in transportiert werden. Ein solch enges Verständnis des politischen Liedes ist für den Geschichtsunterricht wenig hilfreich und zielführend, schließlich würde das bedeuten, dass die *Internationale* heute kein politisches Lied mehr wäre, da es weder von den Autoren*innen noch den Komponisten*innen selbst vorgetragen werden könnte. Dennoch aber sangen es die Menschen, die im Herbst 1989 in Leipzig, Berlin oder Dresden auf die Straße gingen und für eine Reformierung des politischen Systems in der DDR demonstrierten. In ihrer Wahrnehmung war das Singen dieses historischen Liedes ein politisches Statement. Daher ist eine solche Klassifizierung nicht hilfreich.

Diese Überlegung führt dazu, entsprechend des *performative turns*, das Politische im Lied aus dem konkreten Gebrauch des Liedes heraus zu definieren und damit die Perspektive und Wahrnehmung der historischen Akteure*innen als Maßstab zu nehmen. So kann ein volkstümlichen Lied aus dem 19. Jahrhundert, das inhaltlich keinerlei politische Referenzen aufweist, wie *Die Gedanken sind frei* (Text circa 1780 unbekannter Autor; Melodie circa 1810–1820 unbekannter Komponist; Text dokumentiert 1842: August Heinrich Hoffmann von Fallersleben) zu einem politischen Lied werden, zum Beispiel, wenn es heimlich in den Baracken der kommunistischen Gefangenen im Konzentrationslager Sachsenhausen anlässlich des Geburtstages eines kommunistischen Mithäftlings erklang, gesungen von einem kleinen Männerchor. Diese Situation – so beschreiben es die Zeitzeugen in ihren Erinnerungen – gab den Anwesenden Kraft und Zuversicht, vermittelte Zugehörigkeitsgefühle zur politischen Gemeinschaft der kommunistischen Häftlinge und stärkte den Überlebenswillen.[54] Andersherum ist ein Lied, wie das sowjetische *Partisanen vom Amur* (ursprüngliche Version: Text: 1915 Wladimir Giljarowski, Melodie 1919 Dmitri Pokrass, deutsche Fassung: Ernst Busch, Kurt Barthel) von seiner Entstehung und dem Inhalt her betrachtetet ein politisches Lied. Es entstand als ein Kampflied im russischen Bürgerkrieg zwischen der Roten Armee und der provisorischen Amur-Regierung. Zahlreiche Folgeversionen dieses Liedes tauchten ebenfalls in konkreten kämpferischen Auseinandersetzungen auf. In der FDJ-Singebewegung der 1960er und 1970er Jahre in der DDR gehörte dieses Lied zum festen Repertoire. Es war vor allem der melancholische Grundtenor des Liedes, der dafür sorgte, dass es gern und oft von den Jugendlichen gesungen wurde, auch gedankenverloren nachts am Lagerfeuer, von leiser Gitarrenmusik begleitet. In diesen Situationen ließe sich *Partisanen vom Amur* eher als ein volkstümliches, denn als ein politisches Lied verstehen.

Das heißt, „Musik ist an sich nicht politisch [...] Sie ist ein tönendes Etwas, das sich dem Menschen als klingende Erscheinung darstellt“ (Schatt 2013, 7). Damit sollte sich eine Definition dessen, was ein politisches Lied ist, an der Frage orientieren, in welchen Zusammenhängen Musik von den Akteuren*innen als politisch bedeutsam erlebt wird und damit für die historische Analyse relevant ist. In diesem Sinn kann das politische Lied als „eine Kraftquelle der Machtlosen, Entrechteten, Ausgebeuteten und Unterdrückten“ gesehen werden. (Wicke u.a. 2007, 538).

Politische Lieder lassen sich damit grundsätzlich anhand des *Gebrauches* charakterisieren, nach Intention und beabsichtigter Wirkung (wer singt, warum, zu welchem Anlass, mit welchen Zielen?) beschreiben. Zudem lässt sich ein Lied anhand seines *Entstehungskontextes*, seiner textlichen und musikalischen *Inhalte und Verweise* als politisch klassifizieren. Als „politisch“ gilt folgend im Sinne der Orientierung auf den Geschichtsunterricht jegliches Handeln, das „Einflussnahme und Gestaltung sowie die Durchsetzung von Forderungen und Zielen, sei es in privaten oder öffentlichen Bereichen“ zum Inhalt hat (Schubert/Klein 2011, 236 f.).

Definition 1: Politische Lieder nach Gebrauch und Intention

Auf der Ebene der Wahrnehmung sollen daher die Lieder als politisch klassifiziert werden, die in der konkreten Situation des Singens und des Hörens den historischen Akteuren*innen Gemeinschaftsgefühle vermittelten und diese Vorstellungen von Gemeinschaft mit explizit formulierten Forderungen und Inhalten zur (Um)Gestaltung des öffentlichen oder privaten Raumes unterlegten, wie die französischen Revolutionslieder, beziehungsweise an bereits vorhandene gemeinschaftliche Vorstellungen anknüpften und diese bestärkten, wie der Gesang des Liedes *Die Gedanken sind frei* im Konzentrationslager.

Definition 2: Politische Lieder nach Inhalt und Gestaltung

Lieder und Musik entstanden in konkreten politisch-gesellschaftlichen Kontexten, auf die sie in Text und Musik explizit Bezug nehmen können. In diesem Verständnis sind politische Lieder ein Phänomen, das seit Mitte des 19. Jahrhunderts zu beobachten ist. So formulieren die frühen Lieder der Arbeiterbewegung, wie das *Bundeslied* zentrale Inhalte des politischen Programmes. Andere dokumentieren und kommentieren politische Entwicklungen oder Vorkommnisse. In diesem Sinne lassen sie sich als „historisch politische Ereignisdichtung“ (Kellermann 2000, 35) verstehen. Auch musikalisch können Lieder durch das „Zitieren“ eindeutig konnotierter Melodien (wie der *Internationalen*) in ihrer Gestaltung eine klare politische Aussage haben.

Das Massenlied

Eine besondere Kategorie des politischen Liedes ist das Massenlied. Dabei handelt es sich um eine Klassifizierung, die in den 1960er Jahren im Kontext der Volkskunstforschung der DDR auftauchte.[55] In diesem Sinn ist „Massenlied" auch ein Quellenbegriff, der eine ganz bestimmte Intention verfolgt. Nach der Definition der DDR-Liedforscherin Inge Lammel war das Massenlied schon seit der Zeit der Weimarer Republik die Liedform des „kämpferischen Proletariats". Sie definiert den Liedtypus anhand der musikalischen Gestaltung: „die Unmittelbarkeit der Aussage, die unkomplizierte künstlerische Form und eine klare, prägnante, wenn auch zuweilen etwas gleichförmige musikalische Gestalt" und der intendierten Absicht: „Daraus resultiert die Massenwirksamkeit, die in jener Zeit eine direkte Einflussnahme auf das Fühlen, Denken, Handeln vieler Menschen ermöglichte, sie zu aktivem Beteiligtsein an den neuen Aufgaben motivierte" (Lammel 1988, 68). Damit ist das Massenlied ganz klar ein Liedtypus, der die intentionale politische Einflussnahme auf die Singenden durch das gemeinschaftlich gesungene Lied zum Ziel hat. Wichtig dabei ist, dass die Massenlieder in einem Top-Down-Prozess entstanden, einstudiert und umgesetzt worden sind. Grundsätzlich kann der Typus Massenlied auf Lieder bezogen werden, die in der Zeit des Nationalsozialismus entstanden sind[56] und gesungen wurden und auf Lieder aus der Zeit der DDR.

Tipp

Gerade wegen der engen Verbindung zwischen Musik und Politik durch die sogenannte politische Musik, bietet sich das historische Lied auch für fächerübergreifenden Unterricht an.

Literatur: Schatt, Peter 2013: EinFach Musik. Musik und Politik. Braunschweig; Journal für Politische Bildung 2020: Themenheft Musik und Politik.

Zusammenfassend ist herauszustellen, dass die Klassifizierung von historischen Liedern als politisch nur dann sinnvoll ist, wenn im Rahmen der historischen Analyse herausgearbeitet werden kann, in welcher Hinsicht ein bestimmtes Lied von wem als politisch wahrgenommen oder intendiert wurde.

In diesem Sinn ist die Frage nach der Einordnung von Liedern als politisch oder nicht, vor allem ein Diskussionsimpuls, und weniger ein Liedkriterium.

Auch Popmusik kann politische Musik sein, denn „sie untersucht die komplexe Verbindung von kulturellen Entwicklungen und politischen Realitäten", vor allem ab der zweiten Hälfte des 20. Jahrhunderts (Peters 2010, 10). Dennoch sollen hier populäre Lieder als eine dritte zentrale Liedgattung vor allem des 20. Jahrhunderts vorgestellt werden.

7.2.3 *Ein bisschen Frieden:* Populäre Lieder

So selbsterklärend die Begriffe Popmusik, Popsong oder Populäre Musik scheinen, so wenig sind sie es. Popmusik bezeichnet zunächst einmal „populäre Musik" und verweist damit weniger auf eine Gattung, als auf eine erfolgreiche Rezeption. Denn allen Gattungen der Popmusik ist gemein, dass sie „massenhaft produziert, verbreitet und angeeignet werden [und] im Alltag wohl fast aller Menschen [...] eine bedeutende Rolle spielen." Popmusik ist damit das „Resultat eines komplexen sozial-kulturellen Prozesses [...], dessen Hauptakteure – Musiker, Publikum und Industrie – ihre Vorstellungen davon, was populäre Musik jeweils sein soll oder werden kann, gegeneinander aushandeln und durchzusetzen suchen" (Wicke u.a. 2007, 544).

Lange Zeit galt der Begriff der populären Musik als ein Gegenbegriff zur sogenannten klassischen Musik. Damit ließen sich im öffentlichen und wissenschaftlichen Diskurs die Grenzen von „Ernster Musik" zur „Unterhaltungsmusik" markieren. Doch diese Klassifizierungen erwiesen sich in den letzten Jahrzehnten als hinderlich. Ab den 1960er Jahren galt Popmusik ebenso als ein Gegenbegriff zur Rockmusik. Aber auch diese Dichotomisierung ist hinfällig geworden. Diese normativen und negativierenden Definitionsversuche haben sich als wenig zielführend und handhabbar erwiesen.

Eine historisch operationalisierbare Definition des Begriffes der Popmusik sollte daher nicht auf formalästhetische beziehungsweise musikologische Aspekte fokussieren, sondern sich eher an Hörern*innen, Verbreitung und Gebrauch orientieren. Was populäre Musik als ein Phänomen der zweiten Hälfte des 20. Jahrhunderts kennzeichnet, ist ein Massenmarkt, der sich „vermittelnd (und trennend) zwischen Produktion und Rezeption schiebt und somit eine Arbeitsteilung und die fixen Rollen Produzent/in und Konsument/in festschreibt" (Huber 2002). Dieser Massenmarkt ist die Bedingung für eine breite Streuung und Verbreitung von Musik und damit auch für ihre Popularität. Populäre Musik ist daher „ein typisches Phänomen von Gesellschaften mit stark entwickelter Arbeitsteilung und klarer Trennung von Produktion und Konsum. Sie ist also ein Produkt der Moderne, ein Kulturgut, das in der Regel professionell produziert, auf Massenmärkten verkauft und über Massenmedien reproduziert wird" (Huber 2002).

Ausgehend von dieser Definition liegt die Bedeutung der Popmusik als historische Quelle für Themen der Zeitgeschichte auf der Hand. Nicht umsonst häufen sich in den letzten fünfzehn Jahren geschichtsdidaktische Vorschläge zum Einsatz dieser Musik im Unterricht. Methodenvorschläge und Theoriebildung sind daher weit fortgeschritten. Grundsätzlich unterscheiden sich die Ansätze in einem engen und einem weiten Begriff von populärer Musik. In dem 2004 erschienen Themenheft „Hi(t)story" definiert Rainer Brieske populäre Musik als eine Musikrichtung der zweiten Hälfte des 20. Jahrhunderts, dennoch fasst er alle Formen populärer (im Sinne von bekannter und weit verbreiteter Musik, „kanonischer Musik") darunter, wie auch Schlager und Filmmusik, also Phänomene des beginnenden 20. Jahrhunderts (Brieske 2004, 5). Adamski und Bernhardt wiederum verstehen unter Popmusik die ab den 1950er aufkommende Beat- und Rockmusik. Für sie ergibt sich die Relevanz dieser in diesem Sinne verstandenen Popmusik darin, dass sie „Kommentar zur Zeitgeschichte" ist und eine „Chiffre für soziale Bewegungen", „Zeitgeist" und „Erinnerungsort": „Die Geschichte der Popmusik spiegelt in klassischer Form drei Haupttendenzen der gesellschaftlichen Entwicklung der letzten 60 Jahre: Globalisierung, Individualisierung und Kommerzialisierung von Wertvorstellungen, Konsuminteressen und Lebensentwürfen". Popmusik ist daher grundsätzlich eine Musik, die dem „Lebensgefühl Ausdruck verleiht, das modern sein will und auf breite Resonanz bei Konsumenten trifft" (Adamski/Bernhardt 2015, 6).

Popsongs sind aber nicht nur als Resonanzmedien von historischen „Lebensgefühlen" oder als Spiegel des „Zeitgeistes" eine geeignete Quelle für den Geschichtsunterricht. Mehr als alle anderen hier besprochenen Musikgenres knüpfen sie an alltägliche Hörerfahrungen der Schüler*innen an. Das kann eine besondere Chance sein und gleichzeitig erfordert diese scheinbare Vertrautheit ein besonderes didaktisches Vorgehen, um Distanz herzustellen und Alteritätslernen zu ermöglichen. Darauf verweist auch Brieske, indem er den Einsatz populärer Musik im Fach Geschichte zwischen dem „Emotionalisierungspotenzial" der Quellen und der „Distanzerfordernis" guten Geschichtsunterrichtes verortet (Brieske 2004, 5).

Grundlegend soll hier Popmusik als ein Phänomen beschrieben werden, das in den 1950er Jahren begann und bis heute anhält. Entscheidend an diesem Verständnis der Popmusik ist, dass sie nicht nur bestimmte Stile, wie Rock oder Beat umfasst, sondern alle Musik, die über den Massenmusikmarkt weit verbreitet und konsumierbar ist. Dazu zählen auch Schlager oder Filmmusik. Ein zusätzliches analytisches Kriterium für die Untersuchung von Popmusik ist die ökonomische Dimension, wie Brieske in seinem Analyseschema treffend herausstellt (Brieske 2004, 6). Denn der Massenmarkt bestimmt den Erfolg oder Misserfolg von Musik, Platzierungen auf Ranglisten oder Chartlisten. Genauso stellen die ökonomischen Logiken Sichtbarkeit oder Unsichtbarkeit im digitalen Raum her. Doch Popmusik an sich ist genauso wenig oder genauso sehr politisch, wie das Volkslied, auch wenn Popsongs auf besondere Art in Zeitgeist und Lebensgefühle eingeschrieben sind. Daher gilt es auch im Fall der Popsongs, wie oben vorgeschlagen, nach dem konkreten Gebrauch, der spezifischen Wahrnehmung und Zuschreibung zu differenzieren (Behrendt 2017). Gerade weil Popmusik ein „Kommentar zur Zeitgeschichte“ sein kann und seinen ersten Siegeszug in den Jahrzehnten von Jugendrevolte, Bürgerkrieg, der Herausbildung des gesellschaftlichen Protestes in den westeuropäischen Ländern und den USA hatte, ist der *Protestsong* eine spezifische Form des Popsongs über den gern vergessen wird, dass nicht jede populäre Musik politisch gedacht war und rezipiert wird.

Protestlieder und Protestsongs

Der Begriff Protestsong ist an sich ein Quellenbegriff aus der Zeit seiner Entstehung im Umfeld der amerikanischen Bürgerrechtsbewegung der 1950er und 1960er Jahre. Der Terminus verweist auf den besonderen Aufforderungscharakter der Popsongs, die sich explizit gegen soziale, gesellschaftliche und politische Missstände richteten. Sie lieferten weltweit den Sound der Protestbewegungen zwischen den 1950er und 1970er Jahren. Protestsongs nehmen immer Bezug auf aktuelle Entwicklungen oder Ereignisse, sie klagen konkret Menschen oder Gruppen an. Mitstreiter*innen sollten durch Protestsongs mobilisiert werden und es sollte ihnen die Möglichkeit gegeben werden, sich unter dem Dach der gemeinsamen Ideen für jemanden gegen die gefühlt ungerechte Behandlung zu solidarisieren und Stellung zu nehmen. Aus diesem Grund kommen die bedeutendsten Protestsongs aus dem Umfeld der amerikanischen Bürgerrechtsbewegung, die sich gegen die Rassendiskriminierung einsetzte (*Respect* (Original 1965 Otis Redding, Cover: Aretha Franklin 1967)), aus der Zeit des Generationskonfliktes *(My Generation* (1965, The Who)), die zu ihrer Zeit bereits die Hitlisten anführten und heute ikonographisch den Sound dieser Jahre darstellen. Andere Protestsongs waren weltweit weniger bekannt, aber in ihren nationalen Kontexten unverzichtbar. Zu nennen sind die Songs der deutschen Liedermacher der 1960er Jahre, wie Hannes Wader oder Franz Josef Degenhardt, die im Umfeld der Ostermarschbewegung und von Liedfestivals, wie das auf der Burg Waldeck, ihren je eigenen sozialkritischen Ton ausformulierten. Eine Liedermacherszene gab es auch in der DDR, für die in erster Linie Wolf Biermann steht. Eine spezifische Form der Protestsongs sind die Friedenslieder oder auch Antikriegslieder, die in den Hochphasen des Kalten Krieges, vor allem in der Zeit zwischen dem Vietnamkrieg und der Friedensbewegungen um 1980 weltweit entstanden. Auch in diesem Bereich gab es die *topseller* wie *Ein bisschen Frieden* (1982, Text Bernd Meinunger, Musik Ralph Siegel, Interpretation: Nicole), eine Ballade mit der die 17jährige Sängerin nicht nur den Eurovision Song Contest 1982 gewann, sondern die auch den meistverkauften deutschen Schlager seit 1975 darstellt (Dräger 2015). Diese Protestsongs kritisieren Entwicklungen im Zeitgeschehen oder konkretes politisches Handeln, beziehungsweise Nichthandeln. Sie rufen zu gemeinsamem Handeln und Aktionen auf, versuchen eine gemeinsame Haltung gegenüber politischen Ereignissen herzustellen. In diesem Verständnis ist der Protestsong ein „unwiderruflicher Teil der Popkultur geworden", der anders als die politischen Lieder des 19. Jahrhunderts nicht mehr der Agitation dient, „sondern der Schärfung der individuellen politischen Urteilskraft" (Dalebar 2011, 7).

Schlager

Ein weiterer für den Geschichtsunterricht bedeutender Liedtypus, der in die Sparte Populärmusik fällt, ist der Schlager (Mendivil 2008). Der Begriff ist ein österreichisches Dialektwort und bezieht sich auf den unmittelbaren „durchschlagenden" Erfolg der Musik (Wicke u.a. 2007, 647). Darüber hinaus bedeutet Schlager nichts weiter, als die deutsche Übersetzung des Begriffes „Hit". Der Liedtypus etablierte sich zwar erst in den 1950er Jahren, hatte aber seine Wurzeln bereits in früheren publikumswirksamen Formaten, wie Liedern aus Operetten oder amerikanischen Musikstilen, wie Blues, Jazz, Dixieland oder deutschsprachigen Liedern für ein großes Publikum von einzelnen Künstlern wie Marlene Dietrich, Zarah Leander oder Hans Rühmann beziehungsweise auch größeren Gesangsensembles, wie den Comedian Harmonists. Schlager ist eine Form des populären Liedes, die insbesondere mit „der sich herausbildenden Musikindustrie und den verankerten Mechanismen der Produktion und Verbreitung von Musik als Ware unmittelbar verbunden war“ (Wicke u.a. 2007, 646). Große Schlagerstars der 1950er Jahre, wie Freddy Quinn, haben sich dadurch ausgezeichnet, dass sie ein sehr breites Publikum erreichten mit Liedern, die strukturell einfach musikalisch gestrickt waren, Hörerwartungen des Publikums bedienten und damit leicht mitsingbar waren. Diese Charakterisierung sagt zunächst jedoch wenig über die Inhalte der Schlager aus.

Man würde es sich zu einfach machen, wenn man Schlager von politischen Liedern durch ihren Inhalt und ihre Präsentation abgrenzte.[57] Selbst wenn Schlager in überwiegender Anzahl heteronormative Wohlfühlthemen besingen, das heißt von Liebe, Partnerschaft und Familie handeln, gab und gibt es auch Schlager, die mit den gleichen stilistischen Mitteln politische Themen auf ihre Agenda setzten. Zu erinnern sei hier an Udo Jürgens erfolgreichen Schlager *Griechischer Wein* (1974, Melodie: Udo Jürgens; Text: Michael Kunze), der die alltäglichen Sehnsüchte der Gastarbeiter in Deutschland besang (siehe Unterrichtsbeispiele 3.1 Arbeitsmigration nach Deutschland). Aber auch Freddy Quinn kommentierte mit dem Lied *Wir* (1966, Text: Fritz Rotter, Melodie: Lother Olias) ein seinerzeit brennendes gesellschaftspolitisches Thema, indem er gegen die Jugendlichen ansang, die am Vorabend der 68er durch Kleidungstil, Frisur und politische Protesthaltung auf sich aufmerksam machten.

Dieser Abriss über die zentralen Liedgattungen vom 18. Jahrhundert bis heute soll einen kurzen und pragmatischen Überblick über die Gattungsgeschichte des Liedes geben. Er zeigt zusammengefasst:

1. Lieder lassen sich hinsichtlich ihrer Entstehung und ihrer Funktion klassifizieren.
2. Jedes Jahrhundert hat seinen vorherrschenden Liedtypus: Das volkstümliche Lied steht für das 18. Jahrhundert, das politische Lied für das 19. und frühe 20. Jahrhundert, das populäre Lied für die zweite Hälfte des 20. Jahrhunderts. Das ist relevant, wenn man selbst Liedbeispiele für Unterrichtsthemen sucht.

3. Die funktionale Liedklassifizierung (wie politisches Lied, Protestsong, Friedenslied) lässt sich im Geschichtsunterricht hervorragend als ein Diskussionsimpuls nutzen. Denn die Bemühung um Klassifizierung setzt voraus, dass sich die Schüler*innen mit der Bedeutung des Singens und der Lieder aus der Perspektive der historischen Akteure*innen auseinandersetzen und darüber zu einem Werturteil gelangen.

Unterrichtspraktisches

1. Bevor es richtig losgeht: Inhaltliche und pragmatische Kriterien der Liedauswahl

Die Frage danach, welches Lied sich für welchen historischen Gegenstand und für welche Lerngruppe eignet, ist zunächst am schwersten zu beantworten. Aus diesem Grund verstehen sich alle Beispiele in diesem Buch auch als konkrete Anregung und Aufforderung eigene Beispiele zu finden. Folgende inhaltlichen und pragmatischen Auswahlkriterien sollen die Unterrichtsvorbereitung zielgeleitet unterstützen.

1. *Exemplarität:* Wählen Sie die Lieder nicht nach eigenem Geschmack oder Hörgewohnheiten aus, sondern nach der Exemplarität für den Unterrichtsgegenstand und der gewünschten historischen Fragestellung. Denn die Musik, die Sie selbst packt, kann Ihre Schüler*innen langweilen.
2. *Authentizität:* Das didaktische Potenzial von Liedern lässt sich vor allem dann entfalten, wenn historische Lieder zum Einsatz kommen, die für die historischen Akteure*innen eine spezifische Bedeutung hatten. Häufig ergibt sich das von selbst, denn nur zu Liedern, die auch wirklich in ihrer Zeit bedeutend waren, können Sie ausreichend Begleitmaterialien finden, um den Aufführungs- und Wirkungskontext zu erschließen.
3. *Informationspool:* Wie kommen Sie an Begleitinformationen zu den ausgesuchten Liedern? Nutzen Sie dafür die unten angegebenen publizierten oder digitalen Liedanthologien. Sie ermöglichen einen raschen und validen Zugriff auf Kontextinformationen. Sie können diese auch für die Recherche nach weiterführenden Materialien nutzen. Zudem finden Sie in der im Anhang angefügten Bibliografie alle wichtige Literatur zu historischen Liedern. Im Falle jüngerer Pop- und Rocksongs sind weitere dankbare Begleitquellen: Interviews mit den Musikern*innen, zeitgenössische Zeitungsberichte, Fotos, Livemitschnitte, filmische Dokumentationen.
4. *Verfügbarkeit:* Ist von dem gewählten Lied eine Tonaufnahme verfügbar? Wenn ja, handelt es sich dabei um eine historische Aufnahme oder eine spätere Interpretation, beziehungsweise eine Coverversion? Möchten Sie eventuell mehrere Interpretationen eines Liedes nutzen?

5. *Abspieltechnik:* In welcher Form ist die Musik verfügbar: als Digitalisat im Internet oder auf einem anderen Tonträger? Klären Sie, was sie für eine Abspieltechnik benötigen. Die Erfahrungen zeigen, dass es immer am einfachsten ist, eine digitale Version der Musik im Unterricht einzusetzen. Eine solche lässt sich auch im Vorfeld von anderen Abspielmedien (CDs, Schallplatten, Audio-Kassetten) am Computer herstellen.

Tipp

Als eigenes digitales Abspielgerät reicht im Zweifel bereits das Smartphone oder auch der Laptop. Diese beiden Geräte lassen sich recht einfach über Bluetooth mit transportablen Lautsprechern verbinden. Der Vorteil digitaler Musikformate ist darüber hinaus der, dass diese sich leichter an die Schüler*innen verteilen lassen, wenn sie zum Beispiel in Gruppen zu den Liedern arbeiten werden.

6. *Eine Frage des Rechtes:* Nicht zuletzt dürfen Sie das Urheberrecht nicht verletzen. Solange Sie jedoch Musik im geschlossenen Rahmen der Schule nutzen, besteht damit kein Problem. In Bezug auf die öffentliche Zugänglichmachung von Musik ist nach § 52 a Urheberrechtsgesetz vom 14.7.2010 geregelt, dass urheberrechtlich geschützte Werke bzw. Werkteile (damit auch Musik) in der Schule genutzt werden dürfen. Es ist erlaubt, kleine Teile eines Werks, das sind 12 Prozent, bzw. max. 5 Min. eines Musikstücks und Musikedition von max. 6 Seiten öffentlich zugänglich zu machen (z.B. ins schulische Intranet hochzuladen, sofern ein Passwortschutz besteht und nur ein abgegrenzter Personenkreis Zugang hat).

Hilfreiche Lied-Anthologien zur Liedauswahl

Publikationen

Adamek, Karl (Hg.) 1981: Lieder der Arbeiterbewegung. LiederBilderLesebuch &Gitarrenschule von Kalle Pohl. Frankfurt/M.

Becker, Tim Oliver/Rode, Paul ²2012: Codex Patomomomensis. Hamburg

Hinze, Werner 2009: Historisch-Politische Lieder aus acht Jahrhunderten. Kiel: Landeszentrale für Politische Bildung

Dithmar, Reinhard 1993: Arbeiterlieder 1844 bis 1945. Neuwied

Moßmann, Walter/Schleuning, Peter 1978: Alte und neue politische Lieder. Entstehung und Gebrauch, Texte und Noten. Reinbek

Petzoldt, Leander 1982: Bänkellieder und Moritaten aus drei Jahrhunderten. Frankfurt/M.

Reininghaus, Frieder/Kemp, Judith/Ziane, Alexandre (2020): Musik und Gesellschaft. Marktplätze, Kampfzonen und Elysium, Würzburg

Sauer, Michael 1997: Historische Lieder. Begleitbuch zur CD. Stuttgart

Sievritts, Manfred 1984: „Politisch Lied, ein garstig Lied?". Lied – Song – Chanson. Wiesbaden

Stambolis, Barbara/Reulecke, Jürgen (Hg.) 2007: Good-bye Memories? Lieder im Generationengedächtnis des 20. Jahrhunderts. Essen

Steinitz, Wolfgang 1979: Der große Steinitz. Deutsche Volkslieder demokratischen Charakters aus sechs Jahrhunderten. Berlin

Webseiten (Stand: November 2020)

Bundeszentrale für politische Bildung: Dossier. Sound des Jahrhunderts. Bonn. URL: http://www.bpb.de/geschichte/zeitgeschichte/sound-des-jahrhunderts/

Fischer, Michael u. a. (Hg.): Songlexikon. Encyclopedia of Songs. Eine Netzpublikation des Zentrums für Populäre Kultur und Musik der Universität Freiburg in Kooperation mit Schott Musik und der HS Düsseldorf. Freiburg. URL: http://www.songlexikon.de/

John, Eckhard/Widmaier, Tobias (Hg.): Populäre und traditionelle Lieder. Historisch-kritisches Liederlexikon. Freiburg. URL: http://www.liederlexikon.de/

Rehfeldt, Martin: Deutsche Lieder. Bamberger Anthologie. Jede Woche eine neue Liedinterpretation. Bamberg. URL: https://deutschelieder.wordpress.com/

Robert-Havemann-Gesellschaft e.V./Bundeszentrale für politische Bildung: Jugendopposition in der DDR. Berlin. URL: www.jugendopposition.de

UC Santa Barbara Library: UCSB Cylinder Audio Archive. Santa Barbara. URL: http://cylinders.library.ucsb.edu/index.php

2. Methodenpool

Die hier vorgestellten Methoden sollen „anregende, aktivierende und angepasste Lerngelegenheiten" schaffen (Gautschi 2009, 243). Es geht demnach nicht so sehr darum, die exemplarische Bedeutsamkeit der Lieder zu begründen, sondern verschiedene Methoden anhand konkreter Lieder vorzustellen, die auf andere Lieder und Unterrichtssituationen übertragbar sind. Gleichzeitig soll der Methodenpool auch einen Einblick in die Bandbreite von Themen und Liedern geben und dazu anregen, selbst historische Lieder als Inhalte des Geschichtsunterrichts zu definieren.

Zur besseren Orientierung beginnen die Methoden immer mit einer thematischen Verortung, dem konkreten Musikbeispiel und den vorgeschlagenen Hörbeispielen. Es wird bewusst darauf verzichtet, den Vorschlag auf Klassenstufen zuzuspitzen, um eine größtmögliche Offenheit zu erreichen.

2.1 Methoden für Stundeneinstiege

Das historische Lied kann ein „attraktives Einstiegsmedium" (Klenke 2002, 218) sein. Wobei es bisher häufig dafür genutzt wird, Aufmerksamkeit zu schaffen, Interesse und vielleicht sogar Neugierde zu wecken. Doch das historische Lied schafft am Beginn des Unterrichtsgeschehens mehr. Es kann so eingesetzt werden, dass die Schüler*innen ermutigt werden, historische Fragen zu stellen, also auf den „Zusammenhang von Vergangenheitsdeutung, Gegenwartsverständnis und Zukunftsperspektive" zu zielen und nicht schlichtweg nach historischen Fakten zu fragen, mithin problemorientierten Unterricht.[58] Ziel ist es also, mit historischen Liedern einen solchen Impuls zu setzen, der Fragen nach Ursachen und Folgen historischer Ereignisse ermöglicht und auf die Dekonstruktion der historischen Narrative zielt. Damit können historische Lieder eine, „sach- und themenbezogene Funktion" erfüllen (Sauer [10]2012, S. 106). Das Ziel der Methoden für den Unterrichtseinstieg ist es, Musik als Türöffner zu nutzen, zu provozieren und zu konfrontieren. Weiterhin geht es darum, einen Frage- und Denkanreiz anzubieten und forschend-entdeckendes Lernen zu ermöglichen.

Tipp

In der Literatur finden sich auch Vorschläge, Schüler*innen selber singen zu lassen, beziehungsweise als Lehrerin oder Lehrer eine Einstiegsperformance anzubieten.[59] Sicherlich ist das Geschmackssache und hängt sehr vom Können der Beteiligten ab. Dennoch soll hier zu bedenken gegeben werden, dass die Musikdidaktik aus vielen guten Gründen seit längerem dafür plädiert, Schüler*innen nicht im Unterricht vorsingen zu lassen.

2.1.1 Produktive Irritation: Nationalhymne einmal anders

Idee

Hymnen sind allgemein bekannt als feierliche Chorgesänge. Davon werden Schüler*innen ausgehen, wenn sie das Thema Nationalhymnen angekündigt bekommen. Doch statt den vertrautet klingenden Studioaufnahmen von Nationalhymnen (mit großem Orchester und professionellem Chor) lassen sich auch gänzlich andere Interpretationen bekannter Hymnen finden (siehe Variante I: Kontraste setzen). In der Geschichte galten auch solche Lieder als Nationalhymnen, die in unseren heutigen Ohren alles andere als hymnisch klingen (siehe Variante II: Alternative Hymnen).

Diese Methode eignet sich sehr gut als problematisierender Stundeneinstieg. Gerade in Hinblick auf die empirische Einsicht, dass es Schülern*innen schwerfällt, eigenständig historische Fragen zu formulieren, kann ein „gezieltes Medienarrangement" helfen, indem es durch seine Widersprüchlichkeit irritiert (Thünemann [7]2018, 266). Für das Medium Musik bedeutet diese Methode: Brechen Sie mit den Hörerwartungen Ihrer Schüler*innen! Entscheiden Sie sich für Interpretation und Tonaufnahmen von Hymnen, die nicht in deren Erwartungshorizont liegen. Mit diesen ungewöhnlichen Versionen lässt sich nicht nur das Interesse der Schüler*innen fokussieren. An Irritation knüpfen sich auch leichter Fragen an, die zum Unterrichtsgegenstand gelenkt werden können.

Variante I: Kontraste setzen

Themenfelder: Friedensbewegungen, Vietnamkrieg, Kalter Krieg

Musikbeispiel: *Star-Spangled Banner* (Nationalhymne der USA)

Hörbeispiele: *Star-Spangled Banner* Nationalhymne der USA; Studioaufnahme mit Chor und Orchester (https://www.youtube.com/watch?v=gKHF-a0ooLY)

Star-Spangled Banner Nationalhymne der USA; Jimi Hendrix, Woodstock 1969 (https://www.youtube.com/watch?v=MwlymqOiTsw)

Die amerikanische Nationalhymne *Star-Spangled Banner* (Text: Francis Scott Key, 1814, Melodie: John Stafford Smith) ist seit 1931 die Nationalhymne der Vereinigten Staaten von Amerika. Das Lied entstand im September 1814 kurz vor Ende des Britisch-Amerikanischen Krieges um die britischen Gebiete Kanadas. Mit diesem Lied über die Flagge der Vereinigten Staaten von Amerika brachte der Rechtsanwalt und Dichter seine Freude über den erfolgreichen Widerstand der amerikanischen Armee gegen britisches Bombardement zum Ausdruck. Als Zeichen für den Sieg feierte er die Flagge, die nicht unterging. Als Melodie seines Freudenliedes wählte er ein bekanntes Trinklied einer britischen altphilologischen Gesellschaft: *To Anacreon in Heaven* des englischen Sängers und Musikers John Stafford Smith.

Für diese Methode braucht es ein Kontrastpaar, das aus einer Studioaufnahme der amerikanischen Nationalhymne mit großem Orchester und Chor (somit einer klassisch konservativen Interpretation) und einer besonders konträren Einspielung der Hymne besteht. Die bekannteste alternative Interpretation der amerikanischen Nationalhymne ist die Version des Rockmusikers Jimi Hendrix auf dem legendären Woodstock-Festival im Sommer 1969. Diese Version ist deshalb so berühmt, weil der Musiker auf seiner Gitarre mittels akustischer Rückkopplung und Gitarrenvibrato, unterstützt vom Schlagzeug, Bombeneinschläge und das Rattern von Maschinengewehren imitierte. Damit unterlegte er seiner Interpretation der Nationalhymne eine klare politische Botschaft, denn er bezog mit diesem Auftritt Stellung gegen den Einsatz der Vereinigten Staaten im Vietnamkrieg. Damit gab Jimi Hendrix der amerikanischen Friedensbewegung, die ihren Höhepunkt zu dieser Zeit hatte, ihren Sound.

Variante II: Alternative Hymnen

Themenfelder: Die Gründung der beiden deutschen Staaten

Musikbeispiel: *Trizonesien-Song, Wir sind die Eingeborenen von Trizonesien* (Karl Berbuer. Polydor 1948)

Hörbeispiele: Polydor 1948, https://deutschelieder.wordpress.com/2012/11/12/karl-berbuer-wir-sind-die-eingeborenen-von-trizonesien/ (inklusive Text)

Alternativ: Musik-CD: Praxis Geschichte „Hi(t)story", 2004, zum gleichnamigen Themenheft herausgegeben von Rainer Brieske

In der Geschichte und Gegenwart wurden und werden auch Lieder als Nationalhymnen genutzt, die nicht unbedingt heutigen, mitteleuropäisch geschulten Erwartungen an Hymnen entsprechen. Ein solches Beispiel aus der Zeit der deutschen Nachkriegsgeschichte ist der *Trizonesien-Song* (1948, Karl Berbuer), ein Kölner Karnevalslied. Es war in der Nachkriegszeit als die heimliche Hymne der kleinen Leute in den drei westlichen Besetzungszonen, der sogenannten Trizone, bekannt. Der erste Höreindruck muss irritieren, denn dieses Karnevalslied hat musikalisch nichts von dem, was man einer „Hymne" zuschreiben würde. Im fröhlichen Karnevalsschunkel-Rhythmus, einfachen Melodieverlauf und typischen karnevalesken Stimmungselementen bringt Berbuer die pointierte und scharfe Kritik an der alliierten Besatzungspolitik auf den Punkt und macht durch die ironisch verwendete Kolonialsprache deutlich, dass die Deutschen stolz auf sich sein können. Das Lied ist deshalb wichtig für eine bundesrepublikanische Nachkriegsgeschichte, weil es 1949/1950 als alternative Nationalhymne der neu gegründeten Bundesrepublik galt. So erklang das Lied zu Ehren eines deutschen Siegers auf einem internationalen Radrennen 1949 als Ersatz-Hymne. Das war der Anlass für den frisch gewählten Bundeskanzler Konrad Adenauer, die Diskussion um eine geeignete deutsche Nationalhymne 1950 ins Rollen zu bringen (siehe weitergehend Unterrichtsbeispiele 3.2 Die Gründung und Etablierung der beiden deutschen Staaten im Spiegel ihrer Hymnen).

Vorgehen

Für beide Varianten bietet es sich an, mit den Hörbeispielen unkommentiert zu beginnen. In der Variante I ließe sich mit der Jimi-Hendrix-Version der amerikanischen Nationalhymne beginnen. Der Arbeitsauftrag an die Schüler*innen ist es, zuzuhören und mindestens fünf Adjektive zu notieren, mit denen sie ihren Musikeindruck beschreiben würden. Im Anschluss daran kann die Studioversion ebenfalls ohne weitere Kontextinformationen vorgespielt werden; mit dem gleichen Hörauftrag. In einem anschließenden Unterrichtsgespräch lässt sich die anzunehmende Irritation der Schüler*innen über die Jimi-Hendrix-Interpretation in Fragen an das mögliche Unterrichtsthema lenken.

Denkbare Fragen

- Warum veränderte Jimi Hendrix die Hymne auf diese Weise?
- Gegen wen oder für was nimmt er damit Stellung?

In der Variante II entsteht die Irritation mit der Ankündigung, dass die Schüler*innen ein Lied hören werden, das zeitweise als Nationalhymne funktionierte. In einem ersten Unterrichtsgespräch können an der Tafel spontan Adjektive gesammelt werden, die die Schüler*innen mit Nationalhymnen verbinden (feierlich, getragen, hymnisch, ernst, etc.). Auch bei dem *Trizonesien-Song* geht es einführend um den ersten Höreindruck, der sich mit Sicherheit von dem erwarteten Eindruck unterscheiden wird. Auch hier dient die Irritation dazu, weiterführende Fragen in Hinblick auf das Unterrichtsthema zusammen mit den Schülern*innen zu entwickeln.

Denkbare Fragen

- Warum war 1949 ein Karnevalslied eine Nationalhymne?
- Warum war es anscheinend so beliebt?

Beide Varianten sind aber auch jenseits der konkreten historischen Situationen für die sie stehen, für generelle Fragen nach nationalen Selbstverständnissen in der Moderne möglich.

Tipp

Spielen Sie nie Musikbeispiele ohne einen konkreten Hörauftrag vor. Der allgemeine Auftrag: *Notiert Euren ersten Eindruck* funktioniert erfahrungsgemäß nicht besonders gut. Je nach Unterrichtsziel kann der Hörauftrag gezielt die Aufmerksamkeit auf Instrumente, auf den Text, auf den persönlichen Eindruck gelenkt werden, der dann mit den hier vorgestellten Methoden konkret eingefangen werden sollte.

Denkbare übergreifende Fragen

- Welche Funktion haben Nationalhymnen in Krisenzeiten?
- Wann und warum brauchen Länder Nationalhymnen?

- Was sagen diese über das staatliche Selbstverständnis aus und über die Menschen, die in ihnen leben?
- Wann singt man Hymnen und warum?
- Wie können Hymnen zu Protestsongs werden?

Nach diesen jeweiligen ausschließlich hörbasierten Stundeneinstiegen lässt sich in beiden Varianten weiterführend auch intensiver mit den Liedern arbeiten. Im Falle der Jimi-Hendrix-Interpretation bietet sich der Live-Mitschnitt an, der auf Youtube verfügbar ist. Der *Trizonesien-Song* gibt mit seiner sarkastisch-kommentierenden Sprache ganz konkrete Einblicke in deutsche Gefühlslagen in der Nachkriegszeit.

Ziel

Das inhaltliche Ziel der Methode ist die Entwicklung historischer Fragen, die auf eine zu erarbeitende Sachurteilsbildung zielen und nicht einfach Faktenwissen einfordern. Das methodische Ziel ist die Schulung von Medienkompetenz. Anhand der Methode lässt sich gut herausarbeiten, dass die Hymnen an sich nur so feierlich und hymnisch wirken können, wie sie gesungen werden. Das Ziel dieses Einstieges ist es daher, die Schüler*innen dafür zur sensibilisieren, dass es weniger die Musikkompositionen sind, die eine bestimmte emotionale Wirkmächtigkeit haben, sondern die aktuell hörbaren Interpretationen. Das bedeutet für die Arbeit mit historischen Liedern, dass es darum geht, die Situationen des Singens genauer zu betrachten und nicht ausschließlich die Liedkompositionen. Damit bietet ein solcher Einstiegsimpuls nicht nur einen Frage- und Denkanreiz, sondern stärkt auch den kritischen Umgang der Lernenden mit historischen Liedern und deren Aufnahmen.

Weiterführende Materialien

Escher, Clemens 2017: „Deutschland, Deutschland, Du mein Alles“. Die Deutschen auf der Suche nach einer neuen Hymne 1949–1952. Paderborn.

Urbach, Dirk 2004: „Wir sind die Eingeborenen von Trizonesien“. Ein Karnevalsschlager als Spiegel der Mentalitäts- und Politikgeschichte 1948. In: Praxis Geschichte Nr. 5, S. 26–30.

2.1.2 Höreindrücke visualisieren: Standardisierte Verfahren

Themenfelder: Nationalsozialistische Verfolgung und Vernichtung, Erinnerungskulturen

Musikbeispiel: Arnold Schönberg: *A Survivor from Warszaw* (1947)

Hörbeispiele: Maximilian Schell, Claudio Abbado, European Community Youth Orchestra. Salzburger Festspiele, 1979, https://www.youtube.com/watch?v=z51uNyqdk5E

Idee

Die Arbeit mit und über Musik birgt grundsätzlich zwei Herausforderungen. Zum einen löst Musik unterschiedliche Reaktionen bei den Zuhörenden aus, zwischen Wiedererkennung und Wohlfühlgefühl bis zur Langenweile und Abneigung, je nach eigenen Hörgewohnheiten. Zum zweiten ist es gar nicht so einfach, für die emotionale Berührung entsprechende Worte zu finden. Es braucht eine Methode, die individuelle Höreindrücke in Sprache übersetzt und damit auch im Unterrichtsgeschehen besprechbar macht. Als Beispiel wird deshalb ein Musikstück gewählt, das auf den ersten Blick recht schwer zugänglich ist.

Der Wiener Komponist Arnold Schönberg steht *in personam* für die avantgardistische 12-Ton Musik, Reihentechnik oder Dodekaphonie, die er federführend in den 1920er Jahren in Wien als Kompositionstechnik entwickelte. Arnold Schönberg emigrierte als jüdischer Musiker Ende 1933 in die USA. Dort komponierte er 1947 die Kantate *A Survivor from Warszaw*, die auf einem fiktionalen Bericht eines Überlebenden des jüdischen Aufstandes im Warschauer Ghetto im April 1943 beruht. Die Kantate besteht aus einem englischsprachigen Bericht in Form eines Sprechgesanges, gebrüllten Kommandos der deutschen SS und am Ende dem im Chor gesungenen jüdischen *Schma Jisrael*, dem jüdischen Totengebet in Hebräisch. Die Kantate ist musikalisch durch die gewählte Art der Zwölftontechnik nicht leicht anzuhören, eher sperrig und anspruchsvoll. Um jedoch einen Einstieg in das Thema Erinnerung an nationalsozialistische Verbrechen zu erhalten, eignet sich das Musikstück besonders gut, eben weil es nicht so eingängig klingt und damit exemplarisch für die Schwierigkeiten steht, nach dem Massenmord an den europäischen Juden, Sinti und Roma und anderen Gruppen durch das nationalsozialistische Regime, eine Sprache für das Erinnern zu finden.

Vorgehen

Ihren Höreindruck können Schüler*innen auf zwei Wegen visualisieren, die als standardisierte Verfahren gelten und bereits häufig in didaktischen Materialien zur Anwendung kamen: das Polaritätsprofil und den Adjektivitätszirkel.[60]

6
fröhlich
glänzend
lebhaft
heiter
glücklich
bunt
freudig
lebendig

7
sich
aufschwingend
triumphierend
froh erregt
aufregend
ungestüm
ruhelos
animierend

5
sorglos
zartfühlend
leicht
anmutig
sprühend
spielerisch
humorvoll
wunderlich
phantastisch
putzig

8
kraftvoll
kräftig
kriegerisch
gewichtig
nachdrücklich
königlich/
majestätisch
erhaben

4
ruhig
heiter
besänftigend
gefühlvoll
dichterisch
gemächlich
sanft

1
würdig
geistlich
feierlich
nüchtern/sachlich
ernsthaft

3
empfindsam
sehsüchtig/
verlangend
romantisch/
versponnen
klagend
verträumt
zart

2
traurig/jämmer-
lich/kläglich
leidenschaftlich
trauernd
gedrückt/
melancholisch
niederdrückend
düster
schwer
lastend/
tragisch

☐ männlich ☐ Sänger*in
☐ weiblich ☐ Nichtsänger*in

Adjektivitätszirkel (nach: Wimmer 1994, S. 152)

Im Adjektivitätszirkel werden Adjektive in acht Gruppen je nach ihrer emotionalen Grundaussage in einem Kreis angeordnet und die entgegengesetzten Gruppen auch gegenüberliegend verortet. Die Schüler*innen kreisen die Adjektive ein, die sie als besonders passend für ihren Höreindruck empfinden. Anschließend lässt sich in der Klasse auswerten, in welchem Adjektivitätspool die meisten Markierungen sind, wie sich also die emotionale Wahrnehmung in der Klasse prozentual verteilt. Die Adjektive können modifiziert werden, die Lernenden können und sollen im Sinne der Schüler*innenorientierung auch dazu aufgefordert werden, eigene Begriffe zu finden. Ähnlich assoziativ funktioniert das Polaritätsprofil.

	sehr	ziemlich	ein wenig	ein wenig	ziemlich	sehr	
kräftig							gedämpft
kühl							gefühlvoll
angenehm							unangenehm
feierlich							ungezwungen
angespannt							gelöst
geordnet							zufällig
volltönend							dünn
kontrastreich							einförmig
gehemmt							schwungvoll
vertraut							ungewohnt
ausdrucksvoll							matt
traurig							froh
vergnügt							ernst
aufdringlich							zurückhaltend
einfach							kompliziert
vorwärtsstrebend							ruhend
geheimnisvoll							durchschaubar
zurückhaltend							mitreißend
lebhaft							müde
interessant							langweilig
merkwürdig							vertraut
eckig							rund
oberflächlich							tiefsinnig
bewegungsanregend							beruhigend

☐ männlich	☐ Sänger*in
☐ weiblich	☐ Nichtsänger*in

Polaritätsprofil (nach: Wimmer 1994, S. 158)

Bei dieser Methode werden Gegensatzpaare so angeordnet, dass sie an den Eckpunkten eines sechsstufigen Rangordnungsmusters stehen. Damit lässt sich nicht nur die Art der emotionalen Grundstimmung, sondern auch deren Intensität herausarbeiten. Auch daraus lassen sich Durchschnittswerte und damit ein gemeinsames Hörprofil der Klasse ermitteln. Für den*die Lehrer*in geben die Visualisierungen auch einen Anhaltspunkt dafür, wie die Stimmung in der Klasse in Bezug auf das Thema ist, mit welchen Interessenlagen zu rechnen ist.

Da diese standardisierten Methoden mit ihrer entsprechenden Auswertung deutlich Zeit in Anspruch nehmen, sollte man sich im Vorfeld darüber klar sein, wofür man sie benötigt. In diesem Falle bietet es sich an, über die Versprachlichung der subjektiven Höreindrücke den Zugang zu einem historischen Thema zu bekommen, das geschichtskulturell zwar sehr präsent ist, über das dennoch erfahrungsgemäß wenig systematisches Wissen bei den Schülern*innen vorhanden ist. Zudem sind die emotionalen Berührungspunkte in einer durchschnittlichen 10. Klasse bekanntermaßen sehr unterschiedlich bei diesem Thema. Sie können in der Bandbreite von Langeweile und Desinteresse über Abwehr und Angst bis hin zu emotionaler Überwältigung und Neugierde liegen.

Für das Beispiel der Kantate von Schönberg bedeutet diese Art der Visualisierung des Höreindrucks, ein Besprechen des Themas jenseits von sozial erwünschten und replizierten Floskeln anzuregen. Die Schüler*innen können sich zu zweit oder in Kleingruppen anhand ihrer ausgefüllten Adjektivitätszirkel oder Polaritätsprofile über ihre Höreindrücke verständigen. Sie werden eventuell Unterschiede feststellen aber auch ähnliche Bewertungen. Zudem sollte es je nach Lerngruppe Teil der Aufgabe sein, die standardisierten Vorlagen zu ergänzen, um bereits zu Beginn die Suche nach einer eigenen Sprache zu motivieren. Somit bieten diese Visualisierungen einen Redeanlass.

Weiterführend kann die Kantate auch im Zentrum der Erarbeitung stehen, da zahlreiche historische Informationen angedeutet werden, die zu Fragen in Hinblick auf Täter und Opfer oder die Bedeutung und Funktion von Ghettos anregen können.

Ziel

Ziel dieser ersten Annäherung sollte es sein, den spontanen Eindruck, den die Schüler*innen beim Hören der Musik erhalten, in Sprache oder Schaubilder zu überführen. Diese Methode operationalisiert die oben stark gemachte Unterscheidung von Emotionen auf der Subjekt- und auf der Objektebene. In dieser ersten Annäherung an das Hörerlebnis dürfen und sollen die Schüler*innen sich ganz subjektiv mit dem Gehörten auseinandersetzen. Über die erste Annäherung an die Musik Schönbergs können die Schüler*innen dazu ermuntert werden, sich in ihrer eigenen Sprache und ihren eigenen Worten der Geschichte des Massenmordes anzunähern und sich auch mit der Frage nach der Notwendigkeit und Bedeutung des Erinnerns auseinanderzusetzen. Insofern eignet sich diese Methode insbesondere, um Distanz zwischen dem Medium und dem Schüler*innenerleben kenntlich zu machen.

2.1.3 Das vergleichende Hören: Nicht standardisierte Verfahren

Themenfeld: Leben im Mittelalter

Musikbeispiel: *Meie, din liehter schin* (Maien dein heller Schein), Neidhardt von Reuental (ca. 1180–ca. 1240)

Hörbeispiele: Corvus Corax 2002 (Album: Inter Deum Et Diabolum Semper Musica Est): https://www.youtube.com/watch?v=-uxr7iq28P4

Kogrimar: https://www.youtube.com/watch?v=O3KNT0ppBAg

Idee

Historische Lieder liegen häufig in unterschiedlichen Versionen vor, die mehr oder weniger historisch authentisch sind. Durch das vergleichende Hören eines Liedes in unterschiedlichen Versionen lässt sich die Diskrepanz zwischen Fremdem und Vertrautem hörbar machen. Zudem werden die Schüler*innen dafür sensibilisiert, dass es für die historische Musik bis zum Ende des 19. Jahrhunderts häufig gar keine historischen Aufnahmen gibt und dass das, was heute hörbar ist, Rekonstruktionen sind. Daher eignet sich diese Methode insbesondere für historische Musik aus der Zeit vor dem Ende des 19. Jahrhunderts.

Das Lied *Meie, din liehter schin (Maien dein heller Schein)* von Neidhardt von Reuental aus der Zeit um 1200 ist ein klassisches Beispiel für die Hohe Minne. Hauptsächlich thematisierten die Minnesänger (Ritter und fahrende Sänger) in der Hohen Minne die höfische Liebe. Im Kern ging es in diesen Liebesliedern um das aussichtslose Werben um eine gesellschaftlich höher gestellte und meist verheiratete Dame. Darauf bezieht sich das Adjektiv „hoch“, während „minne“ für „liebendes Gedenken“ und Liebe steht. Dieses Liebeswerben in der Hohen Minne wurde als ethisch-moralisch hochstehend angesehen, weil es durch die Aussichtslosigkeit gar nicht um die eigentliche Erfüllung ging, sondern um die sittliche Vervollkommnung des Sängers, der sich im Gesang in Zurückhaltung, Höflichkeit und Ergebenheit üben musste. In der Hohen Minne spiegelt sich ein idealisiertes Geschlechterverhältnis wider. Denn während die adlige Frau in den Liedern Macht über ihr eigenes Schicksal und vor allen Dingen über das der sie anbetenden Männer zugesprochen wurde, stand sie de facto unter der Vormundschaft des Mannes und bekam keinen eigenen Handlungs- oder Fühlraum zugestanden.

Neidhardt von Reuental, wahrscheinlich Ritter aus Bayern, war einer der bekanntesten deutschsprachigen lyrischen Dichter der ersten Hälfte des 13. Jahrhunderts. Er lebte ungefähr zur gleichen Zeit wie Walther von der Vogelweide. Der größte Teil seiner überlieferten Lieder sind sogenannte Sommerreigen und Winterlieder. Obwohl er für höfische Kreise komponierte, stehen seine Lieder für eine Wende des mittelalterlichen Gesanges, denn sie erzählen auch über das Leben der einfachen Menschen, ihren Tänzen auf den Dorfangern, ihren Spielen in den Bauernhäusern. Auch wenn die Überlieferung seiner Lieder nicht sicher rekonstruierbar ist (was im Übrigen zentrales Merkmal der Musik des Mittelalters ist), gilt eine bestimmte Leichtfüßigkeit als charakteristisch. Sie symbolisieren eine Volkstümlichkeit, die die Lebenswelt der Hohen Minne kontrastierte.

Das Lied *Meie, din liehter schin* bietet sich hier als Beispiel an, weil es mehrere Aufnahmen und Interpretationen dieses Liedes gibt. Im Zuge eines Mittelalterbooms werden gerne die leichtfüßigen und munteren Lieder Neidhardts aufgepeppt und modernisiert, sodass sie zugleich ihre mittelalterliche Anmutung behalten und dennoch durch die entsprechende Wahl moderner Instrumente und Rhythmen an heutige Hörgewohnheiten angepasst werden.

Vorgehensweise

Die Höraufträge in diesen nicht standardisierten Verfahren sind direkt auf die spezifische Liedquelle zugeschnitten. Sie geben den Schülern*innen keinen lenkenden oder vorinterpretativen Rahmen vor, wie bei den standardisierten Verfahren. Um die verschiedenen musikalischen Gestaltungen des einen Liedes hörbar zu machen, bietet es sich an, die Lerngruppe aufzuteilen. Eine Gruppe achtet bei den vorgespielten Interpretationen ausschließlich auf die Instrumente, eine andere Gruppe auf die Stimme, eine dritte Gruppe sollte die zwei verschiedenen Versionen hinsichtlich Tempo und Rhythmus vergleichen. Zentraler Hörauftrag ist: Welche Unterschiede lassen sich anhand des vergleichenden Hörens der verschiedenen Liedinterpretationen feststellen?

Gerade in Hinblick auf mittelalterliche Musik gibt es sehr verschiedene Einspielungen, die zum einen versuchen so authentisch wie möglich zu sein, oder zum anderen die mittelalterlichen Lieder an heutige Hörgewohnheiten anzupassen suchen. Ein vergleichendes Hören zweier solcher Interpretationen kann diese Effekte solchen historisierenden Entertainments verdeutlichen. Als Ergebnis des vergleichenden Hörens ergeben sich folgende mögliche Fragen:

- Woher wissen wir heute, wie Musik im Mittelalter geklungen hat?
- Woher kommt das Wissen über historische Instrumente?
- Was ist historisch authentisch und was nicht?
- Warum gibt es heute die Versuche, mittelalterliche Musik zu modernisieren?

Ziele

Anhand verschiedener Interpretation von Musik, von der nur wenig mehr als Text und vielleicht Tonhöhenverlauf überliefert ist, lässt sich wunderbar darstellen, wie sehr Geschichte auch eine Konstruktion der Gegenwart ist. Denn die Lieder, die heute hörbar sind, sind Produkte eines besonderen öffentlichen Interesses am Mittelalter, dem Mittelalterboom. Es geht bei dieser Methode darum, Fragen in Hinblick auf das Historizitäts- und Wirklichkeitsbewusstsein (nach Pandel) anzuregen und für Alteritätserfahrung zu sensibilisieren.

Weiterführende Materialien

Gülke, Peter 1975: Mönche, Bürger, Minnesänger. Musik in der Gesellschaft des Mittelalters. Wien.

2.2 Methoden für die Erarbeitungsphase

Die Quelle Musik kann auch im Zentrum des Unterrichtsgeschehens eingesetzt werden, darauf verweisen bereits die weiterführenden Hinweise bei den Liedbeispielen für den Stundeneinstieg. In der Erarbeitungsphase geht es um „historische Sach(verhalts)analysen", also um „die Erarbeitung von bzw. de[n] Umgang mit historischen Sach(verhalts)analysen" (Bracke 2018, 97). Ziel dieser Erarbeitungsphase ist es also, die Quellen oder Darstellungen aufgabengeleitet zu dekonstruieren, daran orientiert Informationen zur Klärung der historischen Fragestellung zu sammeln und sie zu interpretieren. Damit geht es einerseits um die Erweiterung und Ausdifferenzierung historischer Wissensbestände und andererseits um Vorarbeiten für die historische Urteilsbildung.

2.2.1 Take-Away-Botschaften formulieren

Themenfelder: Kriege in der frühen Neuzeit, Gesellschaft der frühen Neuzeit
Musikbeispiel: *Wir zogen in das Feld* (überliefert von Georg Forster um 1540)
Hörbeispiele: https://www.youtube.com/watch?v=75oM6gTVRYM, von der LP „Les Lansquenets. Chants guerriers, populaires et paysans de la Renaissance (1480–1560)", Choeur Botho Lukas, 1976

Idee

Diese Methode ist in erster Linie zur Erschließung von Liedinhalten geeignet. Sie kann grundsätzlich für alle Lieder verwendet werden. Insbesondere bietet sie sich für Lieder an, deren lyrische Sprache sich nicht unmittelbar erschließt, weil sie eventuell fremdsprachig sind beziehungsweise den alltäglichen und fachsprachlichen Rahmen überschreiten. Die Methode der Take-Away-Botschaften ist zunächst eine textzentrierte, kann und sollte aber in einem zweiten Schritt auch auf die musikalische Gestaltung ausgeweitet werden.

Bei dem Lied *Wir zogen in das Feld* handelt es sich um eines der ältesten und bekanntesten Landsknechtslieder. Im Gegensatz zu einer Vielzahl anderer Landsknechtslieder, die erst in der deutschen Jugendbewegung der 1920er Jahren entstanden und sehr beliebt waren, kann dieses Lied als authentisch aus dem frühen 16. Jahrhundert stammend angesehen werden. Es entstand in der Zeit Maximilians I., Kaiser des Heiligen Römischen Reiches, und der Feldzüge der Liga von Cambrai (1509–1516) gegen die Republik Venedig. Überliefert wurde es in Georg Forsters fünfbändiger Liedsammlung „Frische teutsche Liedlein" (zweiter Teil, erschienen 1540).

Landsknechte waren eigenständige Kriegsknechte, meist zu Fuß kämpfende deutsche Söldner im 15. und 16. Jahrhundert. Damit handelte es sich um eine besondere Ausprägung des Söldnerwesens. Sie kämpften meist mit Lanzen. Die Landsknechte standen im Dienst zahlreicher europäischer Herrscher. Sie wurden eigens für Schlachten angeworben und waren ihren Dienstherren verpflichtet, der sie bezahlte. Jenseits des festen Soldes wurden die Landsknechte mit Kriegsbeute bezahlt, um einen Anreiz zu schaffen. Das führte dazu, dass sich Landsknechte mit Plünderungen selbst entschädigten. Daher rührte ihr Ruf, besonders unbarmherzig in Raubzüge zu gehen. Das spiegelt sich in dem Lied *Wir zogen in das Feld* wider.

Vorgehensweise

Die Schüler*innen bekommen zuerst den Liedtext auf einem Arbeitsblatt zur Verfügung gestellt. Dieses Arbeitsblatt ist dreigeteilt. Auf der linken Seite befindet sich der Liedtext. Die beiden anderen Spalten bleiben zunächst frei. In der mittleren Spalte sollen die Schüler*innen mit eigenen Worten den Inhalt der einzelnen Strophen zusammenfassen, so wie sie ihn verstanden haben. Am Ende der Erarbeitung und gemeinsamen Besprechung im Unterricht werden in der dritten, ganz rechten Spalte die kurzen Take-Away-Botschaften eingetragen, in einem knappen Satz oder einem Slogan (hier beispielhaft ausgefüllt).

Originale Strophen	**Eigene Zusammenfassung/ Fragen an den Text**	**Take-Away-Botschaft**
//:Wir zogen in das Feld.:// Da hätten wir weder Säckl noch Geld Refrain: Strampede mia la mi presenteal vostra signori. (sinngemäß: An die Waffen, ihr Herren)	Die Landsknechte sind arm und ohne Ausrüstung in den Krieg gezogen	Furchtlos und skrupellos in den Kampf; In den Kampf für Geld und Brot!
Wir kamen vor Siebentod,* Da hätten wir weder Wein noch Brot.	Sie waren hungrig und unterversorgt	
Wir kamen vor Friaul, Da hätten wir allesamt groß Maul.	Bezieht sich vielleicht auf das brutale Vorgehen?	
Wir kamen vor Benevent, Da hätten wir uns die Hand verbrennt.	Die Kämpfe waren hart und unerbittlich	Furchtlos und skrupellos in den Kampf; In den Kampf für Geld und Brot!
Wir kamen vor Triest Da hätten wir allesamt die Pest.	Verbreitung von Krankheiten, sie waren eigentlich auch keine Sieger	
Wir kamen auch vor Rom, da schossen wir den Papst vom Thron.	Wofür kämpfen Landsknechte eigentlich?	
Notiere hier fünf Begriffe, die Deinen Höreindruck erfassen: nachdrücklich, entschlossen (siehe Trommeln im Hintergrund), düster, kämpferisch, Ohrwurm? marschieren		

* Name der Stadt Cividale, die die Landsknechte Cividad nannten (lautsprachlich „Siebentod")

Zunächst erschließen sich die Schüler*innen den Text und machen sich Notizen in der mittleren Spalte. Sie können auch Fragen an den Text stellen, eben weil er nicht immer verständlich ist. In einem zweiten Schritt bekommen sie das Lied vorgespielt, wobei zu beachten ist, dass es sich hier um die Aufnahme eines Männerchores von 1976 handelt, die bei weitem keinen authentischen Höreindruck vermittelt. In der unteren Zeile ist Platz, assoziativ den eigenen Höreindruck festzuhalten. Nach dieser kombinierten Text/Lied-Arbeit soll in einem dritten Schritt in eigenen Worten eine kurze Take-Away-Botschaft zu dem Lied formulieren. Die Tabelle oben versteht sich als Anregung. Der Vorteil dieser Methode ist, dass sie den Schülern*innen einen eigensinnig produktiven Umgang mit dem Lied ermöglicht. Es gibt zwar kein richtig und kein falsch, dennoch sind die Hauptintentionen des Liedes klar und lassen sich verschiedentlich formulieren. Mit diesen Take-Away-Botschaften lassen sich (auch mithilfe anderer Quellen) weiterführende Erkenntnisse über Gesellschaft und Alltag im 16. Jahrhundert erarbeiten.

Ziel

Diese Methode lässt sich ohne großen Vorbereitungsaufwand schnell und zielgerichtet für alle Lieder einsetzen. Sie zielt darauf ab, Textverständnis zu ermöglichen, indem zentrale Inhalte in eigene Worte gefasst werden müssen. Darüber hinaus erkennen die Schüler*innen, dass die gemeinschaftlich gesungenen Lieder noch viel stärker in der Lage sind, die Botschaften des Textes zu kommunizieren, als allein der Text. Weiterführend kann daran erarbeitet werden, welche Bedeutung das Singen dieses Liedes in den entsprechenden historischen Situationen kriegerischer Auseinandersetzung gehabt haben könnte.

Weiterführende Materialien

Becker, Tim Oliver/Rode, Paul ²2012: Codex Patomomomensis. Hamburg.

Steinitz, Wolfgang 1979: Der große Steinitz. Deutsche Volkslieder demokratischen Charakters aus sechs Jahrhunderten. Berlin.

2.2.2 Liedbiografien

> **Themenfelder:** deutsche Nationalstaatsbildung: Selbstverständnis und Kriege; Erster Weltkrieg; Längsschnitt: Deutschland und Frankreich im 19./20. Jahrhundert
>
> **Musikbeispiel:** *Wacht am Rhein* (Text 1840: Max Schneckenburg; Melodie 1854 Carl Wilhelm)
>
> **Hörbeispiele:** Klassische Chor- und Orchesteraufnahme: https://www.youtube.com/watch?v=oKkRS4rL6Pw (unbekannte Aufnahme)
>
> Hörbild des 1. Weltkrieges: http://www1.wdr.de/av/audio-mobilmachung-am--august-100.html
>
> Filmausschnitt Sängerkrieg in „Casablanca" (1942): https://www.youtube.com/watch?v=Ai9QVFu47V4
>
> *Lieb Vaterland magst ruhig sein* (Udo Jürgens 1971): https://www.youtube.com/watch?v=xPDxP2ASy44

Idee

Es gibt Lieder, die im Verlauf von Jahrzehnten, gar Jahrhunderten immer wieder auftauchen und in den je eigenen Kontexten jeweils neue Bedeutung erhielten. Solche Lieder bieten sich vor allem in Längsschnitten an, da sie immer wieder eine Variante eines Grundkonfliktes im Laufe der Zeit spiegeln. Daher lässt sich ein Längsschnittthema auch anhand einer Liedbiografie, oder Geschichte eines Liedes darstellen beziehungsweise begleiten. Diese Methode funktioniert jedoch nur, wenn ein Lied gewählt wird, für das bereits zahlreiche Materialien aus unterschiedlichen Zeiten vorliegen.

Besonders geeignet für diese Methode ist das Lied *Wacht am Rhein*, dass 1840 in Zeiten der sogenannten Rheinkrise entstand. Es gehört zu den bedeutendsten nationalen Liedern des 19. Jahrhunderts und entwickelte sich in der Zeit des Deutschen Kaiserreiches neben *Heil Dir im Siegerkranz* zur inoffiziellen Nationalhymne.[61] Es ist ein sehr gutes Beispiel für die konfliktbehaftete Beziehung Deutschlands und Frankreichs bis in die Mitte des 20. Jahrhunderts.

In der Entstehungszeit „der Rheinkrise" ging es um die Rheingrenze zwischen Frankreich und der preußischen Rheinprovinz. Der Rhein galt den deutschen Nationalisten als deutsches Nationalsymbol. Lautstark verteidigt wurde dieses Symbol in den Jahren 1840/41 in zahlreiche Rheingedichten und Rheinliedern, in denen das Bild des „Erbfeindes" Frankreich wortgewaltig festgehalten wurde. Bekannt wurde das ursprüngliche Gedicht *Die Wacht am Rhein* durch seine entsprechende Melodie, die der Dirigent und Komponist Carl Wilhelm 1854 für seinen Männerchor und Gesangsverein komponierte. Doch erst im deutsch-französischen Krieg kam der „Schlachtgesang" (Moßmann/Schleuning 1978, 15) zum Einsatz und damit erlangte das Lied seine Berühmtheit. Es sind vor allem Szenen, wie die eines Sängerkrieges zwischen französischen und deutschen Soldaten, die zum Mythos des Liedes beitrugen. Nach einer zeitgenössischen Überlieferung, begannen 300 gefangene französische Soldaten beim Anblick der preußisch württembergischen Truppen auf dem Bahnhof von Nancy im September 1870 spontan die *Marseillaise* zu singen. Die Deutschen antworteten mit der *Wacht am Rhein* und besiegten den französischen Gesang mit der stimmgewaltigen Interpretation ihres Liedes, denn die Franzosen verkrochen sich stumm in den Waggons, so die Überlieferung.

Gerade durch die Bedeutung als inoffizielle Hymne taucht das Lied auch in der Geschichte des Deutschen Kaiserreiches häufig und prominent auf. Die deutschen Tageszeitungen von Anfang August 1914 beispielsweise verweisen wiederholt darauf, wie das Lied spontan von der begeisterten Bevölkerung angestimmt wurde oder die abreisenden jungen Männer an die Front begleitete. Der Gesang dieses einen Liedes funktionierte als emotionaler *trigger*. Das war nicht erstaunlich. Um 1900 war die *Wacht am Rhein* eines der populärsten und in der Öffentlichkeit am häufigsten gesungenen Lieder im Kaiserreich. Das trug auch dazu bei, dass mehrere Parodien der patriotischen Hymne im Umlauf waren (Moßmann/Schleuning 1978, 36–48).

Vorgehensweise

Diese Methode setzt darauf, dass Schüler*innen eine historische Längsschnitterzählung vorbereiten und präsentieren sollen. Im konkreten Beispiel ist es die Geschichte des deutsch-französischen Verhältnisses im 19./20. Jahrhunderts. Im Unterschied zu den bekannten Konfliktnarrativen, soll dieses Mal die Geschichte des Liedes in Form einer Liedbiografie im Mittelpunkt stehen. Anhand der Entstehung und konkreter Situationen des Gebrauchs können die Schüler*innen die konflikthafte Beziehung zwischen Deutschland und Frankreich über mehr als ein Jahrhundert erarbeiten. Die Liedbiografie beginnt mit einer detaillierten Quellenkritik des Liedes, in der die zentralen Botschaften und Feindbilder, die in dem Lied formuliert werden, in Verbindung mit einer sehr eindeutigen musikalischen Untermalung herausgearbeitet und im Kontext der „Rheinkrise" eingeordnet werden (siehe dazu 3 Musik als historische Quelle, Analyseraster). Die Analyse des Liedes sollte zu Beginn im Plenum stattfinden, sodass alle Schüler*innen den gleichen Ausgangspunkt haben. Danach erfolgt eine Aufteilung in Gruppen. Eine jede Gruppe bekommt Kontextinformationen zu der jeweiligen Zeit und konkreten Gesangssituation sowie ein Hörbeispiel. Für das gewählte Beispiel bieten sich aufgrund der Materiallage folgende Gruppen an:

- *Gruppe 1: Sängerkrieg am Bahnhof von Nancy und der Deutsch-Französische Krieg 1870/71* (Materialien zum Lied in Sauer 1997 und Moßmann 1978)
- *Gruppe 2: Nationales Selbstverständnis im Deutschen Kaiserreich: Die Sedanfeiertage* (Materialien in Herzig 2007; Berichte in Tageszeitungen August/September 1914 (zu recherchieren in: http://zefys.staatsbibliothek-berlin.de/list/title/zdb/27646518/-/1914))
- *Gruppe 3: Der Ausbruch des Ersten Weltkrieges und das „propagandistische Hörbild"*

Infobox

Hörbilder waren die ersten kommerziellen Wort-Musik-Geräusch-Aufnahmen, die auf Schellack-Platten konserviert, mit dem Edison-Phonographen abgespielt werden konnten. Mit diesen Hörbildern sind klare emotionale Botschaften der jeweiligen Zeit überliefert. Sie geben einen akustischen Einblick in die jeweiligen Ereignisse und den Zeitgeist. Insbesondere bekannt sind Hörbilder aus der Anfangszeit des 1. Weltkrieges. In der Serie „Vaterländische Zonopon-Aufnahmen zum Besten Deutscher Krieger und deren Angehörigen" produzierte die deutsche Grammophon Aktiengesellschaft circa 25 Schellackplatten, auf denen zentrale Kriegsereignisse mit Liedern, Märschen, Ansprachen und Hochrufen nachgestellt und aufgenommen wurden. Mit diesen propagandistischen Hörbildern sollten die erwünschten patriotischen Gefühle, die euphorische Kriegsbegeisterung des August 1914 konserviert werden und jederzeit abrufbar sein, auch in Zeiten von Verlust und Niederlagen.

Ein solches propagandistisches Hörbild entstand um die Jahreswende 1914 als Aufnahme der Deutschen Grammophon Aktiengesellschaft. Dieses Hörbild stellte die Mobilmachung am 1. August 1914 nach. In der gut 6 Minuten langen Aufnahme wechseln Hochrufe und Ansprachen mit patriotischer Blaskapellenmusik (*Heil Dir im Siegerkranz*) und dem scheinbar spontanen Gesang unter anderem auch des Liedes *Wacht am Rhein*. Marschtritte, Stimmengemurmel und Lokomotivpfiffe sollen den Eindruck der Authentizität und spontanen Begeisterung untermauern. In der Summe sollte das Hörbild an das Hochgefühl des Sommers 1914 erinnern und genau dieses Gefühl beim Hören nacherlebbar machen.

- *Gruppe 4: Erneuter Sängerkrieg: Casablanca 1942*

Zu einiger Berühmtheit brachte es das Lied noch einmal in dem US-amerikanischen Filmklassiker *Casablanca* (1942, Michael Curtiz). In einer Szene beginnen die deutschen Soldaten in einem Lokal im vom Vichy-Regime verwalteten Marokkanischen Casablanca mit Klavierunterstützung die *Wacht am Rhein* zu singen. Die anwesenden französischen Gäste wehren sich, indem sie mit Unterstützung der Tanzkapelle die *Marseillaise* anstimmen und in der Überzahl die deutschen Soldaten überstimmen. Die Szene endet mit dem Ausruf der Protagonisten „Vive la France!".

Alle Gruppen haben gleichlautende Aufträge, die darauf hinauslaufen, dass jede Gruppe eine 10minütige Power Point Präsentation erarbeitet. Alle Präsentationen haben ihren Ausgangspunkt bei dem Lied und der konkreten Situation, in der es gesungen wurde. Davon ausgehend entwickeln sie die zentralen Informationen zum kriegerischen Konflikt. Dabei besteht die Aufgabe darin, zu erarbeiten und diskutieren, inwiefern die in dem Lied formulierten Feindbilder zum Tragen kommen und welche Wirkmächtigkeit das gemeinschaftliche Singen dieses Liedes in der konkreten Konfliktsituation wahrscheinlich gehabt haben könnte.

Tipp

Als nationales Lied im Konflikt mit Frankreich hat dieses Lied seine Bedeutung nach 1945 verloren. Allerdings dient es als Vorlage für den sozial- und politikkritischen Schlager *Lieb Vaterland magst ruhig sein* (Udo Jürgens 1971), der einen dezidierten Einblick in die spezifisch bundesdeutschen sozialen Problemlagen Anfang der 1970er Jahre gibt.

Ziel

Diese Methode ermöglicht ein konzentriertes und fokussiertes Erarbeiten konflikthafter Situationen zwischen Frankreich und Deutschland über ein Jahrhundert hinweg. Die Vergleichsfolie bietet dabei das Feindbild, das dem Lied eingeschrieben ist und in den Konflikten durch gemeinschaftlichen Gesang immer wieder neu aktiviert und mit Bedeutung versehen wird. Damit lässt sich eine klassische historische Einzelfrage beispielhaft an der Liedgeschichte diskutieren.

Weiterführende Materialien

Cornejo, Paloma 2004: Zwischen Geschichte und Mythos. La guerre de 1870/71 en chansons. Eine komparatistische Untersuchung zu den identitätsstiftenden Inhalten in deutschen und französischen Liedern zum Krieg. Würzburg.

Herzig, Arno 2007: Festliche Spaltung der Reichsnation? Kaisergeburtstage, Sedantage, Arbeiterfeste. In: Schmid, Harald/Krzymianowska, Justyna (Hg.): Politische Erinnerung. Geschichte und kollektive Identität. Würzburg, S. 42–52.

Moßmann, Walter/Schleuning, Peter 1978: Alte und neue politische Lieder. Entstehung und Gebrauch. Reinbeck, S. 17–80.

Sauer, Michael 1997: Historische Lieder. Begleitbuch zur CD. Stuttgart, S. 75–82.

2.2.3 Perspektiven hörbar machen: vergleichende Hörprotokolle

Themenfelder: Kalter Krieg, Vietnamkrieg, Friedensbewegung

Musikbeispiel: *The Ballad of the Green Berets* (1966, Barry Sadler), *Bring them home* (1965 Pete Seeger)

Hörbeispiele: Barry Sadler singt live (1966) *The Ballad of the Green Berets* https://www.youtube.com/watch?v=8kj9qv6rmG8

Pete Seeger singt live (1970) *Bring them Home* https://www.youtube.com/watch?v=h4-w2FYIJbw

Idee

Multiperspektivität ist ein zentrales didaktisches Prinzip, das sich vor allem durch Quellen umsetzen lässt, die für verschiedene zeitgenössische Perspektiven stehen. Auch und gerade politische Lieder oder Protestsongs spiegeln verschiedene Perspektiven wider, so entstanden sie häufig zu konkreten historischen Ereignissen und dienten als Medium der Meinungsäußerung. Das Singen bestimmter Lieder gilt daher auch als ein Statement, ein Erkennungssignal dafür, auf wessen Seite man steht, für oder gegen wen man Stellung beziehen möchte. Das trifft insbesondere auf die internationalen großen sozialen Bewegungen in den 1960er und 1970er Jahren zu. Lieder bildeten den Sound des Protestes. In ihnen fanden sich die Protestierenden mit ihren Zielen und Ideen wieder, mit ihnen wurden Gegenmeinungen publiziert. Mit der hier vorgeschlagenen Methode der vergleichenden Hörprotokolle lassen sich pointiert verschiedene Perspektiven, Meinungen und Argumente durch mindestens zwei Lieder gegenüberstellen und herausarbeiten. Diese Methode eignet sich daher für eine „historische Tiefenbohrung" (Barricelli 2012a, 215).

Die hier gewählten Beispiellieder kommentieren die Beteiligung der Vereinigten Staaten von Amerika am Vietnamkrieg. 1964 begannen die USA militärisch in den Konflikt zwischen dem kommunistisch regierten Nordvietnam unter dem Präsidenten Ho Chi Minh und dem antikommunistischen Südvietnam einzugreifen. Damit eröffneten sie einen der größten Stellvertreterkriege in der Zeit des Kalten Krieges. Ihr Ziel war es, den Süden in seinem Kampf gegen den kommunistisch regierten Norden zu verteidigen (der wiederum von der Sowjetunion und China unterstützt wurde) und damit ein gänzlich kommunistisches Asien (so die Befürchtung der USA) zu verhindern. Im Frühjahr 1965 wurde aus dem schwelenden militärischen Konflikt ein offener Krieg. Mit der Operation „Rolling Thunder" begannen die USA großangelegte Luftangriffe gegen Nordvietnam. Zeitgleich wurden Bodentruppen in das Kriegsgebiet geschickt. Bis zum Ende dieser Offensive am 30. Oktober 1968 flog die US-Luftwaffe 304.000 Einsätze in Nordvietnam, 1968 waren mehr als 550.000 amerikanische Soldaten in dem südostasiatischen Land stationiert. Der Krieg entwickelte sich immer mehr zum Trauma für die amerikanische Nation. Denn trotz militärischer und wirtschaftlicher Überlegenheit gelang es der US-Army nicht, den Gegner zu besiegen. Nach mehr als 58.000 gefallenen und 300.000 verwundeten amerikanischen Soldaten zog sich Amerika mit dem Friedensschluss von Paris im Januar 1973 aus Vietnam zurück. Eine Million südvietnamesischer Soldaten verlor ihr Leben. Durch den Einsatz von Giftgas und Brandbomben wurden mehr als 2 Millionen Zivilisten*innen getötet, schätzungsweise genauso viele wurden verstümmelt.

Besonders diese Art der Kriegsführung, die sich gegen die Zivilbevölkerung richtete, führte in den USA zu einer breiten Protestbewegung gegen den Vietnamkrieg. Die Frage über den Einsatz amerikanischer Truppen in dem südostasiatischen Land spaltete die Gesellschaft in die Lager der protestierenden Kriegsgegner*innen und der konservativ patriotisch gesinnten Befürworter*innen. Die Proteste – zum größten Teil getragen von Vertretern*innen der Bürgerrechtsbewegung, Studierenden, aber auch Arbeitern*innen und Intellektuellen – fanden in Form von Kundgebungen und Reden und auch in der Kunst statt. Eigens komponierte Songs begleiteten diese Antikriegsproteste. Aber auch die Kriegsbefürworter*innen hatten ihre patriotischen Lieder, die amerikanische Soldaten als Helden feierten.

Für die patriotische Position steht das Lied *Ballad of the Green Berets*. Der Berufssoldat und Vietnamveteran Staff Sergeant Barry Sadler komponierte es 1966, um die Kampfmoral der Soldaten in

Vietnam zu unterstützen. Er selbst wurde im Vietnamkrieg verwundet und war Mitglied der militärischen Eliteeinheit „Green Beret". Mit dem Song, den er im Februar 1966 persönlich einspielte, landete er einen Verkaufsschlager. In Zeiten größter Antikriegsproteste wurde das Lied über die heldenhaften amerikanischen Elitesoldaten ein *topseller*, der über fünf Wochen auf der Nummer 1 in den amerikanischen Charts stand. Noch heute wird es aufgeführt, um an die Tapferkeit und Leistung der „Green Beret"-Einheit zu erinnern.

Für den Unterricht bietet sich das Video einer Liveaufnahme an, die Barry Sadler in der Jimmy Dean Show (1966) zeigt.

Tipp

Gerade Liveaufnahmen von Musikperformances bieten noch einmal mehr Potenzial für die Wirkungsanalyse von Musik. So lässt sich die Inszenierung in Bezug auf die gewünschte emotionale Wirkmächtigkeit diskutieren: Wie tritt der*die Sänger*in auf; was für Kleidung trägt er*sie; wie bewegt er*sie sich? Wie ist die musikalische Begleitung: gibt es einen Backgroundchor, ein sichtbares Orchester? Wie reagiert das Publikum?

Ballad of the Green Berets (Barry Sadler)

Fighting soldiers from the sky
Fearless men who jump and die
Men who mean just what they say
The brave men of the Green Beret

Silver wings upon their chest
These are men, America's best
One hundred men will test today
But only three win the Green Beret

Trained to live off nature's land
Trained in combat, hand-to-hand
Men who fight by night and day
Courage peak from the Green Berets

Silver wings upon their chest
These are men, America's best
One hundred men will test today
But only three win the Green Beret

Back at home a young wife waits
Her Green Beret has met his fate
He has died for those oppressed
Leaving her his last request

Put silver wings on my son's chest
Make him one of America's best
He'll be a man they'll test one day
Have him win the Green Beret.

Silver wings upon their chest
These are men, America's best
One hundred men will test today
But only three win the Green Beret

Als Gegenposition bietet sich der Song *Bring them home* (1969) des amerikanischen Folksinger und Singer-Songwriters Pete Seeger an. Pete Seeger war neben Bob Dylan, Joan Baez oder Country Joe McDonald einer der wichtigsten Musiker*innen, die öffentlich gegen den Vietnamkrieg in Amerika protestierten.

Bring them Home (Pete Seeger)

If you love your Uncle Sam,
Bring them home, bring them home.
Support our boys in Vietnam,
Bring them home, bring them home.

It'll make our generals sad, I know,
Bring them home, bring them home.
They want to tangle with the foe,
Bring them home, bring them home.

They want to test their weaponry,
Bring them home, bring them home.
But here is their big fallacy,
Bring them home, bring them home.

I may be right, I may be wrong,
Bring them home, bring them home.
But I got a right to sing this song,
Bring them home, bring them home.

There's one thing I must confess,
Bring them home, bring them home.
I'm not really a pacifist,
Bring them home, bring them home.

If an army invaded this land of mine,
Bring them home, bring them home.
You'd find me out on the firing line,
Bring them home, bring them home.
Even if they brought their planes to bomb,
Bring them home, bring them home.
Even if they brought helicopters and napalm,
Bring them home, bring them home.

Show those generals their fallacy:
Bring them home, bring them home.
They don't have the right weaponry,
Bring them home, bring them home.

For defense you need common sense,
Bring them home, bring them home.
They don't have the right armaments,
Bring them home, bring them home.

The world needs teachers, books and schools,
Bring them home, bring them home.
And learning a few universal rules,
Bring them home, bring them home.

So if you love your Uncle Same,
Bring them home, bring them home.
Support our boys in Vietnam,
Bring them home, bring them home.

Vorgehen

Im Unterrichtsgeschehen werden diese beiden Lieder vergleichend gegenübergestellt, sowohl im Inhalt, der musikalischen Gestaltung als auch der jeweiligen Liveperformance. Daran lassen sich erstens die unterschiedlichen Positionen zum Vietnamkrieg verdeutlichen und zweitens herausarbeiten, welche spezifischen Emotionen beim jeweiligen Zielpublikum angesprochen werden sollen. Dazu bietet es sich an, jeweils vergleichende Hörprotokolle anzufertigen.[62] Diese fragen zum einen die musikalisch grundierte emotionale Wirkmächtigkeit ab und zum zweiten lassen sich so die textbasierten Botschaften erarbeiten. Gerade weil die Lieder musikalisch so verschieden sind und damit ganz unterschiedliche emotionelle Appelle transportieren sollen, bietet es sich an, zunächst ganz auf die musikalische Wirkung und die unterschiedlichen Livedarbietungen zu achten, ohne dass es vorher eine besondere Kontextualisierung braucht.

Tipp

Hörprotokolle bieten die Chance auf eine einfache angeleitete Erarbeitung von historischen Liedern. Die Kategorien des Hörprotokolls können Sie lerngruppenspezifisch anpassen. Falls notwendig, können auch einige Spalten vorausgefüllt sein beziehungsweise gemeinsam ausgefüllt werden, bevor es an die individuelle Arbeit geht. Sie können auch je nach inhaltlichem Schwerpunkt entscheiden, was genau verglichen werden soll, der Text oder die Wirkung des Liedes. Damit ist das Hörprotokoll auch eine gute Methode zur Binnendifferenzierung.

Das vergleichende Hörprotokoll hat den Sinn, die Schüler*innen für die unterschiedliche Wirkung und den unterschiedlichen Gebrauch der Lieder zu sensibilisieren. Es ist ein erster Zugriff auf die Lieder, den die Schüler*innen allein aufgrund ihrer Höreindrücke- und Seheindrücke haben können. Der Text kann, muss aber noch nicht in diesem ersten Schritt mit zur Erarbeitung eingereicht werden.

Die Erarbeitung der beiden Lieder kann auch in Gruppen stattfinden, die dann untereinander ihre Ergebnisse austauschen. Wichtig ist jedoch, dass jede*r Schüler*in das komplette Hörprotokoll ausgefüllt vorliegen hat.

Vergleichendes Hörprotokoll: inhaltliche Erschließung

In einem zweiten Schritt arbeiten die Schüler*innen mit den Liedtexten. Je nach Lerngruppe können Begriffe und Vokabeln bereits im Vorfeld übersetzt beziehungsweise erläutert werden. Wichtig bei der inhaltlichen Erschließung ist jedoch weiterhin das genaue Hinhören. Die Kriterien, nach denen die Schüler*innen die beiden Lieder miteinander vergleichen sollen, können je nach gewünschter Schwerpunktsetzung der*des Lehrers*in, nach Schwierigkeitsgrad und Lernstand der einzelnen Schüler*innen angepasst und zum Teil vorausgefüllt werden.

Vergleichendes Hörprotokoll: musikalische Wirkung und Live-Auftritt

Kriterien	**Ballad of the Green Berets**	**Bring them Home**	**Schlussfolgerung: Welche Wirkung resultiert daraus?**
Entstehungsinformationen	1966, Sergeant Barry Sadler	1969, Folkmusiker Pete Seeger	
Formaler Aufbau: Strophen, Refrain, Wechsel, Wiederholungen			
Welche Wörter sind besonders durch die Musik betont?			
Beschreibe Dynamik: laut – leise, Steigerungen			
Beschreibe Rhythmik: Schnell-langsam, fließend, abgehackt,			
Schätze ein, wie schwer es ist, das Lied zu erlernen und zu singen.			
Zu welcher Situation passt das Lied?			
Der Live-Auftritt			
Konkrete Situation	**Fernsehshow**	**Live Konzert**	
Was für Kleidung trägt der Sänger?			
Wie bewegt er sich? Wie reagiert das Publikum?			
Wie ist die musikalische Begleitung: gibt es einen Backgroundchor, ein sichtbares Orchester?			
Wie reagiert das Publikum?			

Vergleichs-Kriterien	**Ballad of the Green Berets** *Benenne wenn möglich konkrete Textstellen oder Wörter aus dem Lied!*	**Bring them Home** *Benenne wenn möglich konkrete Textstellen oder Wörter aus dem Lied!*
Um wen geht es?		
An wen richtet sich das Lied?		
Wie werden Soldaten beschrieben?		
Was ist ein Soldat wert?		
Welche Bedeutung hat das Vaterland?		
Was ist die grundlegende emotionale Haltung?		
Welche Position wird zum Krieg eingenommen?		
Was ist die zentrale Botschaft des Liedes?		
Anmerkung/Ergänzung/Was ist Dir aufgefallen?		

Auf der Grundlage dieser Hörprotokolle lässt sich abschließend die konflikthafte Stimmung in den USA in Bezug auf den Vietnamkrieg erarbeiten. Dazu können weiterführende Arbeitsaufträge formuliert werden, die die Liederarbeitung mit dem bereits vorhandenen Kontextwissen verbindet.

- Fasse die Botschaft der Lieder vergleichend zusammen. Begründe, warum beide Lieder in ihrer Zeit so bekannt und erfolgreich waren.

Weiterführend kann daran auch erarbeitet werden, wie heute gesellschaftliches Engagement um die Frage nach Krieg und Frieden klingt. Spielen Songs immer noch eine Rolle, wenn ja, welche?

Ziele

Mit dieser Methode der vergleichenden Hörprotokolle kann je nach Schwerpunkt Mehreres verdeutlicht werden: die emotionale Wirkmächtigkeit und/oder die verschiedenen Perspektiven und Positionen. Entscheidet man sich für beide Analyseschwerpunkte, lässt sich sehr gut erarbeiten, wie wichtig Musik und Gesang für die Weitergabe politischer Botschaften waren.

Weiterführende Materialien

Barth, Stefan/Siegel, David 2015: Der Vietnamkrieg im Spiegel zeitgenössischer Lieder. Eine multiperspektivische Quelleninterpretation. In: Geschichte lernen Nr. 165, S. 22–26.

Informationen über Barry Sadler: http://songbrief.de/song/barry-sadler-the-ballad-of-the-green-berets/ (30.11.2020).

2.2.4 Pars pro toto: Bandbiografien oder Musikerbiografien

Themenfelder: Jugend in der DDR, Staatssicherheit in der DDR

Musikbeispiel: *Arbeiten* (1983, Namenlos)

Hörbeispiele: Tonaufnahme eines Livemitschnitts der Band Namenlos 1983: https://www.jugendopposition.de/themen/145419/pogo-in-ost-berlin

Idee

Diese Methode arbeitet exemplarisch. Anhand der Geschichte einzelner Bands oder der Biografien von einzelnen Musikern*innen lassen sich bestimmte Problemlagen oder spezifische Entwicklungen einer konkreten Zeit beispielhaft erschließen. In dem hier gewählten Beispiel geht es um die Punkband „Namenlos“ in der DDR. Die Punkband wurde Anfang der 1980er gegründet und deren Auftritte von der Staatssicherheit sehr genau überwacht. Die Staatsmacht dokumentierte insbesondere die Lieder, um damit staatsgefährdendes Verhalten zu beweisen. Das reichte bis zur Inhaftierung und Verurteilung der jugendlichen Bandmitglieder. Daran lässt sich beispielhaft erarbeiten, wie die Staatssicherheit funktionierte und was Maßnahmen der totalitären Kontroll- und Überwachungswut des Staates waren. Es lässt sich zeigen, mit welchen Gesetzen, die auch als „Gummiparagrafen“ bezeichnet wurden, in der DDR gegen Jugendliche vorgegangen wurde, die nicht den sozialistischen Idealbildern entsprachen. Damit lassen sich weiterführend Kriterien von Rechtsstaatlichkeit und Demokratie erarbeiten.

Auch in die DDR hielt der Punk als Lebensstil und Musikrichtung Einzug, spätestens ab 1978 traten die Punker an öffentlichen Hotspots der Hauptstadt in Erscheinung. Diese Jugendlichen taten das in erster Linie aus dem Bedürfnis heraus, sich dem durchgeplanten DDR-Lebensweg zu entziehen. Sie empfanden den „real-existierenden Sozialismus" als lähmend und langweilig. Im Gegensatz zu den westeuropäischen Punkern*innen war das Motto der DDR-Punker*innen nicht „no future" sondern „too much future". Das Gefühl, ein Zuviel an Zukunftsgewissheit, an Stabilität, an Sicherheit zu haben, paralysierte das alltägliche Leben in den Augen der DDR-Punks. Die DDR-Punker*innen wollten einzigartig und sichtbar sein und nicht in der Masse der zahlreichen Kollektive auf allen Ebenen des DDR-Alltagslebens untergehen. Sie wollten ihr Recht auf individuelle Lebensgestaltung durchsetzen. Punk war das willkommene Gegenstück zum genehmigten Beat, er war ungezügelt, unorganisiert, laut, schrill, aggressiv, ruhelos, voller Zorn. Ab 1982 gerieten die Punks ins Visier der Staatssicherheit. Im November 1983 listete die Stasi circa 900 Punks, davon circa 400 in Berlin auf. Die Härte, mit der die Staatssicherheit die Punk-Jugend in der DDR verfolgte, ist vor allem anhand der Band „Namenlos" nachweisbar. Diese wurde im Frühjahr 1983 von den Jugendlichen Michael Horschig (Gitarre), Jana Schlosser (Gesang), Mita Schamal (Schlagzeug) und Frank Masch (Bass) gegründet. Im April und Juni 1983 hatte die Band verschiedene Auftritte im Rahmen der offenen Jugendarbeit der evangelischen Kirche. Unter anderem traten sie im Juni 1983 in der Erlöserkirche Berlin auf. Dieser Auftritt wurde von der Stasi überwacht. Insbesondere fiel den inoffiziellen Mitarbeitern der Staatssicherheit ein Lied auf mit dem Titel *Arbeiten*. Dieses Lied, das sich im Kern gegen das sozialistische Arbeitsethos wendet, war der Grund dafür, die Mitglieder der Band zu verhaften und sie wegen „feindlicher Angriffe gegen die sozialistische Staats- und Gesellschaftsordnung und der Verbreitung neofaschistischen Gedankengutes" (so die offizielle Begründung in den Unterlagen der Staatssicherheit) strafrechtlich zu verfolgen.

In der Zuführungsakte der Bandmitglieder wird das Lied *Arbeiten* ausführlich zitiert. Es sollte als Beweis für die unterstellte „Staatsverleumdung" stehen. Alle Bandmitglieder wurden verhaftet. Bis auf Mita Schamal, die zu der Zeit mit 17 Jahren noch minderjährig war und nach sieben Wochen aus der Untersuchungshaft entlassen wurde, wurden die Mitglieder der Band nach § 220 „Gemeinschaftliche öffentliche Herabwürdigung staatlicher Organe“ im Februar 1984 zu 12 beziehungsweise 18 Monaten Haft verurteilt.

Arbeiten (1983, Punkband Namenlos)

1. Arbeiten fürs Büro	2. Arbeiten für Bullen
Arbeiten für'n Kader	Arbeiten für Stasi
Arbeiten für'n Brigadier	Arbeiten für Russen
Arbeiten für'n Leiter	Arbeiten für Erich

Refrain:
Aber wenn ich mir so anseh' was ich so rauskrieg
Weiß ich nicht mal mehr, wie Geld denn aussieht
Strenge Verweise, Lohnabzüge, Undank, Befehle

Vorgehensweise

Von diesem Lied als *corpus delicti* für die Inhaftierung und Verurteilung der Jugendlichen ausgehend, können die Schüler*innen angeleitet werden, selber eine „Bandbiografie“ zu erarbeiten und in den Kontext der Vorgehensweisen der Staatssicherheit und Rechtsprechung der DDR zu stellen.

Für diese Methode eignet sich das forschend-entdeckende Lernen. Neben der Liedaufnahme sind zahlreiche verschiedene Medien und Materialien überwiegend im Internet verfügbar.

- Fotos (im Netzarchiv „Substitut“),
- ein Dokumentarfilm „OSTPUNK. Too much future“ (Karsten Fiebeler, Michael Boehlke 2007) sowie dazu ein Arbeitsheft der Bundeszentrale für politische Bildung (Löser/Pehlemann 2007),
- Publikationen ehemaliger Punker*innen aus der DDR (Boehlke 2007),
- Dokumente der Staatssicherheit über Punker*innen (in der Mediathek der Stasi-Unterlagenbehörde).

Entweder stellen die Lehrenden daraus eine Materialsammlung für die Arbeit im Unterricht zusammen oder die Schüler*innen bekommen den Auftrag, selbstständig das Material zu recherchieren und auszuwerten. Dafür sollten Hinweise auf die entsprechenden Webseiten, den Film oder Literatur zur Verfügung gestellt werden. Im Mittelpunkt der Erarbeitung steht das Lied *Arbeiten*, das zunächst analysiert werden sollte (siehe 3 Musik als historische Quelle, Analyseraster) und dann mithilfe der zusätzlichen Materialien in die Bandbiografie einfließen soll. Der Schwerpunkt der Erarbeitung kann durch gezielte

Aufgabenformate gelenkt werden:

- Erörtere anhand Deines Wissens über Jugend in der DDR Gründe für das harte Vorgehen gegen die Band „Namenlos“ (äußerliches Auftreten, zentrale Aussagen des Liedes, etc.).
- Erarbeite anhand der Akten der Staatssicherheit das rechtliche Vorgehen in der DDR gegenüber Andersdenkenden. Diskutiere dazu den § 220 „Staatsverleumdung“.
- Was sind Rechtsstaatlichkeit und Demokratie heute? Erarbeite Kriterien und vergleiche sie mit der Situation 1983 in der DDR.

Ziel

Die Methode, die Geschichte einer Band oder eines*r Musikers*in anhand eines konkreten Liedes zu schreiben, bietet sich vor allen an, wenn eine besondere Exemplarität für das gewünschte Thema gegeben ist. Diese Methode lässt sich vor allem mit forschend-entdeckendem Lernen umsetzen (Wolter 2018). Die große Chance dieser Methode ist es, sie individuell auf konkrete historische Probleme zuschneiden zu können und zugleich einen Nahblick in eine Zeit zu bekommen.

Tipp

Für diese Methode eignet sich ebenso die Geschichte des Musikers *Wolf Biermann*. Daran lassen sich diktatorische Maßnahmen der DDR-Regierung gegen die Opposition darstellen. Ebenso exemplarisch steht Elvis Presley für das Lebensgefühl der 1950er und damit für die Halbstarken-Generation.

Literatur: Allmann, Mareike 2013: Der Unerwünschte. „Ich möchte am liebsten weg sein – ich bleibe am liebsten hier“. Die Biermann-Ausbürgerung im November 1976. In: Praxis Geschichte Nr. 5, S. 24–27; Christ, Thomas 2005: Elvis Presley und die Deutschen. Rock'n'Roll und Amerikanisierung der Werte. In: Praxis Geschichte Nr. 6, S. 44–47.

Weiterführende Materialien

Webseite zum Filmprojekt too much future: http://www.toomuchfuture.de/tmf/deutsch/index.php (26.11.2020)

Mediathek des Stasi-Unterlagen Archivs: (https://www.stasi-mediathek.de/) (26.11.2020)

Archiv Substitut: http://www.substitut.net/ (26.11.2020)

Boehlke, Michael 2007: Ostpunk! Too much future. Punk in der DDR 1979–89. Berlin; Preuß, Torsten 2005: Stasi, Spaß und E-Gitarren. Die Geschichte der Berliner Punkband Namenlos. In: Galenza, Ronald (Hg.): Wir wollen immer artig sein ... Punk, New Wave, HipHop und Independent-Szene in der DDR 1980–1990. Berlin, S. 71–90.

Löser, Claus/Pehlemann, Alexander 2007: filmheft OSTPUNK! TOO MUCH FUTURE. Berlin.

2.2.5 Zuordnen/Matching

Themenfelder: Vormärz, Vorstellungen des deutschen Nationalstaates

Musikbeispiel: *Ob wir rote, gelbe Kragen* [Bürgerlied] (1845, Adalbert Harnisch; Melodie: Prinz Eugen der edle Ritter)

Hörbeispiele: Hannes Wader singt das Bürgerlied (1975) https://www.youtube.com/watch?v=9peRnHqxAF4

Idee

Viele historische Lieder dokumentieren sehr genau zeitgenössische Raum- und Ordnungsvorstellungen. Sie dienen als kommunikativer Wissensspeicher mit deren Hilfe die Menschen lernten, sich in ihrer Lebenswelt zu orientieren und Vorstellungen von regionaler, nationaler beziehungsweise sozialer Zugehörigkeit zu verinnerlichen. Diese Vorstellungswelten, die weit über den unmittelbaren lokalen und regionalen Erlebnisraum hinausgingen, wurden vor allem mit der beginnenden Etablierung der Nationalstaaten in Mitteleuropa zu Beginn des 19. Jahrhunderts im Rahmen der Herausbildung nationaler Identitäten wichtig. Dementsprechend stammen aus dieser Zeit auch Lieder, die eine geographische und kulturelle Vorstellung darüber vermitteln sollten, welche Gebiete und welche Menschen genau zu einer Nation gehörten, was Nationen überhaupt ausmachen. Daran kann mit Schülern*innen erarbeitet werden, was es für zeittypische Vorstellungen von Nation und Zugehörigkeiten gab, welche sozialen Gruppen Teil der Nation waren und wie sie sich voneinander unterschieden. Die Grundidee ist es, die Informationen aus diesen Liedern anderen Quellen, wie historischen Landkarten beziehungsweise Abbildungen zuzuordnen, zu matchen.

Tipp

Die Methode des Zuordnens eignet sich auch sehr gut für das Lied *Was ist des deutschen Vaterland* (1813/1815, Ernst Moritz Arndt, Johannes Cotta). Damit können zusammen mit historischen Landkarten Raumvorstellungen erarbeitet werden. Es lässt sich daran sichtbar machen, was nach zeitgenössischen Vorstellungen zu dem neu gedachten Nationalstaat gehören sollte.

Lit.: Sauer, Michael 1997: Historische Lieder. Begleitbuch zur CD. Stuttgart, S. 69–74.

Das gewählte Lied *Ob wir rote, gelbe Kragen* steht stellvertretend für das Selbstverständnis der bürgerlichen Opposition im Vormärz. Es stammt aus der Feder Adalbert Harnischs, einem Vertreter des westpreußischen Bürgervereins Elbing. Diese lokalen Bürgervereinigungen waren typische Erscheinungen des Vormärz. Sie verstanden sich als Antwort auf die fehlenden Partizipationsmöglichkeiten im Obrigkeitsstaat. Das Lied war ein Ausdruck des bürgerlichen Wunsches, über bestehende gesellschaftliche Trennlinien hinweg, für die Ziele der liberalen, bürgerlichen Bewegung einzutreten. Dieses Lied schien sich schnell verbreitet zu haben und auch auf Bürgerversammlungen in anderen Städten gesungen worden zu sein. In den sieben Strophen des Liedes geht es im Kern darum, die Menschen unabhängig von Stand und Klasse für die revolutionären Ideen des Vormärz zu gewinnen. Es besingt das Ideal, dass alle zusammen Veränderungen bewirken könnten. Die ersten drei Strophen benennen die Vertreter der einzelnen sozialen Gruppen. Sie werden durch Kleidung, Kopfbedeckung oder Schuhwerk gekennzeichnet, durch Tätigkeiten und Berufsstand oder durch den Dienstgrad. Diese Beschreibungen markieren Ungleichheiten, zugleich werden diese in den darauffolgenden Strophen negiert. Der einzige Unterschied, der in dem revolutionären Lied gilt, ist der zwischen passivem Erdulden und aktivem Drang, die Bedingungen zu verändern.

1. Ob wir rote, gelbe Kragen,
Helme oder Hüte tragen
Stiefel tragen oder Schuh,
oder ob wir Röcke nähen
und zu Schuhen Drähte drehen,
das tut, das tut nichts dazu
oder ob wir Röcke nähen
und zu Schuhen Drähte drehen,
das tut, das tut nichts dazu.

2. Ob wir können präsidieren,
oder müssen Akten schmieren,
ohne Rast und ohne Ruh,
ob wir just Collegia lesen oder aber
binden Besen,
das tut, das tut nichts dazu-
ob wir just Collegia lesen oder aber
binden Besen,
das tut, das tut nichts dazu.

3. Ob wir stolz zu Rosse reiten,
oder ob zu Fuß wir schreiten
fürbass unserm Ziele zu,
ob uns Kreuze vorne schmücken,
oder Kreuze hinten drücken,
das tut, das tut nichts dazu-
ob uns Kreuze vorne schmücken,
oder Kreuze hinten drücken,
das tut, das tut nichts dazu.

4. Aber ob wir Neues bauen,
oder Altes nur verdauen,
wie das Gras verdaut die Kuh,
ob wir in der Welt was schaffen,
oder nur die Welt begaffen,
das tut, das tut was dazu-

5. Ob wir in der Welt was schaffen,
oder nur die Welt begaffen,
das tut, das tut was dazu.
Ob im Kopfe etwas Grütze
und im Herzen Licht und Hitze,
dass es brennt in einem Nu,
oder ob wir hinter Mauern
stets im Dunkeln träge kauern,
das tut das tut was dazu-
oder ob wir hinter Mauern
stets im Dunkeln träge kauern,
das tut das tut was dazu.

6. Ob wir rüstig und geschäftig
wo es gilt zu wirken kräftig
immer tapfer greifen zu,
oder ob wir schläfrig denken:
Gott wird's schon im Schlafe schenken,
das tut das tut was dazu-
oder ob wir schläfrig denken:
Gott wird's schon im Schlafe schenken,
das tut das tut was dazu.

7. Drum ihr Bürger, drum ihr Brüder
alle eines Bundes Glieder
was auch Jeder von uns tu,
alle die dies Lied gesungen,
so die Alten wie die Jungen
tun wir, tun wir was dazu-
alle die dies Lied gesungen,
so die Alten wie die Jungen
tun wir, tun wir was dazu.
Tun wir, tun wir was dazu!

Eine originale Liedaufnahme gibt es zu diesem Lied verständlicherweise nicht. Dafür lässt sich gerade in Hinblick auf diese politischen Lieder des 19. Jahrhunderts oft eine Interpretation aus der Zeit der Wiederentdeckung des sozialkritischen Liedes, den 1970er Jahren, finden. Vor allem steht dafür Hannes Wader mit seinen Interpretationen. Sein gitarrenbegleiteter Singer-Songwriter-Stil ist für heutige Ohren eingängiger als eine Männerchorversion. Dass es sich bei dem Beispiel um eine zeittypische, dem Geschmack der Folksongbewegung der 1970er Jahre angepasste Interpretation handelt, sollte jedoch unbedingt thematisiert werden.

Vorgehensweise

Gerade die Beschreibungen der sozialen Klassen und unterschiedlichen Berufsstände lassen sich im Unterrichtsgeschehen durch historische Abbildungen visualisieren. Dazu braucht es zeitgenössische Zeichnungen der entsprechenden Vertreter ihrer sozialen Klasse, die von dem*der Lehrer*in im Vorfeld recherchiert und auf A4-Größe sichtbar ausgehängt werden. Die Aufgabe der Schüler*innen ist es in einem ersten Schritt, diese Abbildungen den Liedstrophen zuzuordnen. Anhand dieser Visualisierungen lassen sich die sozialen Unterschiede in der Vormärzzeit erarbeiten und Vermutungen über Zugehörigkeit und Abgrenzung anstellen. Mit dieser Einsicht in soziale Ungleichheit werden in einem zweiten Schritt die Strophen 4–7 erschlossen, die im Gegensatz dazu für die Vision einer sozial übergreifenden Bewegung gegen den Obrigkeitsstaat stehen.

Das Lied steht beispielhaft für die Visionen der bürgerlichen Revolutionäre und zugleich liefert es eine Begründung für das Scheitern der Revolution, denn die sozialen Klassen waren zu weit voneinander entfernt, um sich in einer bürgerlichen Bewegung zu vereinen, das lässt sich durch die Zuordnung zu den Abbildungen gut erkennen. In einem weiteren Schritt lässt sich mit entsprechenden Quellen erarbeiten, wer dieses Lied wann und zu welchen Anlässen gesungen hat. Daran zeigt sich ebenso der Widerspruch. Denn es waren vor allem die Vertreter des Bürgertums, die in ihren Bürgergesellschaften ihre Forderungen gegen den Obrigkeitsstaat formulierten und dazu dieses Lied sangen, die Arbeiter*innen jedoch, die die Röcke nähten, die Schuhe produzierten oder die Besen banden, waren trotz gegenteiliger Behauptung nicht Teil dieser revolutionären Bewegung. Das Zuordnen der Liedstrophen mit historischen Abbildungen kann auch Leerstellen deutlich machen, denn auch Frauen waren nicht Teil des „Bundes“, weder die bürgerliche Frau, noch die Arbeiterin.

Ziel

Das Lied allein kann den Eindruck einer Gemeinschaft vermitteln, für die keine sozialen Unterschiede zählen, sondern einzig die Frage nach Partizipation. Die Visualisierung der Liedstrophen mit historischen Abbildungen lässt die Schüler*innen erkennen, wie stark diese Vorstellung von Gemeinschaft von der männlichen, bürgerlichen Perspektive geprägt war. Damit ermöglicht die analytische Beschäftigung mit dem Lied und den Gesangspraktiken eine vertiefende Beschäftigung mit den Bedingungen der Märzrevolution und mit den spezifischen Perspektiven der bürgerlichen Akteure.

Weiterführende Materialien

Widmaier, Tobias 2008: Ob wir rote, gelbe Kragen (Bürgerlied). In: John, Eckhard/Widmaier, Tobias (Hg.): Populäre und traditionelle Lieder. Historisch-kritisches Liederlexikon. Freiburg. URL: http://www.liederlexikon.de/lieder/ob_wir_rote_gelbe_kragen (26.11.2020)

2.2.6 Personenaufstellung oder Gruppenaufstellung

Themenfelder: Nationalsozialistische Ideologie und Propaganda

Musikbeispiel: *Horst-Wessel-Lied (Die Fahne hoch)* (Text: 1927 Horst Wessel; Melodie: Königsberglied, 19. Jahrhundert)

Hörbeispiele: Mitschnitt einer Kundgebung der NSDAP, 18. Februar 1943: Hymnen der Deutschen (= Stimmen des 20. Jahrhunderts), Deutsches Historisches Museum und Deutsches Rundfunkarchiv, 1998.

Idee

Lieder entstanden immer aus bestimmten Gründen, zu konkreten Anlässen oder mit spezifischen Funktionen. Wenn es sich nicht um volkstümliche Lieder handelt, lassen sich auch meistens konkrete Autor*innen und Komponisten*innen benennen. Manchmal handeln Lieder von konkreten Personen, meistens benennen sie, wer zum Zielpublikum gehört und wer nicht. In Hinblick auf Gesang und Verbreitung sind ebenfalls konkrete Menschen (Sänger*innen, Produzent*innen, Musiker*innen) beteiligt. Ziel dieser Methode ist es, anhand einer Personen- beziehungsweise auch Gruppenaufstellung zu verdeutlichen, welche Menschen oder Gruppen um den Gesang historischer Lieder herum anzuordnen sind, wer, wie und mit welchen Interessen am Lied beteiligt war.

Als Beispiel dient das *Horst-Wessel-Lied*, das 1927 von dem SA-Mann Horst Wessel als Kampflied auf die populäre Melodie des Königsbergliedes geschrieben wurde. Er veröffentlichte es 1929 unter dem Titel *Die Fahne hoch*. Nachdem er 1930 nach einer Auseinandersetzung mit Kommunisten an einer Schussverletzung verstarb, wurde er vor allem von Joseph Goebbels als Märtyrer der „Bewegung“ verklärt und sein Lied erhielt den Titel *Horst-Wessel-Lied*. Es war als Kampflied der SA Anfang der 1930er populär, da es den paramilitärisch geführten Straßenkampf der SA gegen Kommunisten in der Zeit vor der Ernennung Adolf Hitlers zum Reichskanzler verherrlicht. Seit dem Sommer 1933 wurde das *Horst-Wessel-Lied* auch im Anschluss an die erste Strophe des *Deutschlandliedes* als halb offizielle Nationalhymne gesungen. Das dokumentiert die Aufnahme vom 18. Februar 1943 auf der CD: Lieder der Deutschen.

Die Fahne hoch!
Die Reihen fest (dicht/sind) geschlossen!
SA marschiert
Mit ruhig (mutig) festem Schritt
|: Kam'raden, die Rotfront und Reaktion erschossen,
Marschier'n im Geist
In unser'n Reihen mit :|

Die Straße frei
Den braunen Bataillonen
Die Straße frei
Dem Sturmabteilungsmann!

|: Es schau'n aufs Hakenkreuz voll Hoffnung schon Millionen
Der Tag für (der) Freiheit
Und für Brot bricht an :|

Zum letzten Mal
Wird Sturmalarm (/-appell) geblasen!
Zum Kampfe steh'n
Wir alle schon bereit!
|: Schon (bald) flattern Hitlerfahnen über allen Straßen (über Barrikaden)
Die Knechtschaft dauert
Nur noch kurze Zeit! :|

Info-Box: § 86 Strafgesetzbuch: Verbreiten von Propagandamitteln verfassungswidriger Organisationen

Wenn Sie mit Liedern nationalsozialistischer Massenorganisationen arbeiten, sollten sie § 86 des Strafgesetzbuches kennen, der das Verbreiten von „Propagandamitteln verfassungswidriger Organisationen" regelt. Das Gesetz nennt zwar nur Schriften, allerdings regelt § 11 Abs. 3 des Strafgesetzbuches auch, dass Tonträger, Bildträger, Abbildungen und sonstige Darstellungen darunterfallen. Ein Straftatbestand besteht nach § 86 Abs. 3 nicht, wenn „das Propagandamittel [...] der staatsbürgerlichen Aufklärung [...] der Forschung oder der Lehre [...] dient."

Vorgehensweise

Die Idee dieser Methode ist, dass sich die Schüler*innen in Gruppenarbeit um einzelne Personen oder Gruppen kümmern, die im Kontext dieses Liedes relevant waren. Das sind in diesem Fall erstens Horst Wessel (beispielhaft für die SA) als Liedautor und als Sänger des Liedes. Zweitens kann die Propagandastrategie Joseph Goebbels anhand des Liedes erarbeitet werden. Drittens lässt sich über die kommunistischen Widersacher arbeiten, die in dem Lied als „Rotfront" erscheinen. Nimmt man sich als Quellen Liederbücher der Hitlerjugend und Berichte über den gemeinschaftlichen Gesang des Liedes, kann eine vierte Arbeitsgruppe gebildet werden, die sich um die singende Hitlerjugend kümmert. In Bezug auf die Gegenwart ist eine fünfte Arbeitsgruppe denkbar, die die heutige Perspektive auf und den aktuellen Umgang mit dem Lied bearbeitet. Dazu sollte der § 86 des Strafgesetzbuches diskutiert werden. Die Grundidee ist, dass alle Gruppen das Lied als Ausgangspunkt für die Erarbeitung der Ziele, Motivation und Handlungen der einzelnen Personen (beziehungsweise Akteure*innen, für die diese stehen) nehmen.

Ziel

Die Methode der Personenaufstellung oder auch Gruppenaufstellung ermöglicht es, anhand eines konkreten Liedes und der dazu zur Verfügung stehenden Materialien die Perspektiven, Vorstellungen und Ziele verschiedener (oft auch konflikthaft zueinanderstehender) Personen oder Gruppen zu erarbeiten. Die Geschichten dahinter ergeben zusammengesetzt einen vielschichtigen und multiperspektivischen Blick auf das zu erarbeitende historische Problem.

Weiterführende Materialien

Gailus, Manfred 2003: Das Lied, das aus dem Pfarrhaus kam. In: Die Zeit Nr. 39, URL: https://www.zeit.de/2003/39/H Wessel-Lied (27.11.2020).

Gottfried, Niedhardt 1999: Sangeslust und Singediktatur im nationalsozialistischen Deutschland. In: Ders./Broderick, George (Hg.): Lieder in Politik und Alltag des Nationalsozialismus. Frankfurt/M. u.a., S. 5–16.

Günther, Ulrich 1999: Lieder und Singepraxis im Deutschen Jungvolk. In: Niedhardt, Gottfried/Broderick, George (Hg.): Lieder in Politik und Alltag des Nationalsozialismus. Frankfurt/M. u.a., S. 189–208.

Lamprecht, Niko 2015: Musik im Nationalsozialismus. Ideologie – Propaganda – Widersprüche. Schwalbach/Ts.

2.3 Methoden für die Vertiefung und Urteilsbildung

In der letzten Unterrichtsphase steht die eigenständige produktive Auseinandersetzung mit dem historischen Gegenstand im Mittelpunkt der Schüler*innenarbeit. In dieser Phase sollten die Lernenden angeleitet werden, ihre Ergebnisse in Bezug auf die historische Ausgangsfrage zu interpretieren, deutend darzustellen und zu einem historischen Sachurteil zu kommen. Ein abschließender Schritt guten Geschichtsunterrichtes ist die historische Werturteilsbildung. Darunter wird „die Entwicklung von bzw. der Umgang mit Stellungnahmen zu bestimmten historischen Sachverhalten verstanden, und zwar in der Weise, dass zwischen den Sachverhalten selbst, ihrer Bedeutung im Horizont der Vergangenheit und ihrer gegenwärtigen bzw. zukünftigen Relevanz, ein sinnvoller Zusammenhang hergestellt wird“ (Bracke 2018,99).

Arbeitsaufträge, die zur Sicherung und zur Vertiefung des erarbeiteten Stoffes dienen sowie eine begründete Urteilsbildung ermöglichen sollen, bieten sich mit Liedern zahlreich an. Sie zielen auf eine eigensinnige und produktive Auseinandersetzung mit dem historischen Gegenstand über das Medium Lied ab. Dementsprechend werden folgend einige vorgestellt, die unterschiedlich aufwendig und zeitintensiv sind. Der Fantasie sind hier kaum Grenzen gesetzt. Zahlreiche weitere Methoden ließen sich ergänzen

2.3.1 Definieren

Themenfeld: Revolutionen vom 18. bis 20. Jahrhundert

Musikbeispiel: *Marseillaise* (1792, Joseph Rouget de Lisle)

Trotz alledem (1848, Ferdinand Freiligrath, Umdichtung des schottischen Liedes „For a that and a that"/Robert Burns 1795)

Brüder, zur Sonne, zur Freiheit (original russisch um 1917, deutsche Fassung Hermann Scherchen 1920)

Hörbeispiele: *Marsellaise*, unbekannte Aufnahme Männerchor und Blasorchester https://www.youtube.com/watch?v=jAEQiciJx_8

Trotz alledem, Interpretation von Hannes Wader, Studioaufnahme (1975) https://www.youtube.com/watch?v=mRWkvQEmspg

Brüder, zur Sonne zur Freiheit, Aufnahme auf der CD Arbeiterlieder. Die Geschichte des deutschen Arbeiterliedes, Lieblingslied Records 2009.

Idee

Wie im Theorieteil dargestellt, gibt es zahlreiche Möglichkeiten, Lieder zu definieren. Kriterien können entlang eines Gattungsbegriffes, der zentralen Aussagen, der sprachlichen und musikalischen Gestaltung aber auch des Gebrauchs festgelegt werden. Diese Methode bietet sich am Ende einer Unterrichtsreihe an. Denkbar sind Längsschnitte, sodass die Schüler*innen sich mehrere vergleichbare historische Situationen erarbeitet haben. Das setzt voraus, dass sie sich intensiv mit dem Gebrauch und der Funktion von Liedern in ihren Zeiten beschäftigt haben müssen, um Kriterien für die Definition zu abstrahieren. Die Definition sollte sich je nach Lernprozess auf zentrale Botschaften der Lieder und/oder deren sozialen Gebrauch konzentrieren.

Als Beispiel wurden Revolutionslieder gewählt. Das 18. und das (lange) 19. Jahrhundert waren die Zeit der Revolutionen. Exemplarisch sollen drei Revolutionen untersucht werden, beginnend mit der Französische Revolution, für die beispielhaft die *Marseillaise* steht. Dann gingen im Frühjahr 1848 Vertreter des Bürgertums in Europa gegen die bestehenden Herrschaftsverhältnisse auf die Straße. Neben dieser Freiheit forderten die Revolutionäre Einheit und damit die Bildung von Nationalstaaten. Für diese Märzrevolution steht das Lied *Trotz alledem*. Im Februar 1917 schließlich begann die Russische Revolution, die zur Entmachtung des Zaren Nikolaus II. führte und mit der Machtübernahme der kommunistischen Bolschewiki im Oktober 1917 endete. Ein Jahr später, im November 1918, versuchten revolutionäre Arbeiter- und Soldatenräte in Deutschland eine Republik nach sowjetischem Vorbild zu errichten. Aus den Nachkriegswirren ging die Weimarer Republik als ein Gemisch aus präsidialem und parlamentarischem Regierungssystem hervor. Für diese Novemberrevolution 1918 wurde das Lied *Brüder, zur Sonne zur Freiheit* gewählt. Die Idee für dieses ursprünglich russische Revolutionslied brachte der deutsche Komponist und Dirigent Hermann Scherchen 1918 aus seiner Zeit in Russland mit. 1920 führte er erstmalig seine deutsche Version des Liedes mit einem Arbeiterchor auf. Damit begann die Geschichte des bedeutendsten Liedes der deutschen Arbeiter(musik)bewegung bis heute.

Vorgehensweise

Für die Erarbeitung dieser Lieder bietet sich Gruppenarbeit an, konkret ist ein Gruppenpuzzle denkbar. Zunächst beschäftigen sich die Schüler*innen in ihren Gruppen mit einem der Lieder. Die Erarbeitung erfolgt über die Methode der vergleichenden Hörprotokolle (siehe Methodenpool 2.1.3 Nicht standardisierte Verfahren. Das vergleichende Hören), wobei sich jede Arbeitsgruppe nur um ihr konkretes Lied kümmert. Entscheidend ist, dass für alle gewählten Lieder die gleichen Kriterien abgefragt werden. Es sollte gezielt auch das emotionale Potenzial der Lieder in ihrer Zeit erfasst werden. Das kann durch Begleitmaterialien erfolgen, aber auch durch die Frage nach konkreten musikalischen Gestaltungsmitteln. Weiterhin sollten zentrale Inhalte der Lieder in Hinblick auf die im Unterricht erarbeiteten Parameter von Revolutionen erfasst werden: historische Akteure*innen (Wer spricht/singt? Wer sind die Adressaten*innen?/Gegen wen richtet sich das Lied?), programmatische Vorstellungen (Was sind verbindende Ideen?/Was sind Zukunftsentwürfe?) und Motive (Was fordern die Lieder, was wünschen sich die Akteure*innen? Was kritisieren sie?). Nach der Erarbeitung in den Expertengruppen werden entsprechend der Methode des Gruppenpuzzles neue gemischte Gruppen gebildet. In diesen werden anhand der vergleichenden Hörprotokolle die Ergebnisse geteilt. Aufgabe in dieser Phase der Gruppenarbeit ist es, Unterschiede und Gemeinsamkeiten der Inhalte und Gestaltungen herauszustellen und mithilfe des bereits vorhandenen Wissens um die einzelnen Revolutionen allgemeine Kriterien vom Liedtypus Revolutionslieder zusammenzufassen. Im letzten Schritt kommen die Expertengruppen wieder zusammen und erarbeiten eine Definition von Revolutionsliedern.

Insgesamt ist zu beachten, dass es nicht die eine richtige Definition eines Liedtypus gibt, sondern dass die Schüler*innen sich genau damit auseinandersetzen sollen, was typische Kennzeichen von Revolutionsliedern sind. Weiterführend ließe sich darüber nachdenken, ob die Schüler*innen heute Lieder kennen, die nach ihrer Definition Revolutionslieder sein können oder wie Lieder von anderen historischen Revolutionen klingen müssten.

Ziel

Ziel dieser Methode ist es, das Wissen über Ursachen, Verlauf und Ergebnisse von Revolutionen über die konkreten historischen Sachverhalte hinaus zu verallgemeinern. Gerade anhand der Lieder lässt sich weiterhin herausarbeiten, wie wichtig die emotionale Mobilisierung breiter Bevölkerungsmassen für die Verläufe von Revolutionen war.

> **Tipp**
>
> In gleicher Weise lassen sich Definitionen erarbeiten von *Hymnen, Friedensliedern* und *Kriegsliedern, Protestliedern,* und damit allen Liedtypen, die in Längsschnitten eine Rolle spielen können.

Weiterführende Materialien

John, Eckhard 2018: Brüder, zur Sonne, zur Freiheit. Die unerhörte Geschichte eines Revolutionsliedes. Berlin.

Robb, David/John, Eckhard 2008: Trotz alledem. In: John, Eckhard/Widmaier, Tobias (Hg.): Populäre und traditionelle Lieder. Historisch-kritisches Liederlexikon. Freiburg. URL: http://www.liederlexikon.de/lieder/trotz_alledem/(27.11.2020).

Sauer, Michael: 1997: Historische Lieder. Begleitbuch zur CD. Stuttgart.

Vovelle, Michel 2005: Die Marseillaise. Krieg oder Frieden. In: Nora, Pierre (Hg.): Erinnerungsorte Frankreichs. München, S. 63–112.

2.3.2 Kreatives Schreiben

Kreatives Schreiben im Geschichtsunterricht ist für das historische Lernen in einem „schülerorientierten und -aktivierenden" Geschichtsunterricht ein Schlüsselkriterium (Memminger 2015, 64). Kreatives Schreiben im Geschichtsunterricht umfasst „alle Manifestationen der Handlung Schreiben, die breiten Raum für eigene Gestaltung lassen und über streng gelenkte Analyseaufträge, eine Wiedergabe von Fakten und Sachverhalten oder „aufsatzartiges" Schreiben hinausgehen" (Memminger 2015, 98). Dies kann sich in spielerischen, erzählerischen und fiktiven Formen vollziehen, die Fantasie und Kreativität in besonderer Weise ansprechen. Denkbar sind aber auch freiere Varianten kommentierenden oder reflektierenden Schreibens. Ziel ist es in jedem Fall, dazu zu motivieren, historische Sachverhalte eigenständig und produktiv zu verwerten und in einen anderen Zusammenhang zu stellen, sodass etwas Neues entsteht, das im Idealfall die Fähigkeit zu historischem Denken und Verstehen spiegelt (Memminger 2015, 98). Wichtige Ziele kreativen Schreibens sind weiterhin die Vertiefung von Lerninhalten, Wahrnehmung von Multiperspektivität, „empathischer Nachvollzug und Verstehen" (Memminger 2015, 101). Der Vorteil dieser Methode ist, dass den Schülern*innen immer bewusst bleibt, dass Geschichte eine Konstruktion aus der jeweiligen Perspektive heraus ist und dass die eigene Imagination und Perspektivität den Blick auf die Geschichte bestimmt. Das bedeutet aber auch, dass die Aneignung von Geschichte eigensinnig produktiv sein darf, denn die eigene Emotionalität und Imaginationsleistung sind die Motoren der kreativen Auseinandersetzung mit Geschichte. Nimmt man die historischen Lieder als musikalische Quellen ernst, sind wesentlich mehr kreative Schreibformen denkbar, als bisher für andere Quellen aufgezeigt wurden.

2.3.2.1 Liedgeschichten schreiben

Themenfeld: Gesellschaft in der Frühen Neuzeit

Musikbeispiel: *Ich bin ein armer Bauer* (schwäbische Bauernklage), 17. Jahrhundert

Hörbeispiele: Ist nicht vorhanden, Melodie und alle überlieferten Strophen sind zu finden unter: https://www.lieder-archiv.de/ach_ich_bin_wol_ein_armer_baur-notenblatt_605001.html

Idee

Grundsätzlich ist die Quellenlage über das alltägliche Leben einfacher Menschen der Frühen Neuzeit nicht besonders breit. Doch gibt es eine Reihe von Liedern aus dem 15. bis 18. Jahrhundert, die die alltäglichen Mühen der Menschen widerspiegeln, die sie dichteten und sangen. Bekannt sind die Bauernlieder, Soldatenlieder, Handwerkerlieder – alle diese berichten aus den jeweiligen Perspektiven von den Herausforderungen des Alltags, den erlebten Ungerechtigkeiten, aber auch Träumen und Hoffnungen. Nicht immer erschließen sich beim ersten Hören und Lesen alle Einzelheiten und Botschaften. Da sie für eine sonst eher stumme Gruppe historischer Akteure*innen stehen, lohnt es sich, am Ende einer Unterrichtsstunde oder -einheit, solche Lieder als Erzählanlass zu nehmen. Ausgehend von den vorhandenen Liedtexten und dem historischen Wissen über bäuerliches Leben im 17. Jahrhundert lässt sich eine fiktive Geschichte zu den Liedern schreiben. Dieses Aufgabenformat trägt in der Vertiefungsphase zur historischen Sachurteilsbildung bei. Es erfordert zum einen eine intensive Auseinandersetzung mit dem Lied als historischer Quelle und fördert zum zweiten durch die produktive und kreative Auseinandersetzung durch historisches Erzählen ein vertiefendes Verständnis für Problemlagen, Prozesse und Entwicklungen in der spezifischen Zeit. Dabei sind die Aufgabenformate so zu wählen, dass sinnvolle narrative Fiktionen möglich werden.

Als Beispiel wird die schwäbischen Bauernklage *Ich bin ein armer Bauer* genommen. Diese Bauernklage gilt als ein früher Bänkelsang, also einem Liedtypus, der vom 17. bis zum 19. Jahrhundert verbreitet war. Diese Lieder erzählen Geschichten vom Alltag, sie dokumentieren aber auch Ereignisse und Begebenheiten, wie Unglücksfälle, Liebes- oder Abenteuergeschichte, „es sind Themen, die Emotionen hervorrufen und statt Aufklärung Rührung verbreiten“ (Petzold 1982, 13 f.). Anhand dieser Lieder können die Schüler*innen mehr über die Perspektive von unten erfahren, darüber lernen, wie das Gefälle von Arm und Reich spöttisch und kritisch kommentiert wurde.

Die Bänkellieder waren erzählende Lieder, die häufig dramatische Geschichten zum Inhalt hatten. Die Bänkelsänger reisten durch die Städte Mitteleuropas vom 17. bis zum frühen 20. Jahrhundert, stellten sich auf Holzbänke auf die Marktplätze und präsentierten ihre Lieder. Zumeist handelte es sich um eingängige, wiederholende Melodien, zu denen Zupfinstrumente oder Akkordeon gespielt wurde. Von dem

Lied *Ich bin ein armer Bauer* sind mehrere Versionen und 31 Strophen überliefert. Die Überlieferungsgeschichte ist typisch für volkstümliche Lieder. Im Laufe der Zeit kamen neue Strophen hinzu oder wurden verändert, andere wurden vergessen. Für diese Methode sollten im Vorfeld je nach Lerngruppe und thematischem Schwerpunkt ein paar wenige Strophen gewählt werden, mit denen die Schüler*innen arbeiten können. Denkbar ist, sich auf die Strophen zu konzentrieren, in denen Entbehrung und Leid beschrieben werden. Eine andere Variante wäre, die Strophen zu wählen, in denen konkret Menschen benannt werden, denen die Schuld an der Armut gegeben wird (z. B. der Amtmann, der Schultheiß, der Pfarrherr) oder Menschen, die in der sozialen Hierarchie noch unter dem Bauern standen (die Magd, der Knecht).

Vorgehen

Um sinnvolle historische narrative Fiktionen zu ermöglichen, sollten die Schüler*innen an das erarbeitete Wissen der vorangegangenen Unterrichtseinheiten erinnert werden und zugleich die Freiheit erhalten, diese mit ihren eigenen Fiktionen anhand des Liedes zu verweben. Zunächst sollte der Liedtext mit der Take-Away-Methode erschlossen werden (siehe Methodenpool 2.2.1: Take-Away-Botschaften formulieren). Die darauffolgenden Arbeitsaufträge für das kreative Schreiben können sowohl auf die mögliche Entstehungssituation des konkreten Liedes zielen als auch auf Situationen, in denen das Lied möglicherweise gesungen wurde. Dazu können je nach Lerngruppe und Ziel verschiede Impulse formuliert werden, wie: Schreibe eine Geschichte über den Bauern. Erzähle, wie sieht eine Woche im Leben des Bauern aus? Mit welchen anderen Menschen hat er Kontakt? Wem gibt er die Schuld an seiner Armut? Wem geht es noch schlechter als ihm selbst?

Je nach Lerngruppe können die Fragen zum kreativen Schreiben auch auf die Entstehungssituation abzielen: Überlege Dir, wer dichtete die Strophen, wer schrieb sie auf, wer sang das Lied und warum? Schreibe dazu eine Liedgeschichte.

Je nach Ziel dieser Methode können die Schüler*innen aufgefordert werden, historische Begriffe „auszuerzählen“ (Barricelli 2012b, 275), das bedeutet mit eigenen Worten zu umschreiben oder zeitgenössische Begriffe zu verwenden. Sie können in ihren Liedgeschichten auch verschiedene Perspektiven einnehmen (schreibe aus der Perspektive des Bauers, seiner Frau, der Magd oder des Amtmannes).

Ziele

Dieses Aufgabenformat fördert die narrative Kompetenz. Die Schüler*innen arbeiten quellenbasiert. Sie vertiefen damit das erarbeitete Wissen über den entsprechenden Unterrichtsinhalt. Indem sie selber Geschichten erzählen dürfen, wird ihnen der Konstruktionscharakter von Geschichte verdeutlicht. Diese Methode ermöglicht es den Schülern*innen ebenso, ihre eigenen Perspektiven und Lebensweltbezüge in die Lied- und Leidgeschichten einzubringen und damit auch Vorstellungen von Geschichte zu pluralisieren.

Weiterführende Materialien

Heister, Hanns-Werner 2016: Politische Kampflieder. In: Bundeszentrale für politische Bildung: Dossier. Sound des Jahrhunderts. Bonn. URL: http://www.bpb.de/geschichte/zeitgeschichte/sound-des-jahrhunderts/210236/politische-kampflieder (27.11.2020).

Petzoldt, Leander 1982: Bänkellieder und Moritaten aus drei Jahrhunderten. Frankfurt/M.

Steinitz, Wolfgang 1979: Der große Steinitz. Deutsche Volkslieder demokratischen Charakters aus sechs Jahrhunderten. Berlin.

2.3.2.2 Strophen ergänzen

Themenfelder: Arbeitswelten im 19. Jahrhundert; Industrialisierung

Musikbeispiel: *Steigerlied* (Autor und Komponist unbekannt, circa 1700).

Hörbeispiele: Chor der Ruhrkohle AG Liveaufnahme: *Glück auf, der Steiger kommt* 2010: https://www.youtube.com/watch?v=rnwg8YM56Fw

Idee

Diese Methode eignet sich zum einen für programmatische politische Lieder. Vor allem die Arbeiterlieder des 19. Jahrhunderts hatten den Zweck, politische Ziele und Programme jenseits von Zeitungen, Flugblättern oder Büchern für die Masse der nichtlesenden Arbeiter zu verbreiten. Zum anderen eignet sich die Methode für Lieder von Handwerkszünften oder Berufen, in denen Gemeinschaftsgefühle über Arbeitsinhalte, moralische Grundüberzeugungen und der eigenen Bedeutung hergestellt werden sollten. Diese Methode nimmt die Idee des programmatischen und damit auch verbindenden Charakters der Lieder auf, die an geteilte politische Überzeugungen beziehungsweise geteilte Alltagserfahrungen appellieren. Die Schüler*innen sollen am Ende einer Unterrichtsreihe die Möglichkeit erhalten, für Lieder aus der entsprechenden Zeit neue Strophen zu schreiben.

Beispielhaft lässt sich das am *Steigerlied* (Autor und Komponist unbekannt, circa 1700) darstellen. Das *Steigerlied* „Glück auf, glück auf. Der Steiger kommt" war und ist die Hymne der deutschen Bergbauarbeiter schlechthin. Die früheste Version des Liedes ist aus dem späten 17. Jahrhundert überliefert. Bedeutung erhielt das Lied aber erst ab Mitte des 19. Jahrhundert. Im 20. Jahrhundert entwickelte sich das Lied zu einem der bekanntesten deutschen Volks- und Arbeiterlieder. Nach 1945 fand es seinen festen Platz im Gewerkschaftsmilieu und der deutschen Sozialdemokratie. Vor allem ist es aber in der heutigen Hörlandschaft des Fußballs fest verankert, wurde doch das Lied zum Erkennungslied des Fußballvereins Schalke 04, aber auch (in einer eigenen Version) des Vereins Erzgebirge Aue. Daneben existieren Interpretationen deutscher Rock- und Schlagersänger, wie Herbert Grönemeyer oder Heino. Als 2018 die letzte Steinkohlezeche im Ruhrgebiet geschlossen wurde, fehlte auch dieses Lied nicht, gesungen von Kumpels zusammen mit dem WDR-Sinfonieorchester und dem Ruhrkohle-Chor.

Vorgehen

Am Ende einer Unterrichtseinheit zu Industrialisierung und Arbeitswelten im 19. Jahrhundert werden die Schüler*innen aufgefordert, selbstständig eine neue Strophe zum *Steigerlied* zu schreiben. Dabei sollte der Inhalt der Strophe sich an der historischen Problemfrage orientieren. Folgende Aufgaben sind denkbar:

Ergänze eine Strophe zu dem *Steigerlied:*

- über die Gefahren des Berufes und die Entbehrungen der Bergmänner unter Tage
- über den geringen Lohn für die gefährliche Arbeit
- aus der Perspektive der Frauen, die um das Leben der Bergmänner fürchten
- über das neue Selbstbewusstsein der Arbeiter, die bessere Versorgung und Arbeitszeiten fordern

Damit wird aus dem volkstümlichen Arbeiterlied ein sozialkritisches Lied, welches das veränderte Selbstbewusstsein der Arbeiterklasse im letzten Drittel des 19. Jahrhunderts formulieren kann.

Aufgrund der anhaltenden Popularität des Liedes und der aktuellen Bezüge zum Bergbau in den entsprechenden Regionen ist es auch denkbar, eine Strophe aus der heutigen Perspektive – nach der Schließung der Zechen, zu ergänzen. Das bietet sich für Schulklassen an, in denen diese regionalen Bezüge besonders ausgeprägt sind.

Ziel

Bei dieser Methode geht es weniger um einen gelungenen Reim, sondern eher darum, dass die Schüler*innen mit ihrem Wissen und ihren Vorstellungen über die Lage der Bergbauarbeiter und deren Familien Strophen mit Inhalten ergänzen, die ihnen besonders wichtig erscheinen. Zugleich müssen sie dabei berücksichtigen, dass diese Lieder vor allem im gemeinsamen Singen seine Wirkung entfalteten und durch den gemeinsamen Gesang auch Weltsichten, Ideologien und Forderungen formulierten und verbreiteten. Damit sind diese programmatischen Lieder heutigen Fangesängen nicht unähnlich.

Weiterführende Materialien

Heilfurth, Gerhard 1954: Das Bergmannslied. Wesen, Leben, Funktion. Ein Beitrag zur Erhellung von Bestand und Wandlung der sozialkulturellen Elemente im Aufbau der industriellen Gesellschaft. Kassel/Basel.

Widmaier, Tobias 2008: Glück auf, Glück auf! Der Steiger kommt. In: John, Eckhard/Widmaier, Tobias (Hg.): Populäre und traditionelle Lieder. Historisch-kritisches Liederlexikon. Freiburg. URL: http://www.liederlexikon.de/lieder/glueck_auf_glueck_auf_der_steiger_kommt/ (27.11.2020).

Live-Aufnahme Festakt, Schließung der letzten Steinkohlezeche 22.12.2018: Kumpels zusammen mit dem WDR-Sinfonieorchester https://www.youtube.com/watch?v=HUhwJJxpFGY (27.11.2020).

2.3.2.3 Kontrafakturen und Parodien

Themenfeld: Die Etablierung der Arbeiterbewegung

Musikbeispiel: *Bundeslied des Allgemeinen Deutschen Arbeitervereins* (1863, Text: Georg Herwegh, Melodie Hans von Bülow; nach 1900 Peter Heinz)

Hörbeispiele: Studioaufnahme: Rundfunkchor Leipzig 2010: https://www.youtube.com/watch?v=NFy1dPzHnDA

Idee

Ein ähnliches Format ist das Umschreiben bekannter historischer Lieder. In der Musikwissenschaft ist dieses Prinzip als Kontrafaktur, also Neutextierung bekannt, für das es Beispiele aus der Antike über das Mittelalter bis heute gibt. Für Kontrafakturen nahmen die Dichter*innen bekannte Melodien und unterlegten diese mit ihren neuen Texten. Eine ähnliche Vorgehensweise ist das Parodieverfahren. Dafür werden musikalische Werke nicht nur textlich, sondern auch musikalisch abgeändert, an den neuen Text angepasst beziehungsweise an zeitgenössischen Hörvorstellungen orientiert. Beim Parodieverfahren bleibt nur die musikalische Substanz hörbar erhalten, bei Kontrafakturen werden ausschließlich die Texte verändert und die Melodien beibehalten. Diese beiden Verfahren waren bis weit ins 20. Jahrhundert hinein vor allem beim volkstümlichen Liedgut ein verbreitetes Prinzip. Daraus resultieren vor allem bei Volksliedern zahlreiche regional- oder milieuspezifische Versionen eines Liedes. Im Geschichtsunterricht wird es eher darauf hinauslaufen, das Verfahren der Kontrafaktur zu verwenden. Je nach Lerngruppe und musikalischen Fähigkeiten ist es aber auch denkbar, die Schüler*innen an Parodien arbeiten zu lassen. Das lässt sich beispielhaft am *Bundeslied des Allgemeinen Deutschen Arbeitervereins* zeigen.

Der Dichter Georg Herwegh komponierte 1863 nach Aufforderung seines Freundes, dem politischen Führer der sich etablierenden deutschen Arbeiterbewegung, Ferdinand Lassalle, das erste politische Lied für die Bewegung, das *Bundesliedes für den Allgemeinen deutschen Arbeiterverein*. Bis heute zählt es zu den bedeutendsten Versen sozialdemokratischer Lyrik. Ferdinand Lassalle zitierte die kraftvollen Verse auf vielen Kundgebungen der Jahre 1863 und 1864. Das trug zu seiner Verbreitung bei. Mit seinem klaren, auffordernden Duktus, seiner sprachlichen Kraft und seinen Versen, spiegelte es die Aufbruchsstimmung des Jahres 1863 und das Programm der ersten deutschen Arbeiterpartei wider. Doch erst durch die Komposition des namhaften Komponisten und Dirigenten Hans von Bülow 1863 unter dem Pseudonym W. Solinger, ist aus dem Gedicht ein Lied geworden, das gemeinsam auf den Veranstaltungen der Arbeitervereinigungen angestimmt werden konnte und damit auch erst seine Kraft und Bedeutung entfaltete. Die meisten Liederbücher nach 1900 führen Neuvertonungen auf, unter anderem von Peter Heinz, die heute am verbreitetsten ist. Das Lied eignet sich für diese Methode durch den klaren Sprachrhythmus und die einfache Melodie.

Vorgehensweise/Arbeitsaufträge

Am Ende einer Unterrichtseinheit zum Erstarken der Arbeiterklasse Ende des 19. Jahrhunderts bekommen die Schüler*innen mit dieser Methode in der Phase der historischen Reflexion die Gelegenheit, die „Erkenntnisrelevanz" des Unterrichtsinhaltes für ihre Gegenwart und Zukunft zu überprüfen. Das bedeutet, dass die Methode insbesondere die Schüler*innenorientierung durch die Unterstreichung von Gegenwartsbezügen stark macht. Dafür nehmen sie das *Bundeslied*, das ja als politisches Programm vertont wurde und versuchen im Prinzip der Kontrafaktur (denkbar auch der Parodie) ein neues Lied zu schreiben. Dazu verständigen sich die Schüler*innen zunächst in Gruppengesprächen darüber, was in ihrer Gegenwart politische Themen und Problemlagen sind, die sie beschäftigen und zu denen sie selber Stellung beziehen möchten. Denkbar sind aktuelle politische Themen, wie Armut und Reichtum, Klimawandel, Alltagsrassismus oder politische Radikalisierung. Nach dieser Findungsphase können sie auf die Melodie des *Bundesliedes* selbst Strophen dichten, in denen sie ihre Forderungen und Aufforderungen zur Partizipation an die *Peergroup* formulieren.

Je nach Lerngruppe können die Schüler*innen auch Melodie und Rhythmus verändern und sich damit der musikalischen Sprache bedienen, die ihnen eventuell geläufiger ist. Möglicherweise bleibt am Ende wenig von der musikalischen Substanz des *Bundesliedes* übrig, wenn die Schüler*innen sich für ihnen näher liegende Musikstile wie Hip-Hop oder Rap entscheiden. Auch das gibt diese Methode her. Daran anknüpfend lässt sich darüber diskutieren, ob und wie politische Botschaften in ihrer eigenen Lebenswelt in Liedern formuliert sind und wie diese auf sie wirken.

Ziel

Diese Methode bietet sich vor allem dafür an, Lebensweltbezüge kenntlich zu machen. Die Schüler*innen erhalten die Aufgabe, aus ihrer individuellen Perspektive heraus Schlüsselthemen, die an einem historischen Beispiel erarbeitet wurden, in ihrer Gegenwart zu identifizieren und in ihren je eigenen Formulierungen zu kommunizieren. Auch hier ist wieder der Umstand zu berücksichtigen, dass diese Lieder vor allem im Singen ihre Wirkung entfalteten.

Weiterführende Materialien

Brauer, Juliane 2012: „Ein begeisterndes und begeistertes Gedicht". „Bundeslied" und „Arbeitermarseillaise". In: Kruke, Anja/Woyke, Meik (Hg.): Deutsche Sozialdemokratie in Bewegung. Bonn, S. 54–58.

2.3.3 Historische Konflikte in Musik aushandeln

Themenfeld: Jugendprotest und Studentenbewegung in den 1960ern in der Bundesrepublik

Hör- und Sehbeispiele: Epic Rap Battles of History: Rasputin versus Stalin: https://www.youtube.com/watch?v=ZT2z0nrsQ8o; The cause of World War One! Origins: Rap Battle: https://www.youtube.com/watch?v=kCEUZ4rFiac)

Idee

Die hier vorgeschlagene Methode orientiert sich an den „Rap-Battles". Die Idee der musikalischen „Rap-Battles" ist an anderer Stelle bereits sehr überzeugend entwickelt worden (Akyazi/Wickner 2017). Diese sind „rhythmisch vorgetragene Sprechgefechte, die von mindestens zwei Akteuren gegeneinander ausgetragen werden" (Akyazi/Wickner 2017, 36). Auf der Videoplattform *YouTube* finden sich zahlreiche Beispiele solcher historischen *Rap-Battles* als rhythmisch verbale Als-Ob-Streithandlungen, in denen sich mindestens zwei historische Figuren gegenüberstehen und die historischen Konflikte miteinander austragen. Der Gewinn dieser Methode ist, dass die Schüler*innen am Ende einer Unterrichtseinheit ihr historisches Wissen kreativ und produktiv festigen und nicht nur ein historisches Sachurteil, sondern auch ein Werturteil eingefordert wird. Der Vorteil der Rap-Texte ist die Direktheit (konkrete, direkte Anrede), die Möglichkeit, eigene Sprachstile und Begriffe zu verwenden sowie die kurze und prägnante Zuspitzung der Ursachen, Auslöser und Folgen des Konfliktes, die sich in der Gegenüberstellung der Konfliktparteien darstellen lassen. Zugleich können nicht nur zwei Seiten des Konfliktes erschlossen werden, sondern alle historischen Akteure*innen mit ihren Zielen und Konfrontationen schrittweise gegenübergestellt werden.

Für *Rap-Battles* sind alle historischen Konfrontationssituationen denkbar, zu deren Hauptfiguren es genügend Quellenmaterial gibt (bestenfalls Reden oder Ego-Dokumente), um deren Perspektiven als Erarbeitungsgrundlage zu haben. Beispielhaft kann die Methode anhand des Jugendprotestes und der Studentenbewegung in den 1960ern in der Bundesrepublik dargestellt werden.

Vorgehensweise

Die Lernenden bekommen am besten per Wahl die Position eines*r historischen Akteurs*in zugewiesen: jugendliche*r Student*in, Auszubildende*r, 45jährige*r Vater oder Mutter, 55jähriger Hochschulprofessor, 50jährige*r Journalist*in, 60jähriger Politiker. Möglich ist es auch, ganz konkrete politische Akteure*innen zu nehmen (wie Benno Ohnesorg als Studentenvertreter oder Kurt Georg Kiesinger als prominenter Vertreter der politischen Seite). Der Vorteil der Repräsentanten*innen ist die beispielhafte Zuspitzung der einzelnen Positionen im Jugendprotest der 1960er Jahre. Aus diesen Personen oder beispielhaften Vertreter*innen werden Battle-Paare gebildet. Auf der einen Seite steht ein*e Student*in und auf der anderen Seite ein*e Repräsentant*in für den jeweiligen Konflikt: der Vater und die Mutter stehen für den Generationskonflikt; der Professor für die Verweigerung demokratischer Teilhabe am Bildungssystem, der*die Journalist*in für die Radikalisierung des Protestes durch die abwertende Berichterstattung, der Politiker für die Notstandsgesetzgebung, gegen die sich der Protest auch richtete. Das Wissen über die Ursachen, Forderungen, Einflüsse und Entwicklung der Jugendproteste haben sich die Schüler*innen in der Unterrichtseinheit zuvor erarbeitet. In dem Rap-Battle geht es dann darum, sie in der eigenen Sprache zuzuspitzen und mit zeitgenössischer Sprache und Begriffen zu verknüpfen. Für die Vorbereitung der jeweiligen Rollen bilden die Schüler*innen kleinere Teams und erhalten Arbeitsblätter (je nach Lerngruppe und Binnendifferenzierung) mit Quellen, die für die jeweilige Perspektive stehen und aus denen sie zentrale Positionen und Begriffe herausarbeiten sollen. Der Auftrag der Teams ist es, aus der jeweiligen Perspektive mit den zentralen Quellenbegriffen Rap-Texte zu verfassen. Als formale Hilfestellung können sie die entsprechenden YouTube-Videos zu Hilfe nehmen.

Tipp

Kontrastierend zu den Rap-Battles lassen sich auch Lieder aus den Federn deutscher Liedermacher hören und diskutieren, die den Jugendprotest kommentieren. Der Ton und Stil dieser Lieder steht stellvertretend für das politische Lied der 1960er und 1970er Jahre. Dazu gehören: *Drei Kugeln auf Rudi Dutschke* (1973, Wolf Biermann); *2. Juni 1967* (1968, Franz Josef Degenhardt).

Ziele

Diese Methode eignet sich besonders zum Abschluss der Unterrichtseinheit, um die zentralen Forderungen und Konfliktpunkte der Studentenbewegung systematisch zuzuspitzen. Die Vielschichtigkeit des Konfliktes wird durch die Verteilung der Perspektiven auf verschiedene Battle-Paare deutlich herausgearbeitet. Ein vereinfachendes Unterrichtssetting ist die Gegenüberstellung zweier zentraler Perspektiven anhand zweier zentraler realer historischer Akteure*innen. Ambitionierter ist es, die Choreografie für ein Rap-Battle zusammen erarbeiten zu lassen, in denen alle historischen Akteure*innen mit ihren Perspektiven aufeinandertreffen.

Weiterführende Materialien

Akyazi, Mehmet/Wickner, Mareike-Cathrine 2017: Schüler rappen Geschichte. Historische Konflikte als Rap-Battle im Geschichtsunterricht. In: Geschichte Lernen Nr. 176, S. 36–41.

Burel, Simone 2013: Politische Lieder der 68er. Eine linguistische Analyse kommunikativer Texte. Mannheim.

2.3.4 Kommentieren und Rezensieren

Themenfelder: Deutschland nach dem 2. Weltkrieg, Jugend in der DDR

Musikbeispiel: *Blaue Fahnen nach Berlin*, (1949, Text: Johannes R. Becher; Melodie: Hanns Eisler)

Hörbeispiele: Aufnahme 1961, Solistenvereinigung des Berliner Rundfunks, auf der CD: Unser Zeichen ist die Sonne. Die schönsten Lieder der FDJ, Berlin 1999

Idee

Das historische Lied ist eine bedeutende Quelle, weil sich daran beispielhaft Praktiken emotionaler Vergemeinschaftung in der Geschichte erarbeiten lassen. Anhand der Analyse gemeinschaftlichen Gesanges lässt sich herausstellen, wie Menschen in der Geschichte durch Emotionalisierungsstrategien für Ideen und Ideologien mobilisiert werden sollten. Diese Methode zielt vor allem darauf ab, diese Mechanismen der emotionalen Mobilisierung durch das Singen genauer in den Blick zu bekommen. Daher bieten sich für diese Methode vor allem die Massenlieder des ausgehenden 19. und des 20. Jahrhunderts an. Dabei stehen nicht so sehr die Lieder im Mittelpunkt, sondern die Situationen, in denen sie gesungen wurden. Diese sollen mit dieser Methode durch eine „reflektierte Perspektivenverschiebung" (Barricelli 2012b, 275) erschlossen werden. Das geschieht mithilfe kreativen Schreibens, das von journalistischen Darstellungsformen inspiriert werden soll.

Beispielhaft wird die Methode an dem Gesang des Liedes *Blaue Fahnen nach Berlin* verdeutlicht. Bei diesem Lied handelt es sich um eines der ersten und bedeutendsten Lieder für die 1946 gegründete Freie Deutsche Jugend. Mit seinem Text und seiner musikalischen Gestaltung steht es exemplarisch für das neue Jugendlied in der DDR der 1950er Jahre. Die klare, prägnante musikalische Gestaltung ist charakteristisch für populäre Massenlieder. *Blaue Fahnen nach Berlin* war das Erkennungslied des ersten großen Jugendtreffens in Ost-Berlin, der Hauptstadt der neugegründeten DDR. Rund 700.000 Jugendliche kamen nach offiziellen Angaben zwischen dem 27. und 30. Mai 1950 nach Berlin zum 1. Deutschlandtreffen der Jugend. Nach der Zeitungsberichterstattung und den Erinnerungen von Zeitzeugen*innen prägte das Lied den Sound dieser Maitage. Es erklang regelmäßig während der offiziellen Aufmärsche und auf den zahlreichen Veranstaltungen. Die Jugendlichen sangen es auch immer wieder anscheinend spontan auf der Straße.

Lied von der blauen Fahne

Worte: Johannes R. Becher
Melodie: Hanns Eisler

2. Hebt die Fahnen, laß sie schweben, singt ein neues Fahnenlied.
Wir sind Deutschlands neues Leben und der Friede mit uns zieht.
Macht des Friedens, du wirst siegen, ziehst in alle Herzen ein.
Blaue Fahnen werden fliegen hoch im blauen Himmelsschein.

3. Aus dem Blauen strahlt die Sonne uns sie leuchtet Deutschland, Dir.
Links und links singt die Kolonne Freie Deutsche Jugend, wir.
Laßt uns neu die Heimat bauen, laßt uns fest zusammen stehn!
Blaue Fahnen hoch im Blauen weden über Deutschland wehn.

Eben weil dieses Lied zur Erkennungsmelodie des Deutschlandtreffens 1950 wurde, gibt es zahlreiche Quellen, die über das Singen selbst und die Wirkung des Singens berichten. Besonders gehört dazu die Rundfunkaufnahme eines Livekonzertes am Vorabend des Jugendtreffens, auf dem Hanns Eisler und Johannes R. Becher feierlich ihre „15 Neuen Deutschen Volkslieder“ für die Jugend präsentierten. Die Aufnahme des Konzertes, die noch am gleichen Abend im Rundfunk ausgestrahlt wurde, vermittelt eine enthusiastische Stimmung im Publikum. Das Lied *Blaue Fahnen nach Berlin* schien hitverdächtig. Als es der Chor unter der Leitung von Hans Sandig anstimmte, begannen die Zuschauer*innen spontan mitzusingen. Sie applaudierten, pfiffen und trampelten mit den Füßen vor Begeisterung. Die Künstler reagierten und wiederholten das Lied zusammen mit dem Publikum. Noch beim Verlassen des Saales sangen einige den Refrain. Es ist kein Zufall, dass das Lied der blauen Fahne an jenem Abend im Mai 1950 auf so hörbare positive Resonanz stieß. Der Begeisterung der anwesenden Jugendlichen ging eine sorgfältige Vorbereitung voraus. Das Lied stand schon 1949 im offiziellen Liederbuch der FDJ. So erstaunt es nicht, dass das jugendliche Publikum dieses Lied an jenem Mai-Abend ohne hörbare Textschwierigkeiten mitsingen konnte. In Kurt Maetzigs Dokumentarfilm über das Deutschlandtreffen „Immer Bereit“ findet sich ebenfalls eine Aufnahme, die zeigt, wie Jugendgruppen Fahnen schwenkend und dieses Lied singend in Richtung Berlin marschieren. Es scheint, dass das Lied von den Blauen Fahnen in Vorbereitung auf das Deutschlandtreffen innerhalb der FDJ-Gruppen gut einstudiert worden war.

Vorgehensweise/Arbeitsauftrag

Für diese Methode braucht es neben dem Lied Materialien, die das Singen dokumentieren. Berichte über das Deutschlandtreffen und das Singen lassen sich in den digitalisierten Ausgaben der Tageszeitung „Neues Deutschland“ mit Stichwortsuche finden (siehe ZEFYS Zeitungsinformationssystem der Staatsbibliothek zu Berlin, Preußischer Kulturbesitz). Persönliche Aufzeichnungen zu dem Deutschlandtreffen 1950 finden sich auch in Erinnerungsromanen. Zudem ist der DEFA-Dokumentarfilm „Immer bereit“ auf DVD vorhanden. Ebenso lassen sich offizielle Fotos und Illustration des Deutschlandtreffens finden. Daraus kann ein Materialpaket über das Ereignis zusammengestellt werden, mithilfe dessen es den Schülern*innen gelingt, die spezielle emotional erwünschte Stimmung des Deutschlandtreffens herauszuarbeiten. Die Schüler*innen sollen zunächst das Lied analysieren, das kann in Form eines Hörprotokolls oder nach der Methode der Take-Away-Botschaft erfolgen. Mit diesen Vorarbeiten ist es ihre Aufgabe, einen Zeitungsbericht über das gemeinschaftliche Singen des Liedes *Blaue Fahnen nach Berlin* im Mai 1950 zu schreiben. Dafür können verschiedene Perspektiven in Gruppen verteilt werden. Denkbar sind folgende Perspektiven:

- Du bist ein*e Reporter*in einer Zeitung der DDR und berichtest über das Deutschlandtreffen der Jugend in Berlin.
- Du bist ein*e Reporter*in einer Zeitung der BRD und berichtest über das Deutschlandtreffen der Jugend in Berlin

Für beide Perspektiven lautet der Auftrag:

- Beschreibe aus deiner eingenommenen Perspektive, wie Du das Singen der Jugendlichen erleben könntest. Wie hört es sich für Dich an, wie sehen die Jugendlichen beim Singen aus? Was sind aus Deiner speziellen Perspektive Deine Schlussfolgerungen über die Jugendlichen in der gerade gegründeten DDR?

Denkbar sind auch Schreibaufträge, die vielmehr auf die Distanzerfahrung zu heute setzen.

- Du bist heute ein*e Reporter*in einer Zeitung und planst für die Ausgabe Mai 2020 in der Rubrik: „Historisches" einen Bericht über das Jugendtreffen zu schreiben, das vor 70 Jahren stattfand. Wie würdest Du über das Singen des Liedes schreiben? Wie bewertest Du heute im Rückblick die Mobilisierung der Jugendlichen in der DDR?
- Stelle Dir vor, es gibt ein Jugendtreffen einer politischen Partei in Deiner Stadt. Du berichtest als Reporter*in der Lokalzeitung darüber. Wie läuft dieses Jugendtreffen wahrscheinlich ab? Was machen die Jugendlichen, was fühlen sie höchstwahrscheinlich?

Ziel

Diese Methode soll vor allem zu einem vertieften Verständnis dafür beitragen, wie wichtig es in der Geschichte war, Menschen (vor allem Jugendliche) für die eigenen Ideen zu gewinnen. Das gemeinschaftliche Singen bestimmter Lieder spielte dabei eine bedeutende Rolle.

Weil es für heutige Schüler*innen nicht möglich ist, in die Köpfe und Herzen der historischen Akteure*innen hineinzugucken, soll auch nicht aus der Perspektive der beteiligten Jugendlichen berichtet werden, sondern aus einer Beobachterperspektive heraus, die aber jeweils zeitlich oder politisch gebunden ist. Anhand der Ergebnisse lässt sich weiterführend sichtbar machen, dass diese eben auch die individuellen Vorstellungen und Erwartungen der Schüler*innen beinhalten und daher jede Art von Geschichte genauso perspektivisch ist, wie es auch die Quellen sind.

Weiterführende Materialien

Brauer, Juliane (2012): „... das Lied zum Ausdruck der Empfindungen werden kann". Singen und Gefühlserziehung in der frühen DDR. In: Caruso, Marcelo/Frevert, Ute (Hg.): Emotionen in der Bildungsgeschichte. Bad Heilbrunn/Obb., S. 126–146.

Sauer, Michael 1997: Historische Lieder. Begleitbuch zur CD. Stuttgart, S. 158–163.

Dokumentarfilm: Mätzig, Kurt 1950: Immer Bereit. DDR.

Illustration: „Deutschlandtreffen", Paul Fuhrmann, Deutsche Demokratische Republik, 1950 © Deutsches Historisches Museum, Berlin, Inv.-Nr.: KH 61/28. URL: https://www.dhm.de/lemo/bestand/objekt/deutschlandtreffen-1950.html (27.11.2020).

Tageszeitung: Neues Deutschland digitalisiert: http://zefys.staatsbibliothek-berlin.de/web/resource/details/2532889-X/Neues%2BDeutschland%2BOnline-Archiv/ (27.11.2020).

Material

Er [Robert, der literarische alter ego] ist dabei, dabei auf dem Weg in das große Abenteuer, das da heißt: Deutschlandtreffen. Die Jugend des Kreises Westprignitz fährt nach Berlin – teils mit dem Zug, teils mit dem LKW. Auf einem der fünf LKWs sitzt Robert fast ganz hinten an der Ladeklappe, atmet die frühsommerliche Luft, schluckt ab und zu etwas Staub und singt. Alle singen sie – in irgend etwas muß sich die aufgestaute Spannung entladen. Sie singen alles Mögliche, nicht nur das neue Lied.

Auf den Straßen, auf den Bahnen/sieht man Deutschlands Jugend ziehn./
Hoch im Blauen schweben Fahnen,/blaue Fahnen nach Berlin.

Das Lied stimmt. Es ist ja extra für sie geschrieben. Deshalb wird es auch wiederholt angestimmt. Aber von einem Lied kann man nicht leben, vor allem, wenn man jung ist. Und ohne Gesang kommt man nicht recht vorwärts, besonders auf dem Weg ins Abenteuer, auf dem Weg nach Berlin. Und so wird alles gesungen, was bekannt ist. Wenn ein Lied endet, wird das nächste angestimmt.

Aus: Detenhoff, Ralf 2006: Der Besserwisser. Aus dem Leben eines gelernten DDR-Bürgers. Norderstedt, S. 70 f.

2.3.5 Ein Musikvideo drehen

Themenfelder: Deutsche Teilung und Wiedervereinigung: Erinnerung und Gedenken

Musikbeispiel: *Wind of Change* (1989, Scorpions)

Hörbeispiele: Scorpions 1990, offizielles Musikvideo: https://www.youtube.com/watch?v=n4RjJKxsamQ

Idee

Diese Methode bietet sich am Ende eines Unterrichtsprojektes an, das vor allem durch forschend-entdeckendes Lernen strukturiert war. Grundsätzlich wird mit dieser Methode ein Ereignis der Vergangenheit (zum Beispiel die politischen Umbrüche in Deutschland 1989/90), das durch ein Lied repräsentiert wird (*Wind of Change* (1989, Scorpions), mit den geschichtskulturellen Spuren dieses Ereignisses im eigenen Lebensumfeld verknüpft. Das bedeutet, dass die Schüler*innen ein eigenes Video zu dem Lied drehen sollen. Dabei geht es nicht darum, das Ereignis zu erzählen, sondern aufzuzeigen, wie präsent die Geschichte der deutschen Teilung und Wiedervereinigung in der Gegenwart ist. Diese Methode bietet sich vor allem dann an, wenn ein historisches Jubiläum ansteht. Damit könnten die öffentlichen Feier- und Gedenkrituale beziehungsweise die Sonderausstellungen, die es anlässlich historischer Jubiläen gibt, in das Musikvideo einbezogen werden.

Die „paradigmatische Powerballade“ (Tischer 2011/2013, o.S.) *Wind of Change* der deutschen Hard-Rock Band Scorpions gehört zum Sound der politischen Wende und Wiedervereinigung in Deutschland. Der Sänger der Band, Klaus Meine, komponierte das Lied im Herbst 1989 unter dem Eindruck von Konzertauftritten in Moskau im Frühjahr 1988 und Sommer 1989. Die veränderte Stimmung zwischen diesen beiden Konzerten war für die Musiker so sehr spürbar, dass sie darüber den Song schrieben. In einem Interview von April 2018 erinnert sich Meine: „Es ging darum, die alten Gefühle und Feindbilder zu begraben und aufeinander zuzugehen. Dieser „Change“ von dem wir singen, der lag in der Luft. In der Sowjetunion gab es ein Gefühl des Aufbruchs und das haben wir verinnerlicht und in dem Song niedergeschrieben“ (Meine 2018, o.S.). Das Lied erschien Ende 1990 auf dem Album „Crazy World“ und gehört mit 16 Millionen verkauften Alben und Platz eins der Hitcharts in elf Ländern zum sonografischen Gedächtnis der 1990er Jahre. 1999, anlässlich des 10jährigen Jubiläums zum Mauerfall, spielten die Scorpions *Wind of Change* begleitet von 166 Cellisten unter dem Dirigat von M. Rostropovitsch vor dem Brandenburger Tor.

Das offizielle Musikvideo, das als Beispiel für die selbständige Arbeit der Schüler*innen genommen werden kann, ist ein Zusammenschnitt von Konzertimpressionen und historischen Bildern, die die Zeit des Kalten Krieges mit seinen militärischen Bedrohungen weltweit dokumentieren sollen und in ebenso kurzen Clips die Veränderungen in Osteuropa bis hin zur Wiedervereinigungsfeier auf dem Potsdamer Platz in Berlin im Oktober 1990 zeigen. Damit erzählt das Video – mehr noch als das eigentliche Lied – die Geschichte des politischen Wandels aus der Perspektive der Musiker.

Vorgehensweise

Zum Abschluss eines Unterrichtsprojektes zur Geschichte der deutschen Teilung und Einheit erhalten die Schüler*innen den Auftrag, in ihrem Wohnumfeld nach Spuren der Teilungsgeschichte und deutschen Wiedervereinigung zu suchen. Dieser Arbeitsauftrag scheint besonders in den Regionen Deutschlands produktiv, in denen es Gedenkstätten, Erinnerungsorte oder Denkmäler gibt, die an die Teilungsgeschichte erinnern. Diese finden sich vor allem in den neuen Bundesländern an Orten der repressiven Staatsgewalt, wie ehemalige Stasi-Gefängnisse, aber auch in Form von Alltagsmuseen oder im Bereich der ehemaligen innerdeutschen Grenze. Darüber hinaus lassen sich auch in Architektur oder Alltagsgegenständen, wie Büchern oder Ampelmännchen, diese Spuren ausmachen. Die Schüler*innen haben im Laufe ihres Projektes bereits mit diesen Spuren gearbeitet und gelernt, sie als Repräsentationen der Geschichtskultur wahrzunehmen. Dafür können sie Stadtansichten (durch alte Fotos oder Postkarten) mit heutigen Ansichten kontrastieren beziehungsweise durch die Fokussierung auf die entdeckten Alltagsspuren Wandel sichtbar machen. Für ihr Video können sie Ansichten der Erinnerungsorte mit einbeziehen. Aber Achtung: Es muss vorher mit den Verantwortlichen vor Ort geklärt werden, ob Film- oder Fotoaufnahmen gemacht werden dürfen! Der Auftrag, ein eigenes Video zum Lied *Wind of Change* zu drehen, soll die Schüler*innen dazu ermutigen, Spuren der Geschichte in ihrem Lebensumfeld zu dokumentieren und daraus ein eigenes Narrativ zu präsentieren, aus dem hervorgeht, was diese Geschichte für sie heute konkret bedeutet, wie wichtig oder unwichtig sie für ihre eigene Familie, ihre eigene Gegenwart ist.

Ziel

Diese Methode ist aufwändig, aber sie hat das Potenzial, einige Prinzipien historischen Lernens miteinander zu verknüpfen. Sie ist gegenwarts- und lebensweltorientiert und stellt einen Bezug zur Regional- und Lokalgeschichte her, indem die Schüler*innen lernen, Spuren der Vergangenheit in ihrem Lebensumfeld wahrzunehmen, zu identifizieren und zu visualisieren (John 2018, 74 f.). Sie eignet sich insbesondere dazu, geschichtskulturelle Kompetenz auszubilden, weil sie konsequent mit den Repräsentationen der Geschichtskultur arbeitet. Die Schüler*innen sollen durch entsprechende Aufgabenformulierungen ermutigt werden, ihre eigene Geschichte zu erzählen und sich bestenfalls nicht so sehr von den geschichtskulturell vereinheitlichten Masternarrativen zur politischen Wende und Einheit beeinflussen lassen. Es ist auch denkbar, dass die Schüler*innen selbstständig ein Lied aussuchen, das ihrer Meinung nach mehr für ihre Perspektive auf 30 Jahre deutsche Einheit steht. Nach der Präsentation der Musikvideos im Unterricht wird deutlich, wie sehr Geschichte aus der eigenen Perspektive heraus erzählt und gezeigt wird. Damit eignet sich auch diese Methode dazu, kritisches und selbstreflexives historisches Denken zu schulen. Zugleich ist diese Methode besonders geeignet, Medienkompetenz zu entwickeln, da die Schüler*innen erkennen, wie sich die Deutungen und Interpretationen je nach Medieneinsatz und Zusammenstellung ändern.

Weiterführende Materialien

Meine, Klaus 2018: Wind of Change – Interview im Klaus Meine Frontmann Scorpions. In: St. Gallen Business Review v. 15.10. URL: http://www.stgallenbusinessreview.com/wind-of-change-interview-mit-klaus-meine-frontmann-scorpions/ (27.11.2020).

Nieradka, Magali Laure 2007: „Wind of Change“. Hymne einer politischen Wende. In: Stambolis, Barbara/Reulecke, Jürgen (Hg.): Good-bye memories? Lieder im Generationengedächtnis des 20. Jahrhunderts. Essen, S. 401–408.

Tischer, Matthias 2011/2013: Wind of Change (The Scorpions). In: Fischer, Michael u.a. (Hg.): Songlexikon. Encyclopedia of Songs. URL: http://www.songlexikon.de/songs/windofchange (27.11.2020).

BMBF-Verbundprojekt „Das umstrittene Erbe von 1989: https://89goespop.jimdofree.com/musik/wendelieder/ (1.12.2020)

2.3.6 Geschichte hören: Radiofeatures gestalten

Themenfelder: Jugend im Nationalsozialismus, Propaganda

Musikbeispiel: *Unsre Fahne flattert uns voran* (1933, Baldur von Schirach, Hans-Otto Borgmann)

Hörbeispiele: Aufnahme 1933: *Unsre Fahne flattert uns voran.* In: Deutschland im 20. Jahrhundert. Geschichte in Liedern, RAABits, 1999

Idee

Radiofeatures sind gängige Audio-Formate, in denen über Menschen, Ereignisse oder Geschichte berichtet wird. Sie arbeiten mit einer Mischung aus originalen Tondokumenten, Musik, Dialogen, Geräuschen und Erklärungen beziehungsweise Kommentierungen. Die Idee dieser Methode ist, dass die Schüler*innen am Ende eines Unterrichtsprojekts ihre historische Erzählung in Form eines Radiofeatures gestalten. Der Ausgangspunkt dieses Features sollte ein konkretes historisches Lied sein, anhand dessen die Geschichtserzählung erfolgt.

Tipp

Sehr schöne Beispiele zum Reinhören sind die 15-minütigen täglichen Features „WDR-Zeitzeichen". Sie sind um ein historisches Ereignis beziehungsweise um eine Person aufgebaut (https://www1.wdr.de/mediathek/audio/zeitzeichen/index.html).

Als Beispiel wird das Lied *Unsre Fahne flattert uns voran* genommen. Dieses Lied ist der ikonographische Sound der Hitlerjugend. Es entstand eigens für den Spielfilm „Hitlerjunge Quex" (1933) und wurde in den Folgejahren zum Erkennungslied der organisierten Hitlerjugend. Dieses propagandistische Marschlied als Gegenstand des Geschichtsunterrichtes zu nehmen, ist keine neue Idee. Es bietet sich an, um Propaganda-Strategien zu erarbeiten, beziehungsweise Methoden der emotionalen Mobilisierung.

Grundsätzlich ist bei der Verwendung nationalsozialistischer Lieder im Unterricht Vorsicht geboten, gerade wenn es darum geht, dass Schüler*innen Lieder nachsingen sollen, als „sinnliche Erfahrung" und um die emotionale Wirkung selber zu spüren (Wimmer 1996, 56). Das Singen lassen von NS-Liedern im Unterricht zu „Demonstrationszwecken" führt zum einen zu Problemen mit der Öffentlichkeit.[63] In Bezug auf die eingangs formulierten Überlegungen zum scheinbaren Nacherleben historischer Emotionen, wird grundsätzlich von einem Nachsingen als Erfahrung der „eigenen Manipulierbarkeit“ abgeraten (Wimmer 1996, 56). Auf YouTube gibt es verschiedene Einspielungen des Liedes, die zum Teil den verbotenen Gebrauch des Liedes bei gegenwärtigen Nazi-Aufmärschen zeigen. Zu finden sind auch Ausschnitte aus dem historischen Spielfilm „Hitlerjunge Quex“ oder den aktuellen kritischen Filmen über die Hitlerjugend, wie „Napola“. Aufgrund dieses (für die Schüler*innen) verwirrenden Recherchebefundes wird empfohlen, das Audiomaterial für das Radiofeature zur Verfügung zu stellen und nicht selbstständig nach Tondokumenten im Internet suchen zu lassen. Falls doch, sollte ausführlich thematisiert werden, was die jeweilige Herkunft der Audiomaterialien ist und warum sie (im Zweifel) unter den § 86a des Strafgesetzbuches fallen (vgl. dazu die Ausführungen in Methodenpool 2.2.6: Personenaufstellung oder Gruppenaufstellung).

Vorgehensweise

Die Themen Jugend im Nationalsozialismus und Propaganda sind zentral in der Unterrichtseinheit Aufstieg der Nationalsozialisten und Machtsicherung. Daher steht für diesen Vorschlag zumeist ein ausreichendes Set an Materialien zur Verfügung. Ausgangs- oder Mittelpunkt des Features ist das entsprechende Lied mit seiner Entstehungs- und Überlieferungsgeschichte.

Vorrangig ist es deshalb, den Schülern*innen die Form des Radiofeatures nahe zu bringen und mit ihnen die Erarbeitungsphasen genauestens zu besprechen. In Kleingruppen beschäftigen sich die Schüler*innen mit den konkreten Liedmaterialien und erstellen eine umfangreiche Analyse des Liedes. Darauf aufbauend formulieren sie eine konkrete historische Frage und überlegen sich die Dramaturgie ihres Features. Diese verschriftlichen sie in einem Sendescript. In einem zweiten Schritt können sie an die Realisierung gehen. Dazu können sie als technische Hilfsmittel Aufnahmegeräte beziehungsweise Smartphones mit Aufnahmefunktion verwenden.

Der Arbeitsauftrag könnte wie folgt lauten:

- Erstellt ein ca. 5-minütiges Radiofeature.
- Nehmt dafür als Ausgangspunkt das Lied *Unsere Fahne flattert uns voran* aus dem Film „Hitlerjunge Quex“.
- Formuliert das Thema Eures Features in Form einer historischen

Frage (z.B.: Wie erfolgte die Mobilisierung der Jugend im NS? Was waren zentrale Werte und Ideen der Jugenderziehung? Was waren Methoden der Propaganda?).
- Überlegt Euch, welche Informationen aus den vorhandenen Materialien Ihr für Eure Darstellung braucht.
- Erstellt ein Sendemanuskript, in dem Ihr den zu sprechenden Text formuliert und vermerkt, wann welche Musik oder welche Soundeffekte verwendet werden. Bedenkt auch, Sprecher*innen für den Text zu verteilen.

Eine mögliche weiterführende Frage kann Musik als Propagandamittel generell thematisieren.
- Kennt Ihr aus eigenen Erfahrungen Beispiele dafür, wie über Musik bestimmte politische Ideen verbreitet werden sollen? Nehmt dazu am Ende des Features Stellung.

Je nach Lerngruppe und Binnendifferenzierung kann diese Aufgabenstellung konkretisiert werden und mit einer Auswahl entsprechender Materialien vorstrukturiert werden. Denkbar sind folgende Schwerpunkte:
- Erklärt Eurem Radiopublikum, wie die Erziehung der Jungen und Mädchen im Nationalsozialismus organisiert war.
- Stellt Vermutungen darüber an, ob die Jungen und Mädchen gern in der Hitlerjugend waren, nutzt dafür vorliegende Quellen (Auszüge aus Erinnerungsberichten, Fotos).
- Erläutert in Eurem Feature, warum das gemeinschaftliche Singen so wichtig war und welche Wirkung es auf die Jugendlichen hatte (mögliche Quellen: Programme von Jugendnachmittagen oder Sommercamps, Ausschnitte aus Erinnerungsberichten, Liederbücher der Hitlerjugend, Lieder).
- Recherchiere: Gab es auch Jugendliche, die sich dieser Erziehung verweigerten? Welche Lieder beziehungsweise Musik steht dafür? (Quellen zur Swing-Jugend)

Ziel

Diese Methode sensibilisiert die Schüler*innen für die historische Bedeutung von gemeinschaftlichem Singen vor allem von Propagandaliedern. Durch das Format des Radiofeatures haben sie die Möglichkeit, sich ganz mit Hördokumenten, mit Ton und gesprochener Sprache zu beschäftigen. Zugleich arbeiten sie an einer Geschichtserzählung, in der sie deutend verschiedene Quellen miteinander ins Gespräch bringen können. Zwar sollten sie an einem Sendemanuskript arbeiten, damit ihre Geschichtserzählung verschriftlichen, dennoch liegt das Hauptaugenmerk dieser Methode auf der mündlichen Darstellung.

Weiterführende Materialien

Lamprecht, Niko 2015: Musik im Nationalsozialismus. Ideologie – Propaganda – Widersprüche. Schwalbach/Ts.

Sauer, Michael 1997: Historische Lieder. Begleitbuch zur CD. Stuttgart, S. 131–137.

Schilde, Kurt 2007: „Unsere Fahne flattert uns voran“. Die Karriere des Liedes aus dem Film „Hitlerjunge Quex“. In: Stambolis, Barbara/ Reulecke, Jürgen (Hg.): Good-bye memories? Lieder im Generationengedächtnis des 20. Jahrhunderts. Essen, S. 185–198.

Wimmer, Florian 1996: „Unsere Fahne flattert uns voran“. Nationalsozialistische Lieder. In: Geschichte lernen Nr. 50, S. 55–58.

3. Unterrichtsbeispiele

Im Methodenpool finden sich einzelne Bausteine für den Einsatz von Lied und Musik im Geschichtsunterricht. Sie verdeutlichen, welche Vielfalt es von Liedern und Methoden zur Erschließung ganz verschiedener Unterrichtsgegenstände gibt. Folgende Unterrichtsbeispiele gehen über diese Bausteine hinaus und stellen beispielhaft dar, wie sich historische Lieder in einen Unterrichtsverlauf einbetten lassen. Trotz aller Konkretheit werden keine detaillierten Planungen von Unterrichtssequenzen vorgeschlagen, sondern über Unterrichtsstunden beziehungsweise auch -reihen beispielhaft gezeigt, wie mit dem Einsatz von Liedern historische Lernprozesse geplant und durchgeführt werden können. Die Anpassung an die jeweilige Lerngruppe und an die zur Verfügung stehende Zeit muss individuell vorgenommen werden. Die Auswahl der Unterrichtsbeispiele orientiert sich sowohl an unterschiedlichen Darstellungskonzepten von Geschichte (Längsschnitt, Querschnitt, Fallanalyse) als auch an der Möglichkeit, verschiedene Medien miteinander zu kombinieren. Sie sind das Ergebnis von Erfahrungen und intensiven Diskussionen. Wie auch schon die Vorschläge im Methodenpool, dienen diese Beispiele dazu, Lust auf mehr zu machen und zu zeigen, wie vielseitig historische Lieder im Unterricht angewendet werden können. Arbeitsblätter und Infomaterialien sollen es ermöglichen, die konkreten Beispiele selbst anzuwenden. Zugleich sollen sie ermutigen, Varianten auszuprobieren und eigene Schwerpunkte zu legen.

3.1 „Es wurden Arbeiter gerufen, doch es kamen Menschen an.“: Arbeitsmigration nach Deutschland zwischen den 1960er und 1980er Jahren

3.1.1 Methodisch-Didaktische Vorüberlegungen

Das Thema Migration in der europäischen Geschichte des 20. Jahrhunderts ist vielgestaltig und komplex. Es ließe sich wunderbar als ein Längsschnitt für das 19. und 20. Jahrhunderts bis in die Gegenwart bearbeiten: Auswanderung nach Amerika, Flucht und Exil, Heimatvertriebene, Spätaussiedler*innen, Gastarbeiter*innen in der BRD, Vertragsarbeiter*innen in der DDR, politische Flüchtlinge oder Wirtschaftsflüchtlinge, Flucht vor Krieg und Gewalt, bis hin zu aktuellen Erscheinungsformen von Rassismus.[64] Für dieses Unterrichtsbeispiel wird jedoch der Querschnitt als „synchron-strukturbezogene Teilsicht" und historisches Darstellungsverfahren vorgeschlagen (Barricelli 2012a, 212). Entlang an dem Thema Arbeitsmigration in die Bundesrepublik Deutschland in den 1960er und 1980er Jahren geht es darum, die „vertikalen Schichten" (Barricelli 2012a, 212) bundesrepublikanischer Gesellschaftsgeschichte offenzulegen und damit das Zusammenspiel von Politik, Wirtschaft, Gesellschaft und Mentalitäten in den Blick zu bekommen. Im Gegensatz zu einem Längsschnitt zum Thema Migration, geht es in dem Beispiel nicht um Darstellung und Erkennen von Historizität, sondern um einen multiperspektivischen Blick auf Interessenlagen und Lebenssituationen der historischen Akteure*innen. Darin besteht konkret die Chance, sich von einem dominanten Blick auf die Mehrheitsgesellschaft zu lösen und auf die Geschichten der Männer und Frauen zu fokussieren, die ihre Heimaten zunächst ohne Familien verließen, um in der Bundesrepublik Geld zu verdienen. Ab Mitte der 1970er Jahre wurden die Gastarbeiter*innen zu Einwanderern*innen und damit ein Teil der deutschen Gesellschaft.

Dieser Querschnitt ermöglicht je nach Lerngruppe einen vielschichtigen Blick auf die entsprechenden Jahrzehnte. Es können Gefühle von Fremdsein, Ambivalenzen der Integrationsangebote sowie die konfliktbehafteten Mechanismen von Inklusion und Exklusion erschlossen werden. Anhand dieser Thematik lässt sich darüber hinaus darstellen, wie Problemlösungsstrategien vergangener Jahrzehnte zu langfristigen sozial- und gesellschaftspolitischen Herausforderungen wurden, die bis heute nachwirken. Diese Perspektive auf die 1970er Jahre als ein Scharnierjahrzehnt zwischen der Geschichte des wirtschaftlichen Booms und dem „Ende der Zuversicht" ab Mitte der 1970er Jahre wird in der Geschichtsschreibung der letzten zehn Jahre besonders stark gemacht (Jarausch 2008). In diesem Fall lässt sich verdeutlichen, wie die millionenfache Anwerbung von Gastarbeitern*innen zum Ausgleich des Arbeitskräftemangels zwischen 1955 bis 1973 zu der Herausbildung einer spezifischen gesellschaftlichen Schicht von Einwanderern*innen führte. Es lässt sich erarbeiten, wie eng Integration und Diskriminierung miteinander verwoben waren und noch immer sind, sodass die Auswirkungen bis heute für die Kinder und Kindeskinder der Gastarbeiter*innengeneration spürbar sind.

Die demographisch größte Gruppe der Arbeitsmigranten*innen kam aus der Türkei. Heute leben knapp 3 Millionen Menschen in Deutschland, die einen „türkeibezogenen Migrationshintergrund" (Yildirim 2018, 13) haben. Weniger als die Hälfte von ihnen (1,36 Millionen) haben eine eigene Migrationserfahrung, 1,49 Millionen haben keinen eigenen Migrationshintergrund (Bundesamt für Migration und Flüchtlinge 2015, 162). Diese Menschen wurden in Deutschland in Familien geboren, die ihre Wurzeln in der Türkei hatten. Wie alle anderen Kinder und Jugendlichen werden sie von ihren Familiennarrativen geprägt, genauso wie von der sie umgebenden Gesellschaft. Obwohl sie keine eigene Migrationserfahrung haben, müssen sie sich immer wieder mit der Fremdzuweisung „Migrationshintergrund" auseinandersetzen. Gleichzeitig werden sie permanent mit „Assimilationserwartungen konfrontiert" (Yildirim 2018, 14). Diese ambivalenten Zuweisungen und Erwartungen führen bei diesen Kindern und Jugendlichen zur Herausbildung eines „doppelten semi-historischen Geschichtsbewusstsein". Das bedeutet, sie sind zwar strukturell in die Gesellschaft integriert, aber nicht „emotional" (Yildirim 2018, 281). Mit der Thematisierung der Arbeitsmigration als selbstverständlichen Teil der deutschen Geschichte, werden die Familiengeschichten der Heranwachsenden mit „türkeibezogenem Migrationshintergrund" anerkannt, die einen hohen Anteil der Schüler*innen Deutschlands ausmachen. Das bedeutet, auch ihnen eine Identitätsnarration anzubieten und damit Geschichtsunterricht sozial-inklusiv zu gestalten.

3.1.2 Historischer Kontext

Die Wirtschaft in der Bundesrepublik der 1950er Jahre boomte. Nur zehn Jahre nach dem Krieg war nahezu eine Vollbeschäftigung der männlichen Bevölkerung erreicht und der Bedarf vor allem an ungelernten Arbeitern*innen noch lange nicht gedeckt. Vor diesem Hintergrund verabschiedete die Bundesrepublik mit Italien im Dezember 1955 ein bilaterales Anwerbeabkommen, das die zeitlich befristete Zuwanderung italienischer Arbeitskräfte nach Deutschland regelte. Ab 1957, mit den Römischen Verträgen und der Schaffung der Europäischen Wirtschaftsgemeinschaft, bestand eine grundsätzliche Freizügigkeit der Arbeitskräfte zwischen den beteiligten Ländern. Vergleichbar mit den Anwerbeabkommen mit Italien, schloss die Bundesrepublik 1960 ähnliche Abkommen mit Griechenland und

Spanien. Als 1961 mit dem Bau der Berliner Mauer und der innerdeutschen Grenze die DDR die massenhafte Abwanderung in die Bundesrepublik stoppte, versiegte ein verlässlicher Zustrom aus zum Teil sehr gut ausgebildeten Facharbeitern*innen. Die Bundesrepublik weitete ihre Gastarbeiter*innenpolitik daraufhin auf die Türkei, Marokko und Tunesien aus. Allerdings wurde die Aufenthaltsdauer der Gastarbeiter*innen aus diesen Ländern zunächst auf zwei Jahre beschränkt, danach sollten sie in ihre Heimaten zurückkehren. Dieses sogenannte Rotationsprinzip mit seiner zeitlichen Befristung sollte einen dauerhaften Verbleib der Gastarbeiter*innen verhindern. Eine Fachkräfteausbildung war so kaum möglich, denn für Wirtschaft und Industrie war die Qualifizierung von Arbeitern*innen, die nach kurzer Zeit wieder verschwanden, viel zu ressourcenintensiv. Als ungelernte oder gering angelernte Billigarbeiter*innen waren die Gastarbeiter*innen häufig im Niedriglohnsektor unter schwierigen Arbeitsbedingungen tätig.

Diese aktive Anwerbepolitik der Bundesrepublik führte dazu, dass bis 1973 circa 14 Millionen Männer und Frauen zeitweise in Deutschland arbeiteten. Davon kehrten circa 11 Millionen in ihre Herkunftsländer zurück. Damit stieg die Zahl der in der Bundesrepublik beschäftigten Ausländer*innen von 73.000 im Jahre 1954 auf 2,6 Millionen im Jahr 1973.

Die Bundesregierung beendete im Krisenjahr 1973 mit einem Anwerbestopp den millionenfachen Zuzug von süd- und südosteuropäischen Gastarbeitern*innen nach Deutschland. Diese Entscheidung aber begründete einen neuen demographischen Trend. Die Einschränkung der Zugangsmöglichkeiten zum Arbeitsmarkt, betraf vor allem türkische oder jugoslawische Gastarbeiter*innen. Denn sie kamen aus Ländern, die nicht von der Regelung der Römischen Verträge hinsichtlich der Freizügigkeit der Arbeitskräfte profitierten. Wenn sie einmal in ihre Heimatstaaten zurückkehren würden, dürften sie nicht mehr nach Deutschland zum Arbeiten kommen. Angesichts der Situation in der Türkei, die durch Bürgerkrieg und Hyperinflation gekennzeichnet war, entschieden sich im Vergleich zu Gastarbeitern*innen aus anderen Ländern überdurchschnittlich viele Türken*innen dafür, nach 1973 in der BRD zu bleiben und ihre Familien nachkommen zu lassen. Nach dem Militärputsch von 1980 gab es zudem eine verstärkte politisch motivierte türkische Einwanderung nach Deutschland.

Aus dieser bundesrepublikanischen Politik, die Männer und Frauen für eine begrenzte Zeit als „Gäste" nach Deutschland zu holen, resultierten langfristig gesellschaftspolitische Probleme. Aus den Gastarbeitern*innen sind Einwanderer*innen geworden. Mit deren Integration hatte sich die bundesrepublikanische Gesellschaft und Politik jedoch kaum beschäftigt. Die Kinder besuchten häufig türkische Schulen oder wurden in sogenannten Ausländerklassen zusammengefasst. In den 1950er und 1960er Jahren zog es vor allem ungelernte Arbeiter*innen ohne Familien nach Deutschland. Sie lebten abgeschlossen von der deutschen Gesellschaft in eigenen Wohnheimen, hatten kaum Kontakte über die eigene Gruppe hinaus, dafür eine umso höhere emotionale Bindung an ihre Herkunftsländer, in die die überwiegende Mehrheit nach zwei bis drei Jahren in Deutschland auch zurückging.

In dem Krisenjahrzehnt der 1970er Jahre holten die Gastarbeiter*innen ihre Familien nach oder gründeten neue Familien. Sie wollten aus den Wohnheimen ausziehen, hatten jedoch kaum die finanziellen Mittel dafür, daher zogen sie in möglichst billige Wohnsiedlungen in die Peripherien der Großstädte. Auch dort lebten sie abgeschlossen vom Rest der deutschen Gesellschaft. Ihre Sparquote sank, dafür stieg der Konsumanteil, ihre Bindungen an die Herkunftsländer wurden ambivalent. Einerseits blieben es Sehnsuchtsorte, anderseits war den meisten bewusst, dass sie ihr Leben in der BRD nicht aufgeben konnten. Aber eine Integration in die deutsche Gesellschaft fand kaum statt. Während die Gastarbeiter*innen über fast zwei Jahrzehnte das enorme wirtschaftliche Wachstum und auch den bundesrepublikanischen Sozialstaat stützten, wurden sie mit den krisenhaften Erscheinungen der 1970er Jahre als besondere Belastung wahrgenommen. Denn der Anteil der Arbeitslosen war insbesondere bei den ungelernten Arbeitern*innen und damit bei den Einwanderern*innen über Jahrzehnte deutlich höher als in der deutschen Bevölkerung. Das führte auf lange Sicht zu einer sozialen Unterschichtung und deutlichen Segmentierung entlang der Linie Gastarbeiter*innen – deutschstämmige Arbeitnehmer*innen.

Infobox

Ein bis heute eher wenig beleuchtetes Problem ist die Situation der Arbeitsmigrantinnen. 25 Prozent der angeworbenen Gastarbeiter*innen zwischen 1955 und 1973 waren weiblich. Ende der 1970er Jahren waren bereits circa ein Drittel aller registrierten ausländischen Arbeitnehmer*innen weiblich (Mattes 2008). Aus den genannten Problemen war die Erwerbsquote unter den Migrantinnen mit fast 71 Prozent deutlich höher als der der bundesrepublikanischen Frauen, die aufgrund des Frauenbildes jener Jahrzehnte und der Geschlechterpolitik eher aus dem Arbeitsmarkt herausgehalten wurden. Die Ausbeutung und die Ausgrenzung der Gastarbeiterinnen war selbst im Zuge der sich formierenden Frauenbewegung nur ein Randthema. Im Ergebnis waren die Arbeitsmigrantinnen mehrfach diskriminiert: aufgrund ihrer Herkunft, ihrer sozialen Schlechterstellung als Billigarbeitskräfte und ihres Geschlechtes.

Ausführliche Informationen und didaktische Materialien sind zu finden unter: Geschlecht und Beruf – Arbeitsmigration in den 1960er Jahren der BRD. In: queer history. https://queerhistory.de/2019/06/04/geschlecht-und-beruf-arbeitsmigration-in-den-1960er-jahren-der-brd/.

Die ersten Integrationsversuche ab Ende der 1970er Jahre zeigten die immensen Herausforderungen und Probleme. Der Weg von der*m Gastarbeiter*in zum*r Mitbürger*in war alles andere als einfach. Das lag auch daran, dass die türkischstämmigen Einwanderer*innen weder auf dem Arbeitsmarkt noch in gesellschaftlich alltäglichen Strukturen, wie Bildungseinrichtungen oder Vereinen gut verankert waren und damit auch häufig in ihren Kultur- und Sprachgemeinschaften verblieben. Allerdings waren Chancengleichheit und Regeln des diskriminierungsfreien Zusammenlebens nicht besonders gut in der deutschen Mehrheitsgesellschaft ausgeprägt. Das Rotationsprinzip hatte ausschließlich auf die ökonomisch berechenbare Arbeitsleistung der Gastarbeiter*innen abgezielt. Ein Ergebnis war die gesellschaftliche Indifferenz gegenüber den Einwanderern*innen. Denn es kamen nicht Arbeitsmaschinen, sondern Menschen mit den ihnen eigenen Kulturen und Geschichten ins Land. Der Schweizer Schriftsteller Max Frisch brachte dieses Phänomen in dem Satz auf den Punkt: „Man hat Arbeitskräfte gerufen, und es kommen Menschen" (Frisch 1965, 7).

Nicht selten wuchsen ab Mitte der 1970er Jahre die Vorurteile und Anfeindungen gegenüber den türkischen Einwanderern*innen, die sich in Rassismus äußerten. Noch im Jahr 2015 berichteten bei einer repräsentativen Befragung über 50 Prozent der Türkischstämmigen von einer Diskriminierungserfahrung in verschiedenen Bereichen des Lebens, wie Arbeit, Freizeit, Nachbarschaft, etc. (Sauer 2016, 61 ff.) Diese Ablehnungen, subtilen Degradierungen zu „Menschen zweiter Klasse“, die Gefühle des Fremdseins oder zum Fremden gemacht werden, finden sich auch in den Liedern wieder, die zu Beginn der 1980er von türkischstämmigen Musiker*innen aufgenommen worden sind. Andersherum entstanden bereits in den 1960ern zahlreiche deutsche Schlager, die sich genau dieser Strategien des Fremdmachens bedienten.

3.1.3 Aufgabenvorschläge

Fremd machen und fremd fühlen

Nimmt man die Lieder der Zeit, lässt sich grundsätzlich unterscheiden in Lieder, die beispielhaft für den Blick aus der deutschen Mehrheitsgesellschaft auf die (männlichen) Gastarbeiter stehen. Dazu gehören sehr populäre Schlager, wie *Griechischer Wein*; *Weiße Rosen aus Athen* (1961, Melodie: Manos Hadjidakis, Text: Hans Bradtke; Interpretation: Nana Mouskouri); *Zwei kleine Italiener* (1961, Melodie: Christian Bruhn; Text: Georg Buschor; Interpretation: Conny Froboess) oder auch das besonders sozialkritische Lied des Liedermachers Franz Josef Degenhardt *Tonio Schiavo* (1966). So unterschiedlich die Lieder sind, in den ihnen eigenen musikalischen Sprachen schreiben sie den Gastarbeitern (und damit wirklich ausschließlich den männlichen) Gefühle von Fremdheit, Sehnsüchte nach Heimat beziehungsweise erlebte Diskriminierungen zu. Damit dokumentieren sie auch die Geschlossenheit der deutschen Mehrheitsgesellschaft gegenüber den Gastarbeitern. Zum anderen gab es Lieder, die ihre Situation aus der Perspektive der Gastarbeiter (auch nur männliche) beschreiben.

Einer der ersten deutschen Schlager, die überhaupt das Gastarbeiter*innenthema aufgriffen, war 1961 *Zwei kleine Italiener*. Er war so erfolgreich, dass er die Deutschen Schlagerfestspiele 1961 gewann und damit für den Grand Prix d'Eurovision in Luxemburg 1962 nominiert war. Kommerziell war das Lied ein Verkaufsschlager, der auch in Englisch, Französisch, Niederländisch und Italienisch erschien. Musikalisch bedient das Lied alle Anforderung an einen erfolgreichen Schlager: eingängige, flotte Melodien, die auf Wiederholungen setzen und eine rhythmisch aufgepeppte Orchesterbegleitung. Auch inhaltlich bedient der Schlager viele Stereotype und Klischees der deutschen Mehrheitsgesellschaft auf die italienischen Gastarbeiter. Es vermischt die deutschen Sehnsuchtsvorstellungen des beliebtesten Urlaubslandes der Deutschen, Italien, mit dem angenommen Heimweh der „kleinen Italiener“, die auf deutschen Bahnhöfen (als zentraler Ort von Ankommen und Abschied) von der Heimat träumen (Bottà 2010).

- *Vorschlag für das Hörbeispiel: Live-Aufnahme auf dem Grand Prix d'Eurovision in Luxemburg 1962: https://www.youtube.com/watch?v=FMPBVUgyRiI*

Nur fünf Jahre später entsteht mit *Tonio Schiavo* vom bedeutendsten Liedermacher seiner Zeit Franz Josef Degenhardt ein ganz anderes Lied über die italienischen Gastarbeiter, veröffentlicht auf der Platte „Väterchen Franz“. In einem gesprochenen Vorwort widmet Degenhardt das Lied dem italienischen Gastarbeiter Tonio Schiavo aus Herne. In den Zuspitzungen seiner Liedgeschichte vom italienischen Bauhelfer Tonio Schiavo, der sich in der deutschen Kleinstadt Herne im persönlichen Paradies wähnte, um dann den fast natürlichen Alltagsrassismus seiner deutschen Kollegen zu erfahren, bringt Degenhardt die dramatischen Folgen der integrationsunwilligen deutschen Mehrheitsgesellschaft schmerzhaft auf den Punkt (Bock 2016, o.S.)

- *Vorschlag für das Hörbeispiel: Studioaufnahme von der Platte Väterchen Franz 1966: https://www.youtube.com/watch?v=GSyifdB-1rE&list=OLAK 5uy_nB9xt7c0a0z1JHEsqfpmXX1ROOazZ9710&index=6*

Die Melodie für einen seiner erfolgreichsten Schlager *Griechischer Wein* komponierte Udo Jürgens 1974 in nicht einmal einer Stunde, voll von Eindrücken aus dem Griechenlandurlaub. Die Suche nach einem passenden Text, der nicht alle Klischees deutscher Urlauber*innen bediente, war schon komplizierter. Die rettende Idee für diesen Song war es, die Geschichte des Liedes im Gastarbeiterland Deutschland anzusiedeln, während die Melodie griechisches Lebensgefühl imitierte. In dieser Spannung von sehnsüchtiger Melodie, Fremdenfeindlichkeit und Doppelmoral liegt das besondere sozialkritische Moment dieses Schlagers, der damit auch als politisches Lied gelten kann.

- *Vorschlag für das Hörbeispiel: Studioaufnahme 1974: https://www.youtube.com/watch?v=QBkPARPm-Mc*

1984 erschien das erste und einzige deutschsprachige Album des türkischen Musikers, Liedermachers und Sängers Cem Karaca mit dem Titel „Die Kanaken“ (das war der Name seiner Band) und damit überhaupt das erste Album einer türkischen Musikgruppe bei einem deutschen

Plattenlabel, dem linken Pläne-Verlag Dortmund. Die Musik wird dem Deutschrock und dem türkischen Anadolu Rock zugerechnet, zugleich lassen sich stilistische Mittel der Singer-Songerwriter-Szene erkennen. Cem Karaca steht beispielhaft für die Lieder der Gastarbeiter*innen, auch wenn er selbst kein Gastarbeiter war. Er ist nach dem Militärputsch 1980 aus der Türkei nach Deutschland gekommen, ausgewiesen aus seinem Heimatland, weil er mit seiner gesellschaftskritischen Musik dem Regime zu gefährlich schien. Er lebte bis zu seiner Amnestierung 1987 in Deutschland. 2004 starb er in Istanbul. Seine Lieder sind in der Türkei immer noch populär. Gerade auch Jugendliche hören und singen sie heute.

Auf dem ersten Album erschienen ausschließlich Lieder, die sich kritisch mit der Situation der türkischstämmigen Menschen in Deutschland auseinandersetzen und damit präzise die problematischen Erwartungen der Mehrheitsgesellschaft an die Einwanderer*innen benennen. In seiner überspitzen Darstellung legt Karaca die Ambivalenzen zwischen Integrationsangeboten und unterschwelliger Fremdenfeindlichkeit, getragen von absurden Vorurteilen, offen. Sein Lied *Es kamen Menschen an*, das explizit Max Frisch zitiert, wurde zu einer „Art Gastarbeiterhymne" (Hartlieb 2016, o.S.). In den Liedern geht es anhand konkreter Situationen um Gefühle von Fremdheit, von Heimatlosigkeit, von den Mühen der Arbeit, dem Bemühen, um ein Ankommen in Deutschland und gleichzeitig die Wahrnehmung ständiger Distanzierungen zwischen „ihnen" und „uns". „Es ist eine Platte, die großes Leid besingt und deren Hauptaufgabe es ist, Kritik zu üben, auf Wunden, die in der Gesellschaft bestehen, hinzuweisen" (Hartlieb 2016, o.S.). Hier wird das Lied *Mein deutscher Freund* gewählt. Grundsätzlich eignen sich für den Geschichtsunterricht jedoch alle Lieder von der Platte.

- *Vorschlag für das Hörbeispiel:* Liveaufnahme 1984:
  https://www.youtube.com/watch?v=aHO611kgWx0

Mit diesen vier Liedern liegt für den Querschnitt zum Thema Arbeitsmigration zwischen ökonomischen Notwendigkeiten und Rassismus eine stilistisch bunte Vielfalt von Liedern vor, die im Kern jedoch die gleichen Grundprobleme besingen: zu Fremden gemacht werden und sich fremd fühlen. Es geht um Identität, Teilhabe und Rassismuserfahrung. Genau das lässt sich im Unterricht in Hinblick auf den Strukturwandel der 1970er Jahre und den daraus resultierenden langfristigen gesellschaftspolitischen Problemlagen bearbeiten.

Für die vergleichende Erschließung der Lieder bietet sich die Methode der vergleichenden Hörprotokolle an (siehe Methodenpool 2.2.3 Perspektiven hörbar machen: vergleichende Hörprotokolle). Jedes Lied kann damit zunächst nach gleichen Kriterien in Kleingruppen erarbeitet werden. Die Ergebnisse sollten dann gemeinsam zusammengetragen werden, um die unterschiedlichen Benennungen von Fremdfühlen und Fremdmachen übersichtlich zu sammeln. Die entsprechenden Lieder und die Kriterien der Liedanalyse können je nach Lerngruppe gewählt, eventuell auch schon vorgegeben werden. Das hier abgebildete Arbeitsblatt versteht sich als Vorschlag.

Wichtig ist, dass die Hörkriterien sowohl auf die musikalische Gestaltung und Wirkung des Liedes abzielen, als auch auf die inhaltliche Erschließung. Am Ende dieser Gruppenarbeit sollte jede Gruppe ihr Lied vorstellen. Die anderen ergänzen die Informationen in dem vergleichenden Hörprotokoll.

Tipp

Je nach Sprachkenntnissen der Lerngruppe kann auch ein Lied über die Gastarbeiter in türkischer Sprache in den Unterricht integriert werden. Dafür bietet sich das Lied *Gurbet [Heimweh]* (1972) des Musikers Özdemir Erdoğan an. Eine deutsche Übersetzung ist online verfügbar. Das Lied trifft ebenfalls den Kern des Fremdfühlens in der Ferne.

Materialien für die Gruppenarbeit

- jeweilige Liedtexte mit zentralen Informationen zu Autoren*innen/Komponisten*innen/zeitgenössischer Bedeutung
- Audio-Datei zum Hören, beziehungsweise Youtube-Link
- Arbeitsblatt mit Hörkriterien für alle Lieder, wobei nur die Kriterien für das jeweilige Lied ausgefüllt werden sollten

Materialien

Zwei kleine Italiener (1961): Conny Froboess

Eine Reise in den Süden
ist für andre schick und fein,
doch zwei kleine Italiener
möchten gern zuhause sein.

Zwei kleine Italiener
die träumen von Napoli,
von Tina und Marina,
die warten schon lang auf sie.
Zwei kleine Italiener,
die sind so allein.

Eine Reise in den Süden
ist für andre schick und fein,
doch zwei kleine Italiener
möchten gern zuhause sein.

Refrain:
Oh Tina, oh Marina,
wenn wir uns einmal wiedersehn.
Oh Tina, oh Marina,
dann wird es wieder schön.

Zwei kleine Italiener,
vergessen die Heimat nie,
die Palmen und die Mädchen
am Strande von Napoli.

Zwei kleine Italiener,
die sehen es ein.
Eine Reise in den Süden
ist für andre schick und fein,
doch zwei kleine Italiener
möchten gern zuhause sein.

Refrain:
Zwei kleine Italiener
am Bahnhof, da kennt man sie
sie kommen jeden Abend
zum D-Zug nach Napoli.

Zwei kleine Italiener,
die schaun hinter drein.

Eine Reise in den Süden
ist für andre schick und fein,
doch zwei kleine Italiener
möchten gern zuhause sein.

Refrain

Tonio Schiavo (1966): Franz Joseph Degenhardt

Dies Lied ist gewidmet dem italienischen Gastarbeiter Tonio Schiavo.
Er lebte nur kurze Zeit in der westdeutschen Stadt Herne

Das ist die Geschichte von Tonio Schiavo,
geboren, verwachsen im Mezzo-giorno.
Frau und acht Kinder, und drei leben kaum,
und zweieinhalb Schwestern in einem Raum.
Tonio Schiavo ist abgehaun.
Zog in die Ferne,
ins Paradies,
und das liegt irgendwo bei Herne.
Im Kumpelhäuschen oben auf dem Speicher
mit zwölf Kameraden vom Mezzo-giorno

für hundert Mark Miete und Licht aus um neun,
da hockte er abends und trank seinen Wein,
manchmal schienen zum Dachfenster rein
richtige Sterne
ins Paradies,
und das liegt irgendwo bei Herne.

Richtiges Geld schickte Tonio nach Hause.
Sie zählten's und lachten im Mezzo-giorno.
Er schaffte und schaffte für acht auf dem Bau.
Und dann kam das Richtfest und alle waren blau.
Der Polier, der nannte ihn „Itaker-Sau".
Das hört er nicht gerne
im Paradies,
und das liegt irgendwo bei Herne.

Tonio Schiavo, der zog sein Messer,
das Schnappmesser war's aus dem Mezzo-giorno.
Er hieb's in den fetten Bauch vom Polier,
und daraus floss sehr viel Blut und viel Bier.
Tonio Schiavo, den schnappten gleich vier.
Er sah unter sich Herne,
das Paradies,
und das war gar nicht mehr so ferne.

Und das ist das Ende von Tonio Schiavo,
geboren, verwachsen im Mezzo-giorno:
Sie warfen ihn zwanzig Meter hinab.
Er schlug auf das Pflaster und zwar nur ganz knapp
vor zehn dünne Männer, die waren müde und schlapp,
die kamen grad aus der Ferne – aus dem Mezzo-giorno -
ins Paradies,
und das liegt irgendwo bei Herne.

Griechischer Wein (1974): Udo Jürgens

Es war schon dunkel
Als ich durch Vorstadtstraßen heimwärts ging
Da war ein Wirtshaus
Aus dem das Licht noch auf den Gehsteig schien
Ich hatte Zeit und mir war kalt, drum trat ich ein.
Da saßen Männer mit braunen
Augen und mit schwarzem Haar
Und aus der Jukebox erklang Musik
Die fremd und südlich war

Als man mich sah
Stand einer auf und lud mich ein

Refrain:
Griechischer Wein ist
So wie das Blut der Erde
Komm', schenk dir ein
Und wenn ich dann traurig werde
Liegt es daran
Dass ich immer träume von daheim
Du musst verzeihen
Griechischer Wein
Und die altvertrauten Lieder
Schenk' nochmal ein
Denn ich fühl' die Sehnsucht
Wieder, in dieser Stadt
Werd' ich immer nur ein Fremder sein, und allein

Und dann erzählten sie mir von grünen Hügeln, Meer und Wind
Von alten Häusern und jungen Frauen, die alleine sind
Und von dem Kind das seinen Vater noch nie sah
Sie sagten sich immer wieder
Irgendwann geht es zurück
Und das Ersparte genügt zu
Hause für ein kleines Glück
Und bald denkt keiner mehr daran
Wie es hier war
Refrain

Mein deutscher Freund (1984): Cem Caraka

Türkisch Mann, wir brauchen dich
Komm ins Wirtschaftswunderland
Arbeit wartet dort auf dich
Nimm die Zukunft in die Hand
Harte Arbeit – harte Mark
Türkisch Mann, noch weißt du nicht,
Dass du eintauschst Menschlichkeit
Gegen eine Fließbandschicht
Er glaubt so fest daran, oh, so fest daran
Freund ist jeder deutsche Mann
Mein Freund, der Deutsche
Mein Freund, der Deutsche
Arkadaşım alman
Arkadaşım alman

Türkisch Frau, du bist gewohnt
An Hausarbeit im Heimatort
Putzen wird hier gut entlohnt
Hörst du auch ein gutes Wort
Fremd die Sprache – kein Kontakt
Zu der Frau vom gleichen Haus
Gastfreundschaft war zugesagt
Und jetzt heißt es: „Türken raus!"
Sie hoffte fest darauf, oh, so fest darauf
Freundin wird die deutsche Frau
Meine Freundin, die Deutsche
Meine Freundin, die Deutsche
Arkadaşım alman
Arkadaşım alman

Türkisch Kind und deutsches Kind
Ihr sollt unsere Hoffnung sein
Da wo jetzt noch Schranken sind
Reißt sie nieder, stampft sie ein
Baut die Brücken zum Verstehen
Herzen brauchen keine Sprachen
Eine Welt wird neu erstehen
Ganz neu erstehen
Wenn ihr wollt
Ihr könnt es schaffen
Türkisch Frau und Mann und Kind
Türkisch Frau und Mann und Kind
Euer Traum wäre dann erfüllt
Mein deutscher Freund
Mein deutscher Freund
Mein deutscher Freund
Mein deutscher Freund

Vergleichendes Hörprotokoll

Kriterien/ Lied	Zwei kleine Italiener	Tonio Schiavo	Griechischer Wein	Mein deutscher Freund
Entstehungs-informationen	1961, Musik: Christian Bruhn, Text: Georg Buschor, Interpretation: Conny Froboess	Franz Joseph Degenhardt, 1966	Udo Jürgens, 1974	Cem Karaca, 1984
Musikalische Erschließung				
Liedtyp	**Schlager**	**politisch-kritisches Lied**	**sozial-kritischer Schlager**	**Deutschrock-Song**
Formaler Aufbau: Strophen, Refrain, Wechsel, Wiederholungen				
Was sind begleitende Instrumente, begleitende Stimmen?				
Welche Wörter scheinen besonders durch die Musik betont ?				
Besonderheiten der Musik; deine Assoziationen zu der Melodie				
Texterschließung				
Beschreibe die Stimmung, die das Lied bei Dir erzeugt.				
Um wen geht es in dem Lied?				
Wessen Perspektive nimmt der Liedtext ein?				

Texterschließung				
Mit welcher Sprache oder musikalischen Mitteln werden die Gastarbeiter als „Fremde" dargestellt?				
Sehnsüchte und Wünsche der Protogonisten				
Darstellung von Exklusion				
Darstellung von Inklusion				
Situation im Herkunftsland				
Situation in Deutschland				
Was ist der Konflikt?				
Welche Lösung bietet das Lied?				
Welche Position bezieht das Lied?				
An wen richtet sich das Lied?				
Stelle Vermutungen an: Wann und wo kann dieses Lied gesungen worden sein?				
Wie schätzt du die Aktualität des Liedes ein?				

Nachdem die Arbeitsgruppen ihre Lieder entlang des Hörprotokolls vorgestellt haben, bieten sich je nach Unterrichtsschwerpunkt Formate zur Vertiefung und Urteilsbildung an (siehe Kapitel 2.3 Methodenpool). Dazu lässt sich das Hörprotokoll mit entsprechenden Materialiensammlungen ergänzen. Gerade weil es um den perspektivischen Blick auf die Arbeitsmigranten*innen geht, sind Ego-Dokumente zur unterstützenden Erarbeitung der subtilen oder offenen Praktiken von Ausgrenzung und Feindlichkeit denkbar.

Tipp

Die Kriterien der inhaltlichen Analyse lassen sich beliebig verändern und erweitern. Lohnend ist zum Beispiel ein konkreter Blick darauf, was für ein Frauenbild die Lieder präsentieren. Das ließe sich gut in eine Diskussion über Arbeitsmigrantinnen einbinden.

Liedgeschichten

Für die Vertiefung und historische Urteilsbildung bietet es sich an, die Schüler*innen abschließend eigene Geschichten schreiben zu lassen (siehe Methodenpool 2.3.2 Kreatives Schreiben). Mögliche Impulse für die Aufgabenformate könnten sein:

Schreibe anhand eines Liedes und auf der Grundlage der Kontextinformationen eine fiktive Geschichte

- darüber, wie das Lied in seiner Zeit entstanden sein kann. Was waren eventuell begleitende Umstände?
- über die Menschen (in ihrer Zeit), um die es in den Liedern geht.
- darüber, wie heute ein solches Lied entstehen würde und worum es in diesem Lied gehen würde.

Beispielaufgabe zum Lied *Griechischer Wein*

Der Autor und Sänger beschreibt in dem Lied, wie er durch dunkle Straßen zieht und in einer Gaststätte auf die griechischen Gastarbeiter trifft, die beim Weintrinken ihre Sehnsüchte nach der zurückgelassenen Heimat teilen. Überlege Dir eine Geschichte zu dieser Situation. Nimm Dir dazu die Ausarbeitungen zur Geschichte der Gastarbeiter*innen zur Hand. Geh in Deiner Geschichte auf folgende Fragen ein:

- Was könnten mögliche Gespräche zwischen den Griechen und dem deutschen Gast sein, den sie auf ein Glas Wein eingeladen haben?
- Was waren vielleicht deren Wünsche, die sie mit dem Gast teilten?
- Was könnten deren alltägliche Herausforderungen in ihrem Leben in Deutschland gewesen sein?
- Wie könnte der deutsche Gast, der nun selber in der Rolle des Fremden im Kreis der griechischen Gastarbeiter sitzt, über die Männer denken?

Das sind Vorschläge zum kreativen Schreiben, die auf Wiederholung und Vertiefung abzielen und die emphatisches Nachvollziehen und Verstehen der konkreten Lebenssituationen der historischen Akteure*innen ermöglichen oder (selbst)reflexive Perspektiven zur eigenen Lebenswelt sichtbar machen sollen.

Fremdenfeindlichkeit und Rassismus heute

Hinsichtlich der Herausforderungen den Schülern*innen mit türkeibezogenem Migrationshintergrund im Alltag zu begegnen, bietet dieser Unterrichtsvorschlag über die Erarbeitung eines historischen Gegenstandes hinaus das Potenzial, Identitätsnarrationen zu ermöglichen und zu diskutieren.

Denkbar ist zum einen ein persönlicher Kommentar zum Lied *Mein Deutscher Freund*.

- *Aufgabe:* In dem Lied besingt Cem Karaca die Vision, wie die Generation der Kinder die Grenzen zwischen den fremden Deutschen und den fremden Türken überwindet. Denke an Situationen aus Deinem eigenen Umfeld und beschreibe, wie Freundschaft heute für Dich aussieht. Lege begründet dar, wie sich diese Vision zur gegenwärtigen Situation in Deutschland verhält.

Denkbar sind ebenso Debatten, in denen gegensätzliche Positionen über die Frage der Integration und des Zusammenlebens heute in Deutschland diskutiert werden. Als zusätzliches Material lassen sich Expert*innenzitate einbeziehen, die wie unten aufgeführt polarisieren. Diese können in einer Debatte im Unterricht mit persönlichen Berichten oder Aussagen (siehe Materialien) kontrastiert werden.

Deutsch-türkische Migration: Eine „Win-Win-Story"

Die deutsch-türkische Migration ist ein gutes Beispiel dafür, dass Wanderungsbewegungen offene Prozesse sind, deren Ausgang unabsehbar ist. Die Migration hat beide Gesellschaften maßgeblich mitgeprägt, indem sie Menschen unterschiedlicher Herkunft, Kultur, Religion und Lebensweise zusammenbrachte. Der Integrationsprozess verlief freilich nicht immer reibungslos und wurde vielfach von interkulturellen Missverständnissen und zuweilen auch Spannungen begleitet. Das soziale Zusammenleben zwischen Türkeistämmigen und Einheimischen funktioniert heute jedoch deutlich besser, als es in den Medien und in der Politik dargestellt wird. Türkeistämmige Migranten sind Teil dieser Gesellschaft, partizipieren am gesellschaftlichen Leben, haben hier Familien gegründet, gehen Erwerbsarbeit nach und bestimmen sogar politisch mit.

Aus: Aydın, Yaşar 2018: Heimat Almanya. Die deutsch-türkische Migration. In: Bundeszentrale für politische Bildung: Dossier Türkei. Bonn. URL: https://www.bpb.de/internationales/europa/tuerkei/253189/heimat-almanya.

Doch auch und gerade die zeitgenössische Musik bezieht in aktuellen Songs Stellung gegen Rassismus. Es ist lohnend, die Schüler*innen selbst nach den Songs zu fragen, die sie gern hören und in denen es um Rassismus geht. Diese könnten sie für den Abschluss der Unterrichtseinheit in Gruppen vorbereiten und in Form eines Marktes präsentieren. Die Idee des Marktes ist, dass man umhergehen und stehen bleiben kann, ins Gespräch kommt, sich vieles ansieht und eventuell auch mitnehmen kann (Wenzel [7]2017, 163). Gemeinsame Aufgabe für diese Präsentation kann es sein, musikalische und sprachliche Mittel des Fremdmachens und Fremdfühlens herauszuarbeiten und darzustellen, wie sich diese in den heutigen Songs zu den Liedern der 1960er bis 1980er Jahre änderten. Dies bietet die Gelegenheit, abschließend im Plenum zu reflektieren, was Musik und Politik miteinander verbindet und was politische Musik sein kann oder sein sollte.

Tipp

Auch hier bietet das Internet genug Möglichkeiten. Unter dem Stichwort „Songs gegen Rassismus" werden verschiedene Playlists vorgeschlagen. Im „Bündnis für Demokratie und Toleranz" der Bundeszentrale für politische Bildung gibt es auch das Projekt „Initiative Musik und Texte gegen Fremdenfeindlichkeit, Rechtsextremismus und Gewalt". Im Zuge dessen entstanden und entstehen immer wieder neue Lieder auch von Jugendlichen (nähere Informationen: http://www.buendnis-toleranz.de/archiv/themen/extremismus/162326/musik-und-texte-gegen-fremdenfeindlichkeit-rechtsextremismus-und-gewalt).

3.1.4 Materialien

Printmaterialien

Brieske, Rainer 2003: „Kleine Italiener" und „Itaker Säue". Zur Darstellung von Arbeitsmigranten in Liedern der 1960er Jahre. In: Praxis Geschichte Nr. 4, S. 34–39.

Buntz, Herweg 2014: Migration in der Geschichte. Ein Arbeitsbuch für den Unterricht. Schwalbach/Ts.

Herbert, Ulrich 22017: Geschichte der Ausländerpolitik in Deutschland: Saisonarbeiter, Zwangsarbeiter, Gastarbeiter, Flüchtlinge. München.

Matzuranēs, Geōrgios (Hg.) 1985: Man nennt uns Gastarbeiter. Frankfurt/M.

Pelzer, Kai 2015: Griechischer Wein. Das Bild der Gastarbeiter in den 1970er Jahren. In: Geschichte lernen Nr. 165, S. 34–39.

Medien und Webseiten

Angekommen, Migrantengeschichten. Webprojekte zur Geschichte der Migration im Rheinland und Westfalen. URL: https://angekommen.com/wordpress/ (29.11.2020).

Ayata, Imran/Kullukcu Bülent (Hg.) 2013: Songs of Gastarbeiter. URL: https://trikont.de/shop/themen/turkische-musik-turkish-sounds/songs-of-gastarbeiter-vol-1/?tab=tracks (29.11.2020).

Bock, Marc-Thomas 2016: Die Fremden in uns selbst. In: Ossietzky. Zweiwochenzeitschrift für Politik/Kultur/Wirtschaft Nr. 14, URL: http://www.ossietzky.net/14-2016&textfile=3594 (29.11.2020).

Bottà, Giacomo 2010/2013: Zwei kleine Italiener (Conny). In: Fischer Michael u.w. (Hg.): Songlexikon. Encyclopedia of Songs. Freiburg. URL: http://www.songlexikon.de/songs/zweikleineitaliener (29.11.2020).

Dokumentationszentrum und Museum für Migration in Deutschland e.V. URL: https://domid.org/ (29.11.2020).

Hartlieb, Marie 2016: Musik für Menschlichkeit. Das Album „Die Kanaken". In: MaviBlau v. 27.7. URL: https://www.maviblau.com/27/07/2016/musik-fur-menschlichkeit-das-album-die-kanaken/ (29.11.2020).

Migration, Audio-Archiv, Interviews: erzählte Migrationsgeschichte. URL: https://migration-audio-archiv.de/ (29.11.2020).

3.2 Die Gründung und Etablierung der beiden deutschen Staaten im Spiegel ihrer Hymnen (1949/1950)

3.2.1 Methodisch-didaktische Vorüberlegungen

In der Doppeljahrgangstufe 9/10 geht es in einer Unterrichtssequenz um die Nachkriegsjahre in Deutschland bis zur Gründung der beiden deutschen Staaten. Dabei lernen die Schüler*innen die Aufteilung in die Besatzungszonen kennen und wissen um die Konflikte zwischen den Alliierten und deren unterschiedlichen Vorstellungen über die weitere politische und wirtschaftliche Entwicklung ihrer Besatzungszonen.

Das Thema der vorgeschlagenen Unterrichtseinheit ist die Entstehung und Gründung der beiden deutschen Staaten 1949. Die Schüler*innen haben bereits das Thema „Zerfall der Anti-Hitler-Koalition, die wirtschaftlichen und politischen Entwicklungen auf dem Weg zur Entwicklung der beiden deutschen Staaten" behandelt. Damit soll hier eine historische Fallanalyse vorgenommen werden. Anhand der Tiefenbohrung im Jahr 1949 gelingt ein konkretes Verständnis über die Ausgangssituation der beiden deutschen Staaten. Im

Mittelpunkt der Erarbeitung steht die jeweilige Diskussion um die Frage nach der angemessenen Nationalhymne. Die Wahl der konkreten Lieder als historische Quellen ermöglicht es, die bisherige Perspektive auf die Nachkriegsjahre auszuweiten und sie, weg von der alliierten Besatzungspolitik, auf die Menschen in den Besatzungszonen zu lenken. Insbesondere Zeitungsartikel, die über die Nationalhymnen des jeweils anderen Deutschlands berichten, ermöglichen einen exemplarischen Einblick in die für die folgenden Jahrzehnte typischen Argumente und die typische Sprache des Kalten Krieges. In dieser Unterrichtseinheit lässt sich diskutieren:

- Was waren die Selbstverständnisse der beiden deutschen Staaten?
- Wie standen sie zueinander?
- Wie haben sie sich selbst gegenseitig wahrgenommen?
- Welche Identifizierungsangebote machten die beiden deutschen Staaten den Menschen?

Dabei erkennen die Schüler*innen, dass die Teilung und Gründung der beiden deutschen Staaten von beiden Seiten als provisorisch angesehen wurde und die deutsche Einheit zu diesem Zeitpunkt noch grundsätzliches Ziel auf beiden Seiten war. Zugleich wird aber auch sichtbar, wie sehr die Angebote zur Identitätsbildung auf Abgrenzung setzten.

Deutlich lässt sich ebenfalls aufzeigen, was zentrale Mechanismen deutsch-deutscher Entwicklungen in den kommenden Jahren gewesen sind: der gegenseitige Bezug aufeinander, das gegenseitige Beäugen und das permanente Abgleichen miteinander.

Damit gelingt es mit der Unterrichtseinheit „Die deutschen Nationalhymnen“ einerseits den Prozess der doppelten Staatsgründung 1949 thematisch abzuschließen und die folgenden Jahrzehnte deutsch-deutscher Geschichte vorzubereiten.

3.2.2 Historischer Kontext

Im Jahre 1949 entstanden aus den vier Besatzungszonen in Deutschland im Abstand eines halben Jahres zwei neue Staaten. Am 23. Mai 1949 gründete sich mit der Verabschiedung des „Grundgesetzes“ im Parlamentarischen Rat und der Ratifizierung durch die Alliierten auf dem Gebiet der amerikanischen, britischen und französischen Besatzungszone die Bundesrepublik Deutschland. Am 7. Oktober 1949 verabschiedete der Volksrat, ein politisches Gremium auf dem Gebiet der Sowjetischen Besatzungszone, den eigenen Verfassungsentwurf. Damit gründete sich die Deutsche Demokratische Republik als weiterer deutscher Staat. Beide Teilstaaten waren das Ergebnis einer zunehmenden Zuspitzung der Konfrontation zwischen den Westalliierten und der Sowjetunion. Den Alliierten erschien die Teilung Deutschlands, die mit der Gründung der beiden Staaten manifest wurde, die beste und sicherste Lösung in Zeiten des Kalten Krieges, in denen jede Seite vor allem daran interessiert war, den machtpolitischen Einflussbereich des jeweils anderen Blocks so weit wie möglich zu begrenzen und die eigenen wirtschaftlichen, politischen und militärischen Interessen durchzusetzen.

Die deutschen Politiker auf beiden Seiten des „Eisernen Vorhanges" verstanden die Gründung der beiden deutschen Staaten als Provisorium, als Übergangslösung bis zu dem Zeitpunkt, an dem Deutschland wieder vereint und souverän sein würde. An einem wesentlichen Punkt unterschieden sich jedoch die Interessen der deutschen Politiker in Ost und West. Während für die Regierung Otto Grotewohls in Ostberlin klar war, dass es ein wiedervereintes Deutschlands nur unter sowjetischem Einfluss, also als sozialistisches Land geben würde, entschied sich auf der anderen Seite Konrad Adenauer mit seinem Kabinett rasch dazu, zunächst die Bundesrepublik politisch, militärisch und wirtschaftlich in den Westblock zu integrieren, bevor an eine Wiedervereinigung unter der Maßgabe eines westlichen, demokratischen und liberalen Deutschlands zu denken war.

In dieser Situation, in der die Teilung Deutschlands in erster Linie durch die alliierte Konfrontationspolitik manifest wurde, musste es innenpolitisch darum gehen, die beiden deutschen Staaten zueinander zu positionieren. Die deutsche Bevölkerung sollte von der Zukunftsfähigkeit und Überlegenheit des je eigenen Staates überzeugt, die Menschen emotional an die neuen deutschen Staaten gebunden werden. Ihnen musste Identität, ein neues Selbstbewusstsein gegeben werden, um sie auf den Weg der jeweiligen Integration in den Westblock auf der einen und in den Ostblock auf der anderen Seite mitzunehmen. Dazu brauchte es wirkmächtige Symbole, zu denen vor allem die Nationalhymne zählte.

Anhand der bundesrepublikanischen Diskussion um die Frage der „richtigen" neuen beziehungsweise alten Hymne auf der einen Seite und der neuen Hymne der DDR auf der anderen Seite lassen sich Strategien und Mechanismen der Politik der Stabilisierung durch Bewahrung (Konrad Adenauer) und der Erfindung einer neuen sozialistischen Identität erarbeiten. Zudem eignet sich die innerdeutsche Wahrnehmung der jeweils anderen Nationalhymne besonders, um die

Sprache des Kalten Krieges und das Wechselspiel von Fremd- und Selbstwahrnehmung darzustellen.

Auferstanden aus Ruinen: Die Hymne der Deutschen Demokratischen Republik

Wilhelm Pieck, später der erste und auch einzige Präsident der Deutschen Demokratischen Republik, beauftragte bereits vier Wochen vor der Gründung der DDR, im September 1949 den aus dem sowjetischen Exil zurückgekehrten Dichter Johannes R. Becher mit dem Schaffen eines neuen Hymnentextes. Zu diesem Zeitpunkt war bereits die Bundesrepublik gegründet, die ersten Wahlen hatten stattgefunden.

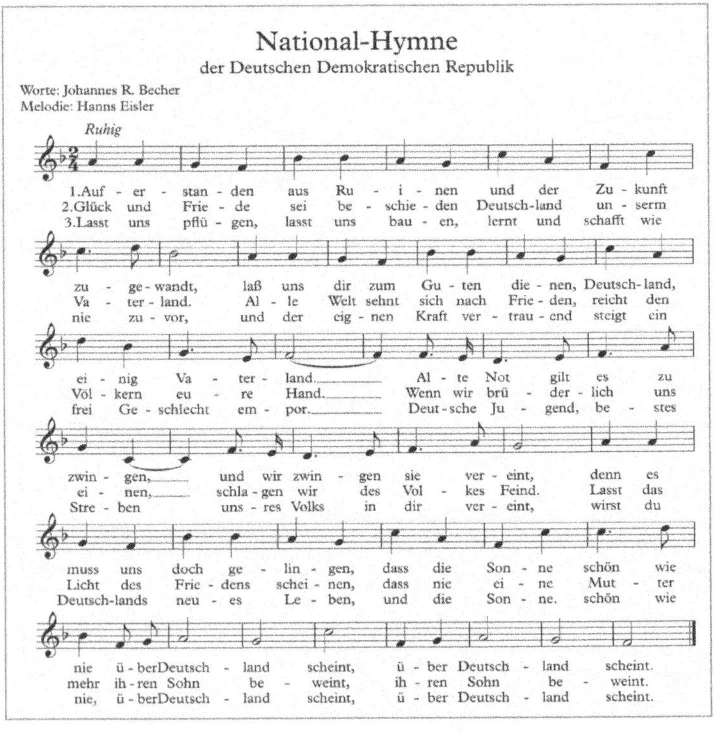

In Moskau war beschlossen worden, dass es nun auch eine Staatsgründung auf dem Gebiet der Sowjetischen Besatzungszone geben werde. Noch bevor die Verfassung verabschiedet werden sollte, schrieb Johannes R. Becher an dem Hymnentext. Er wollte, dass die neue Nationalhymne von allen Schichten der Bevölkerung, auch von der Gemüsefrau „mit leidenschaftlicher Anteilnahme“ gesungen werden könnte. Becher stellte sich eine „Friedenshymne“, einen schlichten volksliedhaften Gesang vor (Amos 1997, 31). Genau in jenem Herbst 1949 kehrte auch der namhafte Komponist Hanns Eisler aus seinem amerikanischen Exil zurück. Er nahm sich den Becher-Text vor und setzte sich zum Ziel, eine Hymne mit einem „menschlichen, würdigen Ton“ zu komponieren, die „der Welt ein Versprechen“ geben sollte, sich von einer dunklen Vergangenheit ab- und einer besseren Zukunft zuzuwenden. Diese neue Hymne sollte sich in „Herz und Ohr aller Menschen senken“, so die Idee des Komponisten (Amos 1997, 47).

Bei näherer Betrachtung des Notentextes fällt die hohe kompositorische Qualität des Liedes auf. Die gewählte Tonart F-Dur und der getragene 2/4 Takt des ersten Teils laden zu einer feierlichen, ruhigen Interpretation ein. Dafür sprechen auch die Überbindungen im Klaviersatz, die gelassen wirkenden Viertelnoten, die rhythmisch kaum aufgelöst werden. Die Spannungen des Liedes entstehen durch gegensätzliche Melodielinien. So kämpft sich die Melodie in der ersten 8-taktigen Phrase immer um einen Notenschritt höher, während sie zwischenzeitlich zurückgeht. Zeitgenössische Handreichungen für Musiklehrer*innen interpretieren diesen Melodieverlauf als „allmähliches, aber zähes Herausarbeiten aus den Ruinen“ (Goebel 1950, 49). Aber auch die harmonischen Modulationen geben der Komposition einen bemerkenswerten Verlauf. So wechselt Eisler eher untypisch bereits im dritten Takt in die Subdominantparallele g-moll. Dieses harmonisch ambivalente Wechselspiel zieht sich weiter in den Mittelteil. Dieser löst den feierlichen Charakter des ersten Teils ab und kommt eher marschartig daher. Tatendrang, Aktivität und kämpferischer Aktionismus symbolisieren die musikalische Gestaltung des zweiten Teils. Genau dieser Unterschied zwischen dem lyrischen ersten und dem kämpferischen zweiten Teil, lässt sich leicht heraushören und benennen, ohne dass es eines näheren Blicks auf die Komposition bedarf.

Die kompositorische Gestaltung lenkt die Aufmerksamkeit auf Signalwörter im Text. Dazu gehören: „Zukunft“, „zugewandt“, „einig“, „Sonne“, „Vaterland“, „Deutschland“. Mit diesen Signalworten ist die emotionale Botschaft der ersten Strophe umrissen. Das Lied verspricht unter der Sonne eines friedlichen vereinten Deutschlands Glück und Selbstbewusstsein. Die Stärke des neuen Deutschlands wird symbolisiert durch die neue deutsche Jugend, die kraftvoll, zukunftsorientiert und frei von jeder Schuld und Verantwortung ist.

In der DDR erklang die Eisler-Hymne erstmalig zu einem hochoffiziellen Anlass. Am 7. November 1949 feierte man den 32. Jahrestag der „Großen Sozialistischen Oktoberrevolution", einer der bedeutendsten Feiertage im Jahresfestkalender der neugegründeten DDR. Zum Höhepunkt der Feiern gab es in der Staatsoper zu Berlin einen Festakt. Neben Beethovens *Geschöpfe des Prometheus*, und der von der Solistenvereinigung Berlin vorgetragenen sowjetischen Nationalhymne, erklang das erste Mal die Becher/Eisler-Hymne unter Leitung des Nationalpreisträgers Helmut Koch „meisterlich vorgetragen", wie es in den Presseberichten heißt, während sich „das ganze Haus" erhob.[65]

Hymnenstreit in der Bundesrepublik

Auch Theodor Heuss, erster Bundespräsident der Bundesrepublik Deutschland war mit dem Problem konfrontiert, die „Hymnenfrage" für die neugegründete Bundesrepublik zu klären. Die alte Hymne der Weimarer Republik, auf die Melodie des Kaiser-Quartetts von Joseph Haydn und den Text von Hoffmann von Fallersleben, ist von den Alliierten verboten worden. In der Zeit des Nationalsozialismus erklang vor allem die erste Strophe mit der Zeile: „Deutschland, Deutschland über Alles" in Kombination mit dem *Horst-Wessel-Lied* als Symbol aggressiven Nationalismus'. Daher schien die „Haydn-Hymne" 1949 kaum geeignet, Vertrauen in ein Deutschland zu erwecken, das sich dem demokratischen Wiederaufbau verschreiben sollte. Trotz dieser vom liberalen Präsidenten Theodor Heuss formulierten Bedenken und der Skepsis der Alliierten gegenüber der alten Hymne, bestand in der Bundesrepublik alles andere als Einigkeit darüber, dass eine neue Hymne entstehen müsste. Die Hymnenfrage spaltete die junge Bundesrepublik entlang der politischen Lager. Während die konservativen Parteien, voran der Bundeskanzler Konrad Adenauer, vehement für das alte *Deutschlandlied* von Haydn/Fallersleben als Nationalhymne votierten (unter Auslassung der zweifelhaften ersten Strophe), beauftragte der liberale Präsident Heuss im Sommer 1950 den Dichter Rudolf Alexander Schröder, den Text für eine neue Nationalhymne zu schaffen. Der Komponist Carl Orff sollte nach Vorstellung des Präsidenten den Text vertonen. Er lehnte jedoch ab und schlug stattdessen den erfolgreichen Komponisten Hermann Reutter vor. Zum Jahreswechsel 1950/51 erklang diese neue Schröder/Reutter-Hymne das erste Mal im Radio.

Doch dieser Hymne war wenig Erfolg beschieden. Sie wurde nicht von der Öffentlichkeit angenommen. Was an dieser *Hymne an Deutschland* auffällt, ist die sprachliche und musikalische Nähe zu Kirchenchorälen. Inhaltlich gruppieren sich die drei Strophen um den religiösen Dreiklang von Glaube, Hoffnung, Liebe. Die emotionale Bindung an das Heimatland ist durch Vertrauen, Treue und Liebe gekennzeichnet. Zentral ist die Botschaft einer mächtigen innerlichen Verbundenheit an das alte deutsche Land, mächtig, da sie von „Herzen“ kommt, in „Treue“ gelebt und mit den „Händen“ gestärkt wird. Melodisch und harmonisch ist die Komposition genauso zurückgenommen und konventionell wie der Text. Die Melodie verläuft gleichtönig in Tonschritten. Harmonisch auffallend ist einzig die Entscheidung für die Molldominante g-moll im Takt „Land der Väter“ und im Mittelteil „Sei den Toten zum Gedächtnis, den Lebendgen zum Vermächtnis“. Ansonsten hält sich die harmonische Modulation im Rahmen des Erwartbaren. Ebenso gibt es kaum rhythmische Besonderheiten, außer der zweimaligen Achteltonfolge im Mittelteil. Anders als die Eisler-Hymne macht die Hymne keine zukunftsorientierten Angebote. Sie versteht sich als ein gegenwärtiges Bekenntnis zu dem Deutschland, wie es sich 1950 präsentierte, mit seinem „Vermächtnis", seinem „Trost und Pfand". „Die Hymne kann jedenfalls niemand wehtun", hieß es dazu abfällig in der bundesdeutschen Presse, „sogar die Ostzonalen könnten sie mitsingen, ohne sich dadurch irgendetwas zu vergeben".[66] So ist sie auch zu interpretieren, weder Text noch Melodie trauen sich etwas zu. Sie wirken zurückhaltend und zugleich vertraut.

Bundespräsident Heuss präsentierte am Ende seiner Silvesteransprache vom 31. Dezember 1950 die *Hymne an Deutschland.* Schon zuvor waren die Zeitungen voll von Gerüchten um eine neue Hymne, die Heuss angeblich anordnen wollte. So ist davon auszugehen, dass die Bevölkerung der BRD nicht uninteressiert der Radioübertragung lauschte. Heuss erklärte, dass er keine Hymne anordnen werde, sondern hoffe: „Wort und Ton sollen und wollen Besitz und Bekenntnis der Nation werden" (zitiert in Escher 2017, 48). Im Anschluss an diese Worte ertönte die Einspielung des Liedes unter Günther Wand mit dem NWDR-Orchester und vereinigten Kölner Chören.

Doch alles Pathos dieser Einspielung half nicht. Der Hymne wurde schlichtweg die Fähigkeit abgesprochen, die Massen zu begeistern. Sie sei zu schwer, nicht zu singen, gar unmodern, hieß es in der regen Presseberichterstattung. Die Journalisten deklassierten sie nicht selten als „Grabgesang", „Trauermarsch" oder „Theos Nachtlied" (weil es ein halbes Jahr lang im Radio zum Sendeschluss erklang) (Escher 2017, 51). Dieser Einschätzung liegt aber nicht ausschließlich die ästhetische und emotionale Wirkung der Komposition zu Grunde, sondern ein handfester Streit um die „richtige" deutsche Hymne. Denn eigentlich ging es dabei immer um einen Vergleich zum vertrauten *Deutschlandlied.* Mit dieser vertrauten Haydn-Komposition konnte die neue *Hymne an Deutschland* nicht mithalten: „Verglichen mit der früheren ‚Deutschland'-Melodie [...] ist diese Reuttersche Melodie etwas kühl. Es fehlt ihr vor allem jenes Fluidum, das die Herzen öffnet und uns alle brüderlich aus einem gemeinsamen Schicksal heraus empfinden läßt, jener jubelnde Schwung im Ausklang der Haydn'schen Melodie, der eine fortwirkende Kraft in sich trägt" (Anonym 1951, 6).

Die „alte geliebte Hymne" schien für große Teile der Bevölkerung eine besondere emotionale Kraft zu haben, sie hat sich ihnen mit den Gefühlen von Stolz, Glück und Selbstbewusstsein eingeprägt, darauf schienen nur wenige verzichten zu wollen. Wie sehr diese emotionale Prägung gleichzeitig eine politische war, offenbart sich an einem Vorfall in Berlin 1952. Demnach durfte auf Einwirken des Bezirksbürgermeisters im Bezirk Wedding auf einem nationalen Gedenktag nicht das *Deutschlandlied* gespielt werden, „weil sie bei einem Teil der dort wohnenden Arbeiterbevölkerung einen bitteren Beigeschmack erwecke" (Ohne Autor, FAZ, 12.9.1952, 2). Verwunderlich ist dieser bittere Beigeschmack nicht, wenn man bedenkt, dass sieben Jahre zuvor genau dieses *Deutschlandlied* immer zusammen mit dem *Horst-Wessel-Lied* erklang.

Sowohl Wilhelm Pieck als auch Theodor Heuss haben sich gewünscht, dass „ihre" Hymnen sich im Volk zu wirklichen, identitätsstiftenden Nationalhymnen entfalten würden. Der entscheidende Unterschied lag in den politisch definierten Möglichkeiten, diese Hymne tatsächlich unters Volk zu bringen. Zusammen mit der ersten offiziellen Präsentation der Hymne im November 1949 erschien die Nationalhymne der DDR regelmäßig in Text, zuweilen auch Melodie in der Tagespresse. Im Radio erklang sie regelmäßig zu Sendebeginn und Sendeausklang, sogar Lehrsendungen zum Erlernen der Hymne wurden ab November 1949 ausgestrahlt. Der Leipziger Jugendchor studierte das Lied ein, das dann als Muster zum Mitlernen aufgezeichnet und regelmäßig gesendet, gar auf Platten verkauft wurde. Die Hymne wurde ab November zu allen offiziellen Anlässen gespielt, obwohl sie pro forma erst im Februar 1950 ganz offiziell als Hymne verabschiedet wurde. Innerhalb kürzester Zeit musste die Bevölkerung der DDR die Hymne im Ohr gehabt haben, ob nun gewollt, oder ungewollt.

Auch Theodor Heuss nutzte Popularisierungsstrategien wie billige Notendrucke, Schallplatten und das regelmäßige Abspielen der Hymne im Rundfunk. Der Bundespräsident hatte nach geltendem Staatsrecht die Befugnis, ein Lied zur Nationalhymne zu erklären. Er wollte jedoch von diesem Recht erst Gebrauch machen, wenn er die Zustimmung der Deutschen spürte. Denn die „Nation [muss] aus innerstem Gefühl ein bestimmtes Lied" bejahen. „Zu Hymnen des Volkes erwachsen sie erst aus der Anteilnahme der Nation" (Ohne Autor, FAZ, 19.12.1950, 1).

Bundeskanzler Adenauer hielt an der Überzeugung fest, dass kein anderes Lied, als das *Deutschlandlied* so sehr in den Herzen des deutschen Volkes verwurzelt sei und es genau deshalb zur Hymne werden sollte. Im Mai 1952 einigten sich der Bundeskanzler Adenauer und der Bundespräsident Theodor Heuss darauf, dass die dritte Strophe des *Deutschlandliedes* die Nationalhymne der Bundesrepublik sein sollte.

Die Strategien in Ost und West unterschied, dass Wilhelm Pieck das Erlernen und regelmäßige gemeinschaftliche Singen der neuen Hymne verpflichtend machen konnte. Denn sie lag auf einer Linie mit dem Parteiprogramm der SED, die zu diesem Zeitpunkt bereits die meisten politischen und gesellschaftlichen Schaltstellen in der Hand hatte.

3.2.3 Aufgabenvorschläge

Ein Einstieg in die Unterrichtstunde ist mit der Methode „Produktive Irritation. Mit Hörerwartungen brechen" (siehe Methodenpool 2.2.1 Produktive Irritation Nationalhymen einmal anders) denkbar. Dazu lassen sich Kontrastpaare bilden. Für die Becher/Eisler-Hymne gibt es einerseits die bekannten Studioaufnahmen, andererseits gibt es aber auch Cover-Versionen, wie das der Elektropopgruppe „Mia".[67] Ein anderes Kontrastpaar ist die Chorvariante des *Deutschlandliedes* mit der Live-Aufnahme vor dem Rathaus Berlin Schöneberg, die sogenannte „Schöneberger Fassung".[68] Am 10. November 1989 gab es eine von der Bundesregierung organisierte Großkundgebung vor dem Schöneberger Rathaus. Bundeskanzler Helmut Kohl wurde extra dafür eingeflogen, mit dabei waren der regierende Bürgermeister von Berlin Walter Momper, der SPD-Ehrenvorsitzende Willy Brandt und Außenminister Hans-Dietrich Genscher. Während die Menge der Ost- und Westberliner*innen Helmut Kohl wegen seiner Indifferenz zur Maueröffnung auspfiffen, hörten sie Einschätzungen von Genscher und Brandt zu. Nach dem Beobachter der Tageszeitung „taz" war der „peinsame Abschluss der Kundgebung vor dem Rathaus [...] der missglückte Versuch, die Nationalhymne absingen zu lassen (zitiert in Brieske 2004, S. 11 f.).

Diese Gesangseinlage war nicht abgestimmt und misslang gründlich, hinzu kam ein deutliches Pfeifkonzert der anwesenden Demonstrierenden, die damit ihre Unzufriedenheit mit der Politik der Bundesregierung zum Ausdruck bringen wollten. Anhand dieser Kontrastpaare, die auch ausschließlich über das Hören funktionieren, lässt sich gut herausarbeiten, dass die Hymne an sich nur so feierlich und hymnisch wirken kann, wie sie auch gesungen wird. Daran lassen sich Fragen und Diskussionen in Hinblick auf die Funktion, Bedeutung und den Gebrauch von Nationalhymnen, insbesondere in Zeiten nationalstaatlicher Selbstverständigung, anschließen.

In einem zweiten Schritt geht es darum, die zentralen Aussagen der Hymnen herauszuarbeiten. Dabei stehen sich die Eisler/Becher-Hymne und das *Deutschlandlied* als die jeweiligen Hymnen der beiden deutschen Staaten gegenüber. Nacheinander werden die Lieder gemeinsam gehört. Die Schüler*innen notieren die musikalische Wirkung. Danach konzentrieren sie sich auf den Text und versuchen, in eigenen Worten die zentralen Botschaften zusammenfassend zu formulieren (siehe Methodenpool 2.2.1 Take-Away Botschaften)

Mithilfe der eingehenden Liedanalyse, die durch Informationstexte und zusätzliche Quellen, hier konkret Ausschnitten aus Tageszeitungen, gestützt wird, erfolgt die vergleichende Erarbeitung der Hymnen auf der Ebene der Lieder, des historischen Kontextes und ihrer Aufführungen.

Vergleichendes Hörprotokoll: Zwei deutsche Nationalhymnen

Fülle das Arbeitsblatt mithilfe der Lieder und der Materialsammlung aus.

	Nationalhymne der BRD	Nationalhymne der DDR
Entstehungsjahre		
Autoren		
Komponisten		
Zentrale Botschaften der Lieder		
Musikalische Wirkung der Hymnen		
Für wen war die Hymne? Wer sollte sie singen?		
Zähle Situationen auf, in denen man die Hymne gesungen haben kann.		
Welche Eigenschaften sollte nach Vorstellung der Zeitgenossen eine Nationalhymne haben?		
Wer entschied darüber, welches Lied zur Nationalhymne wurde?		
Ziele den neuen deutschen Staaten		
Der Blick auf den jeweils anderen Staat (Welche Begriffe werden verwendet? Trage Beispiele aus den Liedern und den Materialien zusammen)	Blick auf die DDR	Blick auf die BRD

3.2.3.1 Vorschläge für Materialien

Der Hymnenstreit in der Bundesrepublik Deutschland (Info-Text)

Mit der Gründung der Bundesrepublik Deutschland stellte sich die Frage nach der Nationalhymne. Die CDU/CSU, allen voran der Bundeskanzler Konrad Adenauer, sprachen sich vehement für das alte *Deutschlandlied* aus, wenn auch nur für die unverfängliche dritte Strophe. Theodor Heuss, erster Bundespräsident der Bundesrepublik Deutschland, wünschte sich 1950 eine neue Hymne für den neugegründeten deutschen Staat. Die alte Deutschlandhymne kam für ihn nicht mehr in Frage. Denn die erste Strophe mit den Zeilen „Deutschland, Deutschland über Alles" stand für die aggressive Politik Hitlerdeutschlands. Dieses Lied konnte außenpolitisch kein Vertrauen in ein neues, friedlicheres Deutschland wecken. Der liberale Präsident Theodor Heuss gab im Sommer 1950 beim Dichter Rudolf Alexander Schröder und beim Komponisten Hermann Reutter eine neue Hymne in Auftrag. Zum Jahreswechsel 1950/51 erklang diese neue Hymne das erste Mal im Radio. Der Bundespräsident Heuss erklärte, dass er sich erhoffte, dass das neue Lied, „von der Nation aus dem innersten Gefühl heraus bejaht werde" (Ohne Autor, Die Hymne, in: FAZ, 19.12.1950, 1). Doch die neue Hymne hatte es schwer, sie konnte die Massen nicht begeistern. Das lag weniger an der Komposition selbst, als daran, dass die Deutschen nicht auf ihre vertraute Nationalhymne verzichten wollten. Bundeskanzler Adenauer hielt an der Überzeugung fest, dass kein anderes Lied, als das *Deutschlandlied* so sehr in den Herzen des deutschen Volkes verwurzelt sei. Im Mai 1952 einigten sich der Bundeskanzler Adenauer und der Bundespräsident Theodor Heuss darauf, dass die dritte Strophe des *Deutschlandliedes* die Nationalhymne der Bundesrepublik sein sollte.

Umfrage des Institutes für Demoskopie (Meinungsforschung) in Allensbach vom September 1951[69]

Frage: Deutschland soll wie andere Länder wieder eine Nationalhymne haben. Es ist noch nicht entschieden, ob man wieder das *Deutschlandlied* nehmen soll. Sind Sie dafür oder dagegen, das *Deutschlandlied* wieder einzuführen?

Dafür:	73 Prozent
Dagegen:	9 Prozent
Unentschlossen:	18 Prozent

Das Kernstück der vergleichenden Beschäftigung mit den Hymnen ist die Erarbeitung der Selbst- und Fremdbilder der beiden deutschen Staaten. Ein zentrales Ergebnis ist, dass es beiden Staaten zu diesem Zeitpunkt immer noch um die Einheit Deutschlands ging, die Teilung somit provisorisch war. Beide Hymnen versprechen Glück, das auf „Einigkeit und Recht und Freiheit" auf der einen Seite und auf „Frieden" auf der anderen Seite baut. Anhand der neuen Hymne der DDR lässt sich vor allem die Zukunftsorientierung herausarbeiten, der unbedingte Wille, sich von der Vergangenheit zu lösen („alte Not gilt es zu zwingen") und „vereint" ein schönes, glückliches und vor allem friedliches Land aufzubauen.

3.2.3.2 Quellen

Die westdeutsche Presse über die neue Nationalhymne der DDR

Das Pflichtlied
„Die von Johannes R. Becher gedichtete Nationalhymne der Sowjetzonen-Republik [...] soll auf Anordnung des Volksbildungsministeriums einige Zeit morgens und abends über den Berliner Rundfunk gesendet werden. Außerdem sind die Länder aufgefordert worden, die Hymne als Pflichtlied in den Grundschulen einzuführen."
Die Zeit, 17. November 1949

Siegesbanner und Heldenruhm
„In der Sowjetzone ist daher eine „fortschrittliche" Nationalhymne gültig. Das neue Lied blieb jedoch unpopulär, obwohl es durch unermüdliche Wiederholung im Schulunterricht, durch Presse und Rundfunk eingehämmert wurde. Man merkt es, wenn man jenseits mit Bewohnern der Ostzone westdeutsche Rundfunksender abhört und wenn dann nach der Tagesabsage das *Deutschlandlied* erklingt. Es ist jedesmal eine heimliche Feierstunde."
FAZ, 24. Juni 1952

Die DDR-Presse über das *Deutschlandlied*

Das Lied des Deutschen Volkes
„Es liegt ein bitterer mahnender Sinn in der Tatsache, daß das deutsche Volk als Nation vier Jahre lang stumm war, verzichten mußte auf die feierlich-ernsten Minuten, in denen man sich erhebt, mit Sammlung und mit Stolz des Vaterlandes gedenkt im Lied des Vaterlandes: in der *Nationalhymne*. [...] Verbrechen jedoch gegen die ganze Welt und gegen Deutschland selbst hatten uns nicht nur in verzweifelter Trauer vor Gräber hingeworfen, hatten nicht nur unsere Städte zerstört – auch den Schatz der Nationalhymne hatten sie verwirkt. Das Lied [...] war geschwärzt von Schuld und Scham. Eine Melodie und Worte, die Generationen hindurch jeden Überfall auf die anderen Völker begleitet, die schon den Kindern auf die Schulbank den Chauvinismus [übersteigerte Vaterlandsliebe] ans Herz gespült haben, durften nicht weiterleben. [...] Da war kein Geist enthalten, der erlaubte, das Lied in einem neuen Geist zu singen. Es mußte abgetan werden, endgültig, wie die Schande des Faschismus endgültig abgetan werden muß."
Berliner Zeitung 8. November 1949

Zum Abschluss der Beschäftigung mit den Nationalhymnen lassen sich Methoden verwenden, die auf die emotionale Wirkmächtigkeit des gemeinsamen Singens von Nationalhymnen abzielen. Denkbar ist die Methode „Kommentieren und Rezensieren" (siehe Methodenpool 2.3.4).

Um sich genauer mit der Funktion und Bedeutung des Gesanges von Nationalhymnen zu beschäftigen, könnte es eine Aufgabe der Schüler*innen sein, eine solche Situation des Singens aus der Perspektive eines*r Radioreporters*in zu beschreiben. Daran anschließend lassen sich Strategien der Emotionalisierung diskutieren. Dabei können und sollen die Lernenden durchaus von sich selber ausgehen, darüber nachdenken, ob und wann sie selber eine Nationalhymne gesungen haben und ob und was sie dabei dachten oder fühlten. Wichtig bei dem Aufgabenformat ist es, dass die Schüler*innen nicht glauben, das Fühlen und Denken in der historischen Situation nachbilden zu müssen. Sie dürfen und müssen Kommentatoren*innen dieser Situationen sein und dürfen in dieser Eigenschaft frei und von sich aus formulieren, was das Singen ihrer Ansicht nach bedeuten könnte.

Aufgabenvorschlag (1)

- Stelle Dir eine Festveranstaltung am 7. Oktober 1950 in Ostberlin vor, dem ersten Jahrestag der Gründung der Deutschen Demokratischen Republik. Zu dem Festprogramm gehören Reden von bedeutenden Politikern und das gemeinsame Singen der Nationalhymne der DDR. Du bist Radioreporter*in und beschreibst und kommentierst die Veranstaltung für die Zuhörer*innen an den Rundfunkgeräten in der DDR. Schreibe zu dieser Situation einen Radiokommentar: Was glaubst Du, kann ein*e Kommentator*in beim Gesang der Nationalhymne beobachten? Welche Eindrücke, Gedanken und Gefühle möchte sie*er dem Publikum an den Radiogeräten vermitteln?
- Stell Dir vor, Du bist Radioreporter*in aus der Bundesrepublik und kommentierst die Veranstaltung für die Zuhörer*innen an den Rundfunkgeräten in der Bundesrepublik. Schreibe zu dieser Situation einen Radiokommentar: Was glaubst Du, kann ein*e Kommentator*in beim Gesang der Nationalhymne beobachten, welche Eindrücke, Gedanken und Gefühle möchte sie*er dem Publikum an den Radiogeräten vermitteln? Wie steht sie*er als ein*e Beobachter*in aus dem Westen dazu?

Aufgabenvorschlag (2)

- Erinnere Dich an eine Situation, in der Du eine Nationalhymne selbst gesungen hast oder in der Du beobachtest hast, dass andere eine Nationalhymne sangen (z.B. bei Sportereignissen). Kommentiere ein solches Ereignis als Fernsehreporter*in.

Abschließend können sich die Schüler*innen ihre Reportagen gegenseitig vorstellen und vergleichend darüber diskutieren, welche Bedeutung Nationalhymnen in der Vergangenheit hatten und welche sie heute für sie selbst haben, wie sich das Singen damals von dem Singen heute unterscheidet.

3.2.4 Materialien

Amos, Heike 1997: Auferstanden aus Ruinen ... Die Nationalhymne der DDR 1949 bis 1990. Berlin.

Escher, Clemens 2017: „Deutschland, Deutschland, Du mein Alles". Die Deutschen auf der Suche nach einer neuen Hymne 1949–1952. Paderborn.

Henke Bokschatz, Gerhard 2004: Eine Nationalhymne als historische Quelle. In: Geschichte lernen 99, S. 22–24.

Jeismann, Michael 2009: Die Nationalhymne. In: Francois, Etienne/ Schulze, Hagen (Hg.): Deutsche Erinnerungsorte, Band III. München, S. 660–664.

Deutsches Historisches Museum/Deutsches Rundfunkarchiv 1998: CD. Hymnen der Deutschen. Berlin u. a.

3.3 Typisch!? Gender und Geschlecht: Rollenbilder im Wandel des 19. und 20. Jahrhunderts

3.3.1 Methodisch-didaktische Vorüberlegung

In der Gegenwart wird fast ausschließlich in männlich oder weiblich unterschieden. Heterosexualität wird immer noch normativ gesetzt und damit eine Vielfalt geschlechtlicher Orientierungen kaum thematisiert. Das ändert sich langsam. Im Dezember 2018 führte ein Gesetz das dritte Geschlecht „divers" als offiziell anerkannte Variante des Personenstandrechtes ein. Damit besteht die Möglichkeit für intergeschlechtliche Menschen, in Geburtsregistern oder auf Meldeämtern ihr Geschlecht zu ändern, um sich nicht mehr auf männlich oder weiblich festlegen zu müssen. Geschlechterkonstruktionen waren und sind ein wesentlicher Teil von Identität. Gesellschaften haben sich immer soziokultureller Konstruktionen von Geschlecht bedient, die sich als sehr stabil erwiesen. Veränderungen in Hinblick auf Frauen- und Männerbilder, auf Fragen der Gleichberechtigung oder Ungleichbehandlung, in Hinblick auf Anerkennung von Diversität waren und sind Ergebnisse hart umkämpfter Aushandlungsprozesse, die bis heute nicht abgeschlossen sind. Trotz aller gesellschaftlichen Thematisierungen und Entwicklungen gerade in den letzten Jahren, bleibt weiter festzuhalten, dass eine „geschlechtersensible Perspektive auf gesellschaftliche Phänomene" auch in den Schulen „keineswegs selbstverständlich" ist (Kuhn/Windus 2017, 7). Ganz im Gegenteil, gerade an den Schulen und mehr noch im Geschichtsunterricht wird bisher wenig über Geschichte und Gegenwart von Geschlechterkonstruktionen gesprochen. Stattdessen, so der Befund von Martin Lücke, findet der „männliche (heterosexuelle, europäisch-weiße und deutsche) Charakter der hiesigen Geschichtswissenschaften [...] seinen Wiedergänger in fast allen curricularen Entwürfen für Geschichtsunterricht" (Lücke 2014, 71). Männer, so das Ergebnis eines Blickes in Geschichtslehrbücher, tauchen immer wieder auf als personalisierte Akteure der Geschichte. Geschichte wird damit als „his-story" geschrieben, ohne diesen Umstand zu problematisieren (Lücke 2014, 72). Dabei kann es nicht das Ziel sein, Frauengeschichte als „her-story" additiv neben die bisherigen Masternarrative der Männergeschichte zu setzen, sondern im historischen Lernen ein Bewusstsein dafür zu schaffen, dass „Geschlecht" in der Geschichte (und Gegenwart) eine sozial konstruierte Kategorie ist. Diese Vorstellung von Konstruktion wird mit dem Begriff „Gender" eingefangen. Somit sollte es das Ziel des Geschichtsunterrichtes sein, nicht Männer- und/oder Frauengeschichte zu betreiben, sondern durch die Geschlechtergeschichte, mit politik-, gesellschafts- und alltagsgeschichtlichen Perspektiven, eine neue Analysekategorie erhalten. Geschlechtergeschichte befasst sich mit dem „Zusammenhang zwischen der gesellschaftlichen und kulturellen Konstruktion menschlicher Wirklichkeiten in der Vergangenheit und dem Geschlecht als einer sozio-kulturellen Kategorie" (Kuhn/Windus 2017, 8). Damit untersucht die Geschlechtergeschichte die historisch bedingten Erfahrungen und Lebensbedingungen von Männern und Frauen und dekonstruiert Vorstellungsbilder und Zuschreibungen in ihrem Wandel. Trotz dieses oben beschriebenen Potenzials von Geschlechtergeschichte für die Herausbildung eines reflexiven Geschichtsbewusstseins, ist „Gender [...] nur mit bestenfalls halber Kraft in der Geschichtsdidaktik angekommen" (Lücke 2012a, 187).

Was kann ein Unterrichtsentwurf leisten, der Geschlechterkonstruktionen im Längsschnitt thematisieren möchte? Die Antwort darauf ist vielfältig und zielt vor allem auf eines: Die Entwicklung von Genderkompetenz. Das bedeutet, dass Gender strukturell eine Leitkategorie des Geschichtsbewusstseins werden sollte (Lücke 2012a, 191–193). Genderkompetenz zeichnet sich aus durch:

- ein Bewusstsein für die gesellschaftliche Konstruktion von Geschlecht
- Sensibilität für Geschlechterstereotype
- Anerkennung von Diversität als Normalität
- Erkennen der historischen Gemachtheit von Rollenbildern, Fragen nach Wandel
- Kennenlernen, Wertschätzung alternativer Rollenbilder

- Reflexion über Strategien, Ausprägungen und Folgen von Ungleichbehandlung

Das lässt sich im Unterricht beispielhaft erreichen durch die Thematisierung von

- Rollenbilder im Wandel
- sexuelle Identitäten zwischen Kriminalisierung, Protest und Selbstfindung

Für diese Bereiche lassen sich verschiedene Beispiele und Lieder finden. Die folgenden Vorschläge verstehen sich wie immer als Anregungen für eigene Themensetzungen.

3.3.2 Historische Kontexte

Gerade für das Thema Rollenbilder im Wandel bietet sich der thematische Längsschnitt als Untersuchungsverfahren an. Er ermöglicht, über einen längeren historischen Zeitraum Wandel in Hinblick auf die Frage nach gesellschaftlichen Konstruktionen von Rollenbildern und deren Aushandlungen in den Blick zu bekommen. Dieser „diachron-phänomenbezogene" (Barricelli 2012a, 212) Zugriff auf die Geschichte bietet die Möglichkeit, eine der zentralen Kategorien menschlicher Erfahrung exemplarisch zu vertiefen und in Hinblick auf aktuelle Diskussionen um Geschlechter(konstruktionen) zu erarbeiten. Der Längsschnitt biete sich aus „einer pointierten (oft als beunruhigend empfundenen) Gegenwartserfahrung heraus" an (Barricelli 2012a, 208).

Männliche und weibliche Rollenbilder können auf unterschiedlichen Ebenen sichtbar gemacht werden. Was durften bürgerliche Frauen und Männer im öffentlichen mitteleuropäischen Raum und was nicht? Welche Rolle erlernte ein bürgerliches Mädchen, welche ein Junge aus der Arbeiterschicht? Folgend wird vorgeschlagen, den Wandel der Rollenbilder anhand der in Liedern beschriebenen Arbeitswelten zu diskutieren. Das hat den Vorteil, dass für das 19. und frühe 20. Jahrhundert die Lebenswelt der Arbeiterinnen thematisiert werden kann, einer historischen Gruppe, die sonst eher selten in den Fokus gerät.

Ein solcher Längsschnitt kann mit einer eigenständigen Erarbeitungsphase beginnen. Der vorbereitende Auftrag an die Schüler*innen ist es, selbstständig in modernen Liederbüchern oder auch Liedanthologien von Kinder- und Volksliedern zu recherchieren und Beispiele dafür zu finden, wie in volkstümlichen Liedern das Leben von Männern und Frauen dargestellt wird. Relativ unaufwendig lassen sich Lieder finden, die den männlichen Berufsalltag charakterisieren (zum Beispiel der Leineweber, der Müller, der Handwerker, der Steiger, der Bauer). Das sind alles Lieder von Berufen oder Zünften, überwiegend aus dem 18. und 19. Jahrhundert. Die Frauen wiederum gibt es kaum im geläufigen Repertoire der volkstümlichen Lieder. Falls man dennoch ein Lied findet, in dem Frauen vorkommen, dann sind sie eher dem privaten Lebensbereich zugeordnet, als Mutter, Waschfrau oder Magd (vgl. Breuer 1996, 11). Daraus lässt sich wenig erfahren über die alltägliche Lebenswelt von Frauen des dritten Standes oder später der Arbeiterklasse. Dieser Befund lässt sich mit den Vorstellungen und Erfahrungen der Schüler*innen über Aufgaben von Männern und Frauen heute kontrastieren. Aus der Gegenüberstellung lassen sich historische Fragen über Wandel beziehungsweise auch Kontinuitäten formulieren, die bestenfalls am Beginn des Prozesses historischen Lernens stehen sollten.

Im Verlauf der Unterrichtseinheit geht es darum, die spezifischen Lebensbedingungen der Frauen zu verdeutlichen, ein Bewusstsein für die je zeitspezifischen Geschlechterstereotype zu erarbeiten und die Ausprägungen und Folgen der gesellschaftlichen Ungleichbehandlung zu diskutieren. Darauf aufbauend lassen sich Handlungsräume der Frauen in ihren spezifischen Zeiten ausloten und entlang dessen Ziele der Frauenbewegungen des 19. und 20. Jahrhunderts systematisieren.

Die vorhandenen Lieder bieten sich dafür an, historische „Anker“ in dem Längsschnitt zu setzen.

a) London um 1850: *Das Lied vom Hemde* (Original Text 1843: *Song of the Shirt*, Thomas Hood; Übertragung ins Deutsche 1849 Ferdinand Freiligrath)
b) New York 1911: *Brot und Rosen* (Original 1911: Bread and Roses, James Oppenheim; Vertonung 1976: Mimi Fariña)
c) DDR 1970: *Dieses Lied sing ich den Frauen* (1970, Kurt Demmler)
d) BRD 1982: *Neue Männer braucht das Land* (Ina Deter)

a) Das Lied vom Hemde (Übertragung ins Deutsche 1849: Ferdinand Freiligrath)

Mit Fingern mager und müd,
Mit Augen schwer und rot,
In schlechten Hadern saß ein Weib
Nähend fürs liebe Brot.
Stich! Stich! Stich!
Aufsah sie wirr und fremde;
In Hunger und Armut flehentlich
Sang sie das „Lied vom Hemde".

„Schaffen! Schaffen! Schaffen!
Sobald der Haushahn wach!
Und Schaffen – Schaffen – Schaffen,
Bis die Sterne glüh'n durchs Dach!
O, lieber Sklavin sein
Bei Türken und bei Heiden,
Wo das Weib keine Seele zu retten hat,
Als so bei Christen leiden!

„Schaffen – Schaffen – Schaffen,
Bis das Hirn beginnt zu rollen!
Schaffen – Schaffen – Schaffen,
Bis die Augen springen wollen!
Saum und Zwickel und Band,
Band und Zwickel und Saum -
Dann über den Knöpfen schlaf ich ein,
Und nähe sie fort im Traum.

„O Männer, denen Gott
Weib, Mutter, Schwestern gegeben:
Nicht Linnen ist's was ihr verschleißt -
Nein, warmes Menschenleben!
Stich! Stich! Stich!
Das ist der Armut Fluch:
Mit doppeltem Faden näh' ich Hemd,
Ja, Hemd und Leichentuch!

„Doch was red' ich nur vom Tod,
Dem Knochenmanne! – Ha!
Kaum fürcht' ich seine Schreckgestalt,
Sie gleicht meiner eignen ja!
Sie gleicht mir, weil ich faste,
Weil ich lange nicht geruht.
O Gott, daß Brot so teuer ist,
Und so wohlfeil Fleisch und Blut!

„Schaffen – Schaffen – Schaffen!
Und der Lohn? Ein Wasserhumpen,
Eine Kruste Brot, ein Bett von Stroh,
Dort das morsche Dach – und Lumpen!
Ein alter Tisch, ein zerbrochner Stuhl,
Sonst nichts auf Gottes Welt!
Eine Wand so bar – 's ist ein Trost sogar,
Wenn mein Schatten nur drauf fällt!
„Schaffen – Schaffen – Schaffen -
Vom Früh- zum Nachtgeläut!

Schaffen – Schaffen – Schaffen,
Wie zur Straf' gefangne Leut'!
Band und Zwickel und Saum,
Saum und Zwickel und Band,
Bis vom ewigen Bücken mir schwindlig wird,
Bis das Hirn mir starrt und die Hand!
„Schaffen – Schaffen – Schaffen,
Bei Dezembernebeln fahl!

Schaffen – Schaffen – Schaffen,
In des Lenzes sonnigem Strahl!
Wenn zwitschernd sich ans Dach
Die erste Schwalbe klammert,
Sich sonnt und Frühlingslieder singt,
Daß das Herz mir zuckt und jammert.

„O, draußen nur zu sein,
Wo Viol' und Primel sprießen -
Den Himmel über mir,
Und das Gras zu meinen Füßen!
Zu fühlen wie vordem,
Ach, eine Stunde nur,
Eh' noch es hieß: ein Mittagsmahl
Für ein Wandeln auf der Flur!

„Ach ja, nur eine Frist,
Wie kurz auch – nicht zur Freude!
Nein, auszuweinen mich einmal
So recht in meinem Leide!
Doch zurück, ihr meine Tränen!
Zurück tief ins Gehirn!
Ihr kämt mir schön! netztet beim Nähn
Mir Nadel nur und Zwirn!"

Mit Fingern mager und müd,
Mit Augen schwer und rot,
In schlechten Hadern saß ein Weib,
Nähend fürs liebe Brot.
Stich! Stich! Stich!
Aufsah sie wirr und fremde;
In Hunger und Armut flehentlich -
O, schwäng' es laut zu den Reichen sich! -
Sang sie dies „Lied vom Hemde".

Das Lied spiegelt anklagend das Leben Londoner Arbeiterinnen wider. Es wird überliefert, dass Thomas Hood das Lied einer Mrs. Bidell widmete, einer Witwe und Näherin, die entsprechend der Gepflogenheit in ihrem eigenem Heim Hemden und Hosen nähte. Die Aufträge und Materialien erhielte sie von ihrem Arbeitgeber. Dafür mussten sie mit bis zu zwei Britischen Pfund in Vorkasse (für die Materialien) gehen, diese bekam sie erst mit den fertig genähten Sachen zusammen mit ihrem Lohn zurück (Jerrold 1907). Diese Praktik stürzte viele Frauen in noch größere Not, da der Druck, schnell und gut zu nähen, enorm war. Anderenfalls konnte es passieren, dass sie weder die zwei Pfund zurückbekamen noch einen Lohn.

Dieses Gedicht von Thomas Hood wurde schnell populär, da es zu einer Zeit erschien, in der Armut und Lebenssituation der britischen Arbeiterklasse immer mehr thematisiert wurde. Von wem die Melodie stammt und ab wann es gesungen wurde, ist nicht bekannt. Die britische Frühindustrialisierung führte rasch zu einer Umstrukturierung vom Agrarstaat zu einem Industriestaat und begründete die Proletarisierung insbesondere in den Industrialisierungszentren, wie London. Die Kritik an den Lebens- und Arbeitsbedingungen der Arbeiter*innen führte zur Begründung des Gewerkschaftswesens. Das hatte seinen Ursprung in England. 1872 erfolgte die staatliche Anerkennung der Gewerkschaften, die für mehr Rechte und Schutz der arbeitenden Klasse kämpfte. Um Arbeiterinnen ging es in der ersten Phase der Herausbildung der englischen Gewerkschaften jedoch kaum. Gerade deshalb eröffnet das Gedicht von Hood eine seltene Perspektive auf die Frauen, die sich an ihrer Doppelrolle als Mutter und (Mit)ernährerin der Familie ganz besonders abarbeiteten.

b) Brot und Rosen (1911)

Wenn wir zusammen gehen,
geht mit uns ein schöner Tag,
durch all die dunklen Küchen
und wo grau ein Werkshof lag,
beginnt plötzlich die Sonne
unsre arme Welt zu kosen
und jeder hört uns singen
BROT UND ROSEN

Wenn wir zusammen gehen,
kämpfen wir auch für den Mann,
weil unbemuttert kein Mensch
auf die Erde kommen kann
und wenn ein Leben mehr ist
als nur Arbeit, Schweiß und Bauch
wollen wir mehr – gebt uns Brot
doch gebt die Rosen auch.

Wenn wir zusammen gehen
gehen unsre Toten mit,
ihr unerhörter Schrei nach Brot
schreit auch durch unser Lied
sie hatten für die Schönheit,
Liebe, Kunst erschöpft nie Ruh
drum kämpfen wir ums Brot
und woll'n die Rosen dazu.

Wenn wir zusammen gehen
kommt mit uns ein bessrer Tag,
die Frauen, die sich wehren
wehren aller Menschen Plag,
zuende sei, dass kleine Leute
schuften für die Großen,
her mit dem ganzen Leben:
BROT UND ROSEN

Am 11. Januar 1912 legten circa 14.000 Arbeiter*innen der Textilfabriken in Lawrence (Bundesstaat Massachusetts) die Arbeit nieder, um für eine bessere Entlohnung und gegen Kinderarbeit zu streiken. Auf einem Transparent stand der Slogan „We want bread and roses too". Dieser stammt aus einer Rede der New Yorker Gewerkschafterin Rose Schneidermann aus dem Jahr 1911. Das inspirierte den Dichter James Oppenheimer zu seinem Gedicht „Bread and roses", das er den Frauen widmete. Denn es waren im Januar 1912 insbesondere die Frauen, die entschlossen in den Streik gingen und sich lieber inhaftieren ließen, als wieder zu arbeiten. Sie kämpften eben nicht nur um gerechteren Lohn (mehr Brot), sondern auch um menschenwürdigere Arbeits- und Lebensbedingungen (symbolisch stehen dafür die Rosen). Der Streik ging fast drei Monate und war nur durch zahlreiche Solidaritätsspenden aufrecht zu erhalten. Am Ende erkämpften die Streikenden zwischen 15 bis 21 Prozent mehr Lohn. (Getzschmann 2007, o.S.). Seit diesem Jahr gehört der Slogan „Brot und Rosen" zur internationalen Frauen- und Gewerkschaftsbewegung. Zu einem Lied wurde das Gedicht aber erst mit der Vertonung der Liedermacherin Mimi Baez Fariña 1976. Der Lyriker Peter Maiwald übersetzte das Lied 1978 ins Deutsche. In dieser Version mit der Nachvertonung von Renate Fresow ist das Lied heute im deutschsprachigen Raum bekannt (Adamek 1981, 246f).

c) Dieses Lied sing ich den Frauen (1970, Kurt Demmler)

Dieses Lied sing' ich den Frauen
Die allein sind in den Nächten
Ihr Alleinsein nicht verdau'n
Und so gern bei ihm sein möchten
Dieses Lied sing ich Maria
Die schon auf der Penne alles ausprobierte
Und dann abging, denn sie kriegte etwas Kleines
Und der Vater von Maria
Und der des begonnen Kindes
Wollten nichts mehr von ihr wissen
Geh' Maria und verwind' es
Und Maria schluckte heftig

Und es lag ihr schwer im Magen
Und ihr Kindchen lag daneben
Und sie wollt 's nicht nur ertragen
Sie besorgte sich ein Zimmer
Schlug mit ihrer kleinen frommen
 Faust
Das Mutterschutzgesetz auf den Tisch
Bis sie 's bekommen
Und sie malte es auch selber
Wusste bald schon
Mit den Türen und Handwerkern
 umzugehen
Wenn sie knarren, muss man schmieren
Nach gesetzmäßigen Ablauf
Und wie man ihr sagte: „schmerzarm"
Schenkte sie 'nem Sohn das Leben
Der machte ihr das Herz warm
Klagte auf mehr Alimente
Denn das Söhnchen war ihr treuer
Zahlpflichtig ein Tanzmusiker
Der beschiss nämlich die Steuer
Später ging sie selbst verdienen
Lange stand es auf der Kippe
Arbeit gab es, wo sie suchte
Aber dort gab 's keine Krippe
Als sie eine Krippe hatte
War die Arbeit ihr nicht lieb
Doch was nicht war, wollt' man ihr
 machen
'S war ein Zulieferbetrieb
Abends ging sie noch zur Schule
Und das Abitur viel schwer
Ihre Augen kriegten Ringe
Und ihr Ringfinger blieb leer
Manchmal saß zwar ein dem Kinde
Fremder Mann am Tische früh
Doch 's war immer nur ein Onkel
Und ein Vati war es nie
Dann bekam sie noch ein Studium
Das man gerade reformierte
Sodass sie es ein Jahr kürzer
Als vorher und nachher passierte
Und sie wurde Redakteurin
Einer guten Wochenzeitung
Kam, weil sie den Mund aufmachte
Gleich in die Gewerkschaftsleitung
Wurde Mitglied DFD, DSF
Na, und so weiter
Setzte sich nicht immer durch
Wurde doch Abteilungsleiter
Wurde mit dem Kollektiv
Sozialistische Brigade
Manchmal lag sie auch schief
Doch auch dafür stand sie g'rade
Elternbeirat war sie auch
Doch ihr Sohn war gut gelungen
Kürzlich hat sie nun dem Handel
'Nen Trabanten abgerungen
Und der fuhr die zwei in 'n Urlaub
Dort erholten sie sich sehr
An den Vater dachten beide
Angeblich schon längst nicht mehr
Heute Nacht sah ich Maria
Eine Frau von Mitte dreißig
Steh'n in einer Telefonzelle
Tränen sah ich und nun weiß ich,
Dass emanzipierte Frauen
Die uns ach so stark erscheinen
Noch Jahrzehnte lang und länger
Nachts um ihre Schwächen weinen.

1973 veröffentlichte der ostdeutsche Singer-Songwriter Kurt Demmler eine Single mit dem Titel: *Dieses Lied sing ich den Frauen (Maria).* Es entstand wahrscheinlich ein paar Jahre zuvor anlässlich des Internationalen Frauentages, ein bedeutender Tag im Festkalender der DDR. Kurt Demmler, 1943 in Posen geboren, gehörte zu den ersten vollständig in der DDR sozialisierten Jahrgängen. Er studierte Medizin und war aktiv in Jugendmusikensembles der Freien Deutschen Jugend tätig, vor allem im Oktoberklub, dem bekanntesten Gesangsensemble um 1970. Ende der 1960er Jahre wurde er mit zahlreichen eher sozialkritischen als affirmativen Liedern bekannt. Die DDR-Regierung würdigte ihn mit mehreren Preisen. Nachdem er sich kritisch über die Ausweisung des Liedermachers Wolf Biermann geäußert hatte und ein entsprechendes Protestschreiben unterschrieb, sperrte ihn die Staatsführung als Sänger. Er textete aber weiter für berühmte Sänger*innen und Bands in der DDR. Nach der politischen Wende 1989 gelang es Demmler nicht mehr, als Singer-Songwriter Fuß zu fassen. In den Nachwendejahrzehnten folgten Anklagen wegen sexuellen Missbrauchs von Minderjährigen. Im Februar 2009 nahm er sich das Leben (Kirchenwitz 2009).

In diesem sozialkritischen Lied erzählt Demmler eine nicht untypische Geschichte junger Frauen in der DDR der 1970er Jahre, die alleinerziehend ihr Berufs- und Privatleben meistern. Denn obwohl Maria jung ein Kind bekam, machte sie Karriere im sozialistischen Betrieb und wurde dank Weiterqualifikationen, Abendschule und Zusatzstudium eine erfolgreiche Frau, die sich zusätzlich noch im Elternaktiv engagierte, sich aber um ihren wohlgeratenen Sohn keine Sorgen zu machen brauchte. Einen kritischen Ton bekommt das Lied durch seine letzten Zeilen, die auf die Zerbrechlichkeit der „emanzipierten“ Frauen verweisen und damit den Interpretationsraum für die Bedeutung der Mehrbelastung im Leben der sozialistischen Frauen öffnen. Denn die Regierung der DDR versuchte gerade in den 1960er und 1970er Jahren mit Qualifizierungskampagnen sowie einer gezielten Frauenbildungs- und Frauenarbeitspolitik die Frauen qualifiziert auf den Arbeitsmarkt zu bekommen. Das sozialistische Leitbild war die arbeitende Mutter. Die Sozialpakete der 1970er Jahre unterstützten die erwünschte kontinuierliche Erwerbsarbeit auch von Müttern durch entsprechende finanzielle Anreize. Im Grunde lässt sich an diesem Lied *Maria* die zentrale Frage erarbeiten: Handelte es sich bei den Frauen in der DDR um emanzipierte oder zwangsemanzipierte Frauen?

d) Neue Männer braucht das Land (1982, Ina Deter)

Ich sprüh's auf jede Häuserwand
Ich such' den schönsten Mann im Land
ein Zettel an das schwarze Brett
Er muß nett sein, auch im Bett

Kratze es in Birkenrinden
Wo kann ich was Liebes finden
schreib's in Gold auf die Altäre
Ich komme nicht mit der Schere

Male es auf jede U-Bahn
Ruf mich unter 318 an
drucke mir Demo-Flugblätter
mit dem Bild von dem Erretter
und verteile sie vor Karstadt
Hab' die Männer noch nicht ganzsatt
setz' es fett in die BILD-Zeitung
E-MAN-ZE sucht 'ne Begleitung

Refrain:
Ich sprüh's auf jede Wand
Neue Männer braucht das Land

Laß's im Werbefernsehn laufen
Notfalls würd' ich einen kaufen
singe es von allen Bühnen
Große Chancen haben Hünen
trage es auf meinem T-Shirt
Schreib mir wer, wo, was von wem hört
werd'ne Neonleuchtschrift machen
Wenn du so bist wie dein Lachen,
möchte ich dich wiedersehn,
mit dir schwimmen nach Athen,
sogar mit dir früh aufstehn,
sogar mit dir untergehn
Refrain

Für die Frauenbewegung der Bundesrepublik Deutschland steht das Lied *Neue Männer braucht das Land*. Als die Rocksängerin Ina Deter mit diesem Song einen Hit landete, war die Neue Frauenbewegung in der Bundesrepublik über die Phase der ersten Artikulation und Bewusstseinswerdung bereits hinaus. Die politische Mobilisierung war erfolgreich und die Themen der Frauenbewegung waren klar formuliert. Es ging den Frauen um eine Selbstbestimmung über ihren Körper, damit um eine Reform des §218, weiterhin kämpften sie um Lohngleichheit und die Anerkennung von Hausarbeit als Lohnarbeit. In Selbsthilfeprojekten und neu gegründeten Frauenhäusern thematisierten sie öffentlich Gewalt gegen Frauen. Mit ihrem Lied versuchte Ina Deter die konservative öffentliche Wahrnehmung mit dem feministischen Programm der Frauenbewegung zu versöhnen. Ina Deter dreht die öffentliche Perspektive um, denn nicht die Frauen sollten sich verändern müssen, sondern der gesellschaftspolitische Umgang mit den Frauen, es brauchte also „neue Männer". Auch wenn hier die Kritik an der männerdominierten Gesellschaft vielmehr zurückhaltend ist und kaum vergleichbar mit Ninas Hagen Song der Frauenbewegung *Unbeschreiblich weiblich* (1978, Nina Hagen), machte das Lied seinerzeit „alle so besoffen" (Hering 2007, 369). Das lag wohl auch daran, dass es zu den „rhetorischen Verheißungen" gehörte, „die in der Lage gewesen sind, konservativen Inhalten einen fortschrittlichen Anstrich zu geben" (Hering 2007, 369).

3.3.3 Aufgabenvorschläge

Diese vier Lieder nehmen unterschiedliche Perspektiven auf Frauen ihrer jeweiligen Zeiten ein und setzen sie unterschiedlich ins Verhältnis zu ihren je eigenen männlich dominierten Gesellschaften. Damit bieten sie sich zunächst an, die je zeittypischen weiblichen Rollenbilder durch Quellenanalyse aus den Liedern erarbeiten zu lassen (durch Hörprotokolle oder Take-Away-Botschaften). Die Aufmerksamkeit der Schüler*innen sollte auf folgende Fragen gelenkt werden:

- In welchen Räumen spielt sich das Leben der Frauen ab?
- Welche Aufgabe haben die Frauen?
- Welchen Handlungsspielraum haben die Frauen?
- Welche Bilder werden von Frauen vermittelt?
- Wie werden Männer beschrieben?

Die Lieder können in diesem Vorgehen als Erzählanlass genommen werden und sollen dazu motivieren, selbstständig (mithilfe von Materialsammlungen) den spezifischen historischen Kontext zu erschließen. Das kann in Gruppenarbeit erfolgen.

Im weiteren Verlauf der Unterrichtseinheit geht es um die Herausbildung des Historizitätsbewusstseins, in dem besonders auf historischen Wandel fokussiert wird. Dabei können entlang eines Zeitstrahls entscheidende Entwicklungen vermerkt werden, die sich auf Frauenrechte beziehen und verdeutlichen, dass Frauen sich zunehmend Handlungsspielraum erkämpft haben (Dazu braucht es entsprechende Begleitmaterialien zu den Liedern).

Doch gerade das Beispiellied von Kurt Demmler verdeutlicht, dass mehr Rechte und eine intensivere staatlich gelenkte Frauenförderung nicht automatisch in ein liberaleres Frauenbild resultiert, sondern im Gegenteil, sich konservative Vorstellung über die Doppelverantwortung der Frau als Mutter bewahren können, auch wenn sie scheinbar den Männern durch sozialpolitische Maßnahmen gleichgestellt waren.

Diese Unterrichtseinheit lässt sich mit einem Schreibauftrag abschließen (siehe Methodenpool 2.2.2 Liedbiografien schreiben) und wortwörtlich mit Frauenbildern verbinden. Denn ein jedes Lied lässt durch seine Fokussierung auf konkrete Frauen und ihr konkretes (Nicht)handeln Bilder im Kopf entstehen. Das kann als Einladung verstanden werden, sich die Frauen in ihrer Zeit bildlich vorzustellen und nach eigenen Vorstellungen zu zeichnen, zu skizzieren. Zu diesen Zeichnungen (das funktioniert aber auch ohne Bild) können die

Schüler*innen Impulse für kreative Schreibaufträge erhalten. Dafür sollen sie sich ein Lied heraussuchen und die konkreten Frauenfiguren nehmen (die nähende Frau, Maria), beziehungsweise sich eine Frauenfigur konstruieren (aus der Masse der streikenden Frauen, die Frau auf der Suche nach den „neuen Männern"). Diesen Frauenfiguren sind historisch plausible männliche Akteure an die Seite zu stellen, die in den Liedern selbst oft nur am Rand auftauchen, für den kreativen Schreibauftrag jedoch sichtbar gemacht werden sollen. Der Schreibimpuls kann je nach der ursprünglich formulierten historischen Fragestellung variieren, wichtig ist, dass er die beiden Figuren in einer fiktiven, aber historisch plausiblen Geschichte miteinander agieren lässt.

Tipp

In den geschichtsdidaktischen Konzepten von Diversität und Intersektionalität geht es darum, Entstehung sozialer Ungleichheiten zu untersuchen und zu erfassen, wie verschiedene soziale Differenzierungen wie *Race, Class und Gender* historisch zusammenhingen und die Wechselwirkungen dieser in der Geschichte zu beschreiben. Für ein solches Unterrichtsziel bietet sich das Lied *Respect* (Text und Musik 1965 Otis Jay Redding, Cover 1967 Aretha Franklin) an. Es entstand im Kontext der amerikanischen Bürgerrechtsbewegung zu einer Zeit, die durch besonders blutige Rassenunruhen in den Vereinigten Staaten gekennzeichnet war. Der Song griff die Forderung nach Bürgerrechten auch für Afroamerikaner auf. Damit wurde er zum Symbol der Bürgerrechtsbewegung. 1967 nahm die Soulsängerin Aretha Franklin eine Cover-Version des Songs auf. Sie veränderte den Text in Hinblick auf die prekäre soziale Situation von unverheirateten Frauen in Amerika, denen keine Sozialhilfe gewährt wurde und für die sie mehr Respekt einforderte. In dieser Version wurde der Song zur Hymne der amerikanischen feministischen Bewegung. Daher lassen sich an dem einen Lied verschiedene Formen der sozialen Differenzierung und deren Zusammenwirken erarbeiten.

Literatur: Lücke, Martin 2012b: Diversität und Intersektionalität als Konzepte der Geschichtsdidaktik. In: Barricelli, Michele/Lücke, Martin (Hg.): Handbuch Praxis des Geschichtsunterrichts. Schwalbach/Ts., S. 136–146; Wicke, Peter 2016: Respect. In: Fischer, Michael/Hörner, Fernand/Jost, Christofer: Songlexikon. Encyclopedia of Songs. http://www.songlexikon.de/songs/respectotisredding

3.3.4 Materialien

Printmaterialien

Breuer, Julietta (1996): „Wie's die kleinen Mädchen machen ..." Erziehungsvorstellungen im Lied. In: Geschichte lernen 50/1996, S. 11–13.

Hering, Sabine 2007: „Neue Männer braucht das Land". Die ‚Nationalhymne' der deutschen Frauenbewegung. In: Stambolis, Barbara/Reulecke, Jürgen (Hg.): Good-bye memories? Lieder im Generationengedächtnis des 20. Jahrhunderts. Essen, 361–370.

Getzschmann, Lutz 2007: „Lieber kämpfend als arbeitend hungern ..." Der TextilarbeiterInnenstreik von Lawrence 1912. In: trend. onlinezeitung 05/07 (URL: http://www.trend.infopartisan.net/trd0507/t080507.html) (17.3.2021)

Kätzel, Ute 2004: „Unbeschreiblich weiblich"? Das Frauenbild im Liedtext der 1960er-1980er Jahre. In: Praxis Geschichte, S. 40–44.

Hörbeispiele

Ruhrchor: *Brot und Rosen* (URL:https://www.youtube.com/watch?v=MVoAD5GfG5w) (29.11.2020).

Joan Baez und Mimi Fariña live: *Bread and roses* (1978) (URL: https://www.youtube.com/watch?v=LWkVcaAGCi0) (29.11.2020).

Kurt Demmler, 1973: Dieses Lied sing ich den Frauen (URL: https://www.youtube.com/watch?v=BmmS2K4UIzQ) (29.11.2020).

Ina Deter, live 1982: *Neue Männer braucht das Land* (URL: https://www.youtube.com/watch?v=I8AzoP7z_Kc) (29.11.2020).

Anmerkungen

1 Ein sehr hilfreiches Nachschlagewerk in zwei Bänden mit kurzen und informativen Texten zu Musikpraktiken quer durch die Gesellschaft seit dem 10. Jahrhundert bis in die Gegenwart ist gerade erschienen, vgl. Reininghaus, Frieder/Kemp, Judith/Ziane, Alexandre (Hg.) 2020: Musik und Gesellschaft. Marktplätze. Kampfzonen. Elysium. Würzburg.

2 Siehe dazu auch Missfelder, Jan-Friedrich 2015: Der Klang der Geschichte. In: Geschichte in Wissenschaft und Unterricht Nr. 66, S. 633–649; Geisthövel, Alexa 2009: Auf der Tonspur. Musik als zeitgeschichtliche Quelle. In: Baumeister, Martin u.a. (Hg.): Die Kunst der Geschichte. Historiographie, Ästhetik, Erzählung. Göttingen, S. 157–168; Lindenberger, Thomas 2004: Vergangenes Hören und Sehen. Zeitgeschichte und ihre Herausforderung durch die audiovisuellen Medien. In: Zeithistorische Forschungen/Studies in Contemporary History, Online-Ausgabe, URL: https://zeithistorische-forschungen.de/1-2004/4586 (30.10.2020), Druckausgabe: S. 72–85.

3 Zu erkennen an Morat, Daniel (Hg.) 2018: Handbuch Sound. Geschichte – Begriffe – Ansätze. Stuttgart.

4 Aus dieser Fokussierung entstehen dann Sammelbände, wie Müller, Sven Oliver u.a. (Hg.) 2015: Kommunikation im Musikleben. Harmonien und Dissonanzen im 20. Jahrhundert. Göttingen u.a.

5 Siehe beispielsweise das Verbundprojekt: „Oper im Wandel der Gesellschaft. Die Musikkultur europäischer Metropolen im ‚langen' 19. Jahrhundert" an den Universitäten Bielefeld und Frankfurt/O., zwischen 2004 bis 2008, daraus gingen mehrere Sammelbände hervor, zum Beispiel: Müller, Sven Oliver u.a. (Hg.) 2010: Die Oper im Wandel der Gesellschaft. Kulturtransfer und Netzwerke des Musiktheaters im modernen Europa. München u.a.

6 Zum Beispiel Klenke, Dietmar 1998: Der singende „deutsche Mann". Gesangvereine und deutsches Nationalbewußtsein von Napoleon bis Hitler. Münster u.a.

7 Zum Beispiel Körner, Axel 1997: Das Lied von einer anderen Welt. Kulturelle Praxis im französischen und deutschen Arbeitermilieu 1840–1890. Frankfurt/M. u.a. oder Klenke, Dietmar 1997: Nationale oder proletarische Solidargemeinschaft? Geschichte der deutschen Arbeitersänger. Heidelberg.

8 Zum Beispiel Siegfried, Detlef 2006: Time Is on My Side. Konsum und Politik in der westdeutschen Jugendkultur der 60er Jahre. Göttingen.

9 Mecking, Sabine/Wasserloos, Yvonne 2012: Musik -Macht – Staat. Exposition einer politischen Musikgeschichte. In: dies. (Hg.): Musik – Macht – Staat. Kulturelle, soziale und politische Wandlungsprozesse in der Moderne. Göttingen, S. 11–39, hier S. 16, siehe dazu auch: Gienow-Hecht, Jessica C.E. 2015: Music and International History in the Twentieth Century. New York.

10 So geschehen in Müller, Sven Oliver 2010: Analysing Musical Culture in Nineteenth-Century Europe. Towards a Musical Turn? In: European Review of History Nr. 6, S. 833–857.

11 Siehe zum Beispiel Pandel, Hans-Jürgen ^{2}2011: Die Bildquelle im Geschichtsunterricht. Schwalbach/Ts.

12 Beispielsweise Sauer, Michael (Hg.) 1996: Lieder im Geschichtsunterricht. Geschichte lernen Nr. 50; Brieske, Rainer (Hg.) 2004: Hi(t)story. Praxis Geschichte Nr. 5; Adamski, Peter (Hg.) 2015: Popmusik. Geschichte lernen Nr. 165.

13 Siehe Frevert, Ute 2009: Was haben Gefühle in der Geschichte zu suchen? In: Geschichte und Gesellschaft Nr. 2, S. 183–209; Beitl, Matthias/Schneider, Ingo 2016: Emotional Turn?! Europäisch ethnologische Zugänge zu Gefühlen & Gefühlswelten. Wien.

14 Für die Geschichtsdidaktik: Brauer, Juliane/Lücke, Martin (Hg.) 2013: Emotionen, Geschichte und historisches Lernen. Geschichtsdidaktische und geschichtskulturelle Perspektiven. Göttingen. Ganz neu Besand, Anja u.a. (Hg.) 2019: Politische Bildung mit Gefühl. Bonn. Mittlerweile sind die Fachkongresse der einzelnen Disziplinen sehr auf Emotionen fokussiert, so fand der 14. Bundeskongress für politische Bildung im März 2019 unter dem Motto: „Was uns bewegt. Emotionen in Politik und Gesellschaft“ statt.

15 So stellte eine Langzeitstudie des Psychologen Stefan Stieger von der Universität Krems (Österreich) über Studierende im Ausland 2018 heraus, dass Heimweh krank machen kann, siehe http://prd.at/newsroom-kunden/psychologische-langzeitstudie-zeigt-zeit-ist-das-beste-schmerzmittel-gegen-heimweh/ (16.11.2020).

16 Frevert, Ute 2016: The History of Emotions. In: Feldman Barret, Lisa u.a. (Hg.): Handbook of Emotions. New York, S. 49–65, hier 56: „Words and concepts are interesting only to the extent that they inform, guide, and frame emotional practices [...]. It is in those practices that give emotion words their historically precise meaning.“

17 Siehe auch Scheer, Monique 2012: Are Emotions a Kind of Practice (and Is That what Makes Them Have a History)? A Bourdieuian Approach to Understanding Emotion. In: History and Theory Nr. 2, S. 193–200. Scheer argumentiert im Wesentlichen auf der Praxistheorie Pierre Bourdieus aufbauend.

18 Hier vor allem Rohlfes, Joachim 2005: Geschichte und ihre Didaktik. Göttingen, S. 165: Emotionales Lernen besteht zwar auch im Ausleben und Innewerden von Gefühlen, vor allem aber in deren kognitiver Verarbeitung.

19 Zum Erziehungswert der Musik siehe Aristoteles in Politik, 1337b-1338a; 1339a-1342b; und Platon, Politeia, 3. Buch 101–112. Auf diesen Überlegungen basiert auch die Diskussion um die „Affektenlehre“ im 18. Jahrhundert.

20 Das Analyseraster ist das Ergebnis mehrerer Seminare, die ich zu diesem Thema an der Bergischen Universität Wuppertal durchgeführt habe. Ich danke an dieser Stelle den Studierenden, die mit ihren Ideen und Diskussionen zur Erstellung dieses Rasters produktiv beigetragen haben.

21 Walzenaufnahme der Arbeitermarseillaise von 1909. In: Cylinder Audio Archive. URL: http://cylinders.library.ucsb.edu/search.php?query_type=keyword&query=Arbeiter&nq=1 (16.11.2020).

22 Eine Aufnahme des Liedes befindet sich auf der CD Kulisiewicz, Aleksander (1996): Lieder aus der Hölle. Aufnahmen von 1968. Bietigheim-Bissingen.

23 Wegweisend dazu sind die Überlegungen von Nicholas Cook, mit denen er den musikwissenschaftlich eingefahrenen Blick „from a text based to a performance based understanding of music" lenkte. Cook, Nicholas 2001: Between Process and Product. Music and/as Performance. In: MTO Nr. 2, ohne Seite.

24 Weitere Informationen vgl. Wasserloos, Yvonne (2012): Kalter Krieg und Staatsmusik. Emotionalisierung und (Ent-)Politisierung in Stings *Russians*. In: Peter Moormann/Albrecht Riethmüller/Rebecca Wolf (Hg.): Paradestück Militärmusik. Beiträge zum Wandel staatlicher Repräsentation durch Musik. Bielefeld, S. 317–333.

25 Videoaufnahme des Mitschnittes: https://www.youtube.com/watch?v=eLc-bh_DrKw (16.11.2020).

26 Siehe dazu Brauer, Juliane 2015: „Mit neuem Fühlen und neuem Geist". Heimatliebe und Patriotismus in Kinder- und Jugendliedern der frühen DDR. In: Eugster, David/Marti, Sibylle (Hg.): Das Imaginäre des Kalten Krieges. Beiträge zu einer Kulturgeschichte des Ost-West-Konfliktes in Europa. Essen, S. 163–185; Dokumentarfilme sind beispielsweise: Kurt Mätzig 1950: Immer Bereit. DDR; Herbert Ballmann 1952: Blaue Wimpel im Sommerwind. Dokumentarfilm über das Pioniertreffen in Dresden 1952. DDR.

27 Siehe dazu Gebhardt, Birgit 2002: Der „Fall Anklam". Schülerprotest an der EOS Anklam im September 1961. In: Herrmann, Ulrich (Hg.): Protestierende Jugend. Jugendopposition und politischer Protest in der deutschen Nachkriegsgeschichte. Weinheim/München, S. 41–56; Penzel, Rainer 2002: Der „Fall Anklam". Erinnerungen des „Rädelsführers" In: Herrmann, Ulrich (Hg.): Protestierende Jugend. Jugendopposition und politischer Protest in der deutschen Nachkriegsgeschichte. Weinheim/München, S. 57–70.

28 Das ist erst geschehen in Bracke, Sebastian u. a. 2018: Theorie des Geschichtsunterrichts. Schwalbach/Ts.

29 Siehe Meyer-Hamme, Johannes u. a. (Hg.) ^{2}2016: Was heißt guter Geschichtsunterricht? Perspektiven im Vergleich. Schwalbach/Ts.; Kuchler, Christian/Sommer, Andreas (Hg.) 2018: Wirksamer Geschichtsunterricht. Baltmannsweiler.

30 Hier vor allem zu nennen: Kulisiewicz, Aleksander 1996: Lieder aus der Hölle. Aufnahmen von 1968. RBM Musikproduktion.

31 Liedzeile aus dem Lied *In Esterwegen bin ich zwar* (1934, Text: unbekannter Häftling; Melodie: Volkslied).

32 Zum Beispiel Kreutz, Gunter 2014: Warum Singen glücklich macht. Gießen.

33 So die Aussagen des 1. FC Union auf der eigenen Webseite https://www.fc-union-berlin.de/de/gemeinschaft/veranstaltungen/weihnachtssingen/ (16.11.2020).

34 Zur Idee siehe Betzner-Brandts Webseite https://www.chorkreativ.de/mitsing-projekte-und-ch%C3%B6re/ich-kann-nicht-singen-chor/ (1.12.2020).

35 Zur Idee siehe die Webseite der Rudelsänger*innen: https://rudelsingen.de/ (16.11.2020)

36 Nachdrücklich gezeigt in dem Dokumentarfilm „White Terror", Daniel Schweizer, 2005.

37 Zum Beispiel Görtler, Michael 2013: Musik als Einstiegsdroge? Grauzone Rechtsrock als Unterrichtsbeispiel für die Sekundarstufe I und II. In: Politische Bildung Nr. 4, S. 104–125.

38 Zu einem ausführlichen Überblick siehe: Ehrenfort, Karl Heinrich 2005: Geschichte der musikalischen Bildung. Eine Kultur-, Sozial- und Ideengeschichte in 40 Stationen von den antiken Hochkulturen bis zur Gegenwart. Mainz u.a., Zitat hier S. 38.

39 Platon 1855: Politeia. Dialogorum de Republica. Der Staat. Nach der Übersetzung der Bücher I-V von Wilhelm Siegmund Teuffel, und der Bücher VI-X von Wilhelm Wiegand. In: Platon's Werke. Zehn Bücher vom Staate. Stuttgart.

40 Weiterführend: Gülke, Peter 1975: Mönche, Bürger, Minnesänger. Musik in der Gesellschaft des europäischen Mittelalters. Wien.

41 Zu Männergesangsvereinen siehe vor allem: Klenke, Dietmar 1998: Der singende „deutsche Mann". Gesangsvereine und deutsches Nationalbewußtsein von Napoleon bis Hitler. Münster u.a. Zur Genealogie des Leitspruches siehe Stadler Elmer, Stefanie 2004: „Wo man singt, da lass dich ruhig nieder ..." Erziehung und Verführung durch Lieder. In: Kurt Schärer (Hg.): Königswege, Labyrinthe, Sackgassen. Über Formen und Methoden des Denkens, Handelns und Gestaltens. Zürich, S. 215–233, hier 215, Fußnote 1.

42 Klenke klassifiziert dies als „kunstreligiöse Vorstellung", Klenke, Dietmar 1998: Der singende „deutsche Mann". Gesangsvereine und deutsches Nationalbewußtsein von Napoleon bis Hitler. Münster u.a., S. 7.

43 Zeile aus dem Bundeslied (1863, Georg Herwegh).

44 Siehe ausführlich: Brauer, Juliane 2012: Internationale. In: Kruke, Anja/Woyke, Meik (Hg.): Deutsche Sozialdemokratie in Bewegung. Bonn, S. 33–38.

45 Vgl. hierzu Freyer, Hans 1928: Über die ethische Bedeutung der Musik. Wolfenbüttel u.a.; Seidenfaden, Fritz 1962: Die musische Erziehung in der Gegenwart und ihre geschichtlichen Quellen und Voraussetzungen. Ratingen, hier S. 149.

46 Siehe dazu Brauer, Juliane 2012: „... das Lied zum Ausdruck der Empfindungen werden kann". Singen und Gefühlserziehung in der frühen DDR. In: Caruso, Marcelo/Frevert, Ute (Hg.): Emotionen in der Bildungsgeschichte.Bad Heilbrunn/Obb., S. 126–146.

47 Vgl. hierzu Siedentop, Sieglinde 2000: Musikunterricht in der DDR. Musikpädagogische Studien zu Erziehung und Bildung in den Klassen 1 bis 4. Augsburg.

48 Siehe dazu Siegfried, Detlef 2006: Time Is on My Side. Konsum und Politik in der westdeutschen Jugendkultur der 60er Jahre. Göttingen, S. 97–102.

49 Rückblick der Sängerin Fasia Jansen, o.D., o.O., abgedruckt in: Jäger, Uli/Schmid-Vöhringer, Michael (Hg.) 1982: „Wir werden nicht Ruhe geben ..." Die Friedensbewegung in der Bundesrepublik Deutschland 1945–1982. Geschichte, Dokumente, Perspektiven. Tübingen, S. 33f.

50 Siehe auch Röhrich, Lutz 1973: Die Textgattungen des populären Liedes. In: Wilhelm Brednich, Rolf u.a. (Hg.): Handbuch des Volksliedes. Band I: Gattungen des Volksliedes. München, S. 20–35, hier 24.

51 Siehe vertiefend: Röhrich, Lutz 1973: Die Textgattungen des populären Liedes. In: Wilhelm Brednich, Rolf u.a. (Hg.): Handbuch des Volksliedes. Band I: Gattungen des Volksliedes. München, S. 20–35.

52 Die vier Nachrichter (1932), veröffentlicht auf der Platte: Tanz auf dem brennenden Vulkan.

53 Siehe dazu Schulz-Hageleit, Peter/Wolter, Frank 1983: Lieder für den historisch-politischen Unterricht. In: Bergmann, Klaus u.a. (Hg.): Geschichtsdidaktik. Probleme-Projekte-Perspektive. Düsseldorf, S. 179–187; Wimmer, Fridolin 1994: Das historisch-politische Lied im Geschichtsunterricht. Exemplifiziert am Einsatz von Liedern des Nationalsozialismus und ergänzt durch eine empirische Untersuchung über die Wirkung dieser Lieder. Frankfurt/M. u.a.; John, Eckard: Volkslied – Hymne – Politisches Lied. Populäre Lieder in Baden-Württemberg. Münster 2003; Beddig, Rainer 1985: Das historisch-politische Lied. Seine Funktion und sein medialer Ort. In: Pandel, Hans-Jürgen/Schneider, Gerhard (Hg.): Handbuch Medien im Geschichtsunterricht. Schwalbach/Ts., S. 371–386; Goll, Thomas 2004: Lieder aus der DDR als Quellen im historisch-politischen Unterricht. In: Ders./Leuerer, Thomas (Hg.): Ostalgie als Erinnerungskultur. Symposium zu Lied und Politik in der DDR. Baden-Baden, S. 80–100; Hinze, Werner 2009: Historisch-Politische Lieder aus acht Jahrhunderten. Kiel; Ulrich, Otto 1982: Die historisch-politischen Lieder und Karikaturen des Vormärz und der Revolution von 1848/1849. Köln; Warner, Ansgar 2014: Trotz alledem. Kleine Geschichte des politischen Liedes in Deutschland (1989–2000). Berlin.

54 Zu kulturellen Betätigungen im KZ Sachsenhausen: Erlebnisberichte ehemaliger Häftlinge des Konzentrationslagers Sachsenhausen, die in Vorbereitung der Tagung in Bernau 21./22. 4. 1979 entstanden, als Grundlage für eine geplante Dokumentation „Kunst in Sachsenhausen" durch die Akademie der Künste der DDR, Jan. – März 1979, AS R 41/4, S. 2.

55 Siehe exemplarisch Hillmann, Eva-Maria 1966: Das Massenlied. Seine historische und gesellschaftliche Funktion. Leipzig.

56 Exemplarisch Roth, Alfred 1993: Das nationalsozialistische Massenlied. Untersuchung zur Genese, Ideologie und Funktion. Würzburg.

57 Zum Schlager, siehe Nonn, Christoph 2012: Der Schlager und die westdeutsche Gesellschaft nach 1945. In: Mecking, Sabine/Wasserloos, Yvonne (Hg.): Musik – Macht – Staat. Kulturelle, soziale und politische Wandlungsprozesse in der Moderne. Göttingen, S. 259–286.

58 So das Verständnis historischer Fragen bei Jeismann, Karl-Ernst ^{5}1997: Geschichtsbewußtsein – Theorie. In: Bergmann, Klaus u.a. (Hg.): Handbuch der Geschichtsdidaktik. Seelze-Velber, S. 42–44, hier S. 42.

59 Beispielsweise Arnold, Kerstin 2010: „Wo man singt, da lass' dich ruhig nieder ..." Problematisierende Stundeneinstiege mit Liedern. In: Geschichte lernen Nr. 137, S. 32–37.

60 Wimmer, Fridolin 1994: Das historisch-politische Lied im Geschichtsunterricht. Exemplifiziert am Einsatz von Liedern des Nationalsozialismus und ergänzt durch eine empirische Untersuchung über die Wirkung dieser Lieder, Frankfurt/M. u. a. hat die beiden Methoden eingeführt. Er orientierte sich damit an musikpsychologischen Studien. Seitdem tauchen die beiden Methoden immer wieder in Unterrichtsvorschlägen auf, siehe auch das Themenheft Sauer, Michael (Hg.) 1996: Lieder im Geschichtsunterricht. Geschichte lernen Nr. 50, in dem Sauer sie intensiv als Methoden vorstellt.

61 Ausführlicher zu Heil Dir im Siegerkranz: Tobias Widmaier 2016: Heil Dir im Siegerkranz. Patriotisches Liedgut im Deutschen Kaiserreich, in: Sound des Jahrhunderts, in: http://www.bpb.de/geschichte/zeitgeschichte/sound-des-jahrhunderts/209559/heil-dir-im-siegerkranz (26.11.2020).

62 Loh, Hannes 2004: Generation Golfkrieg. Die Kinder der „68er-Revolte" In: Praxis Geschichte Nr. 5, S. 56–61 schlägt ebenfalls Hörprotokolle zur Erschließung von Songstrukturen vor.

63 Exemplarisch zu sehen an Speit, Andreas 2008: Nazilied im Klassenzimmer. In: Zeit Online v. 21.2. URL: https://blog.zeit.de/stoerungsmelder/2008/02/21/nazilied-im-klassenzimmer_243 (27.11.2020).

64 Ein kurzer Überblick dazu Burkhardt, Hannes 2015: „Gastarbeiter" und „Vertragsarbeiter". Arbeitsmigration in die alte Bundesrepublik und in die DDR. In: Praxis Geschichte Nr. 4, S. 12–17.

65 Ohne Autor 8.11.1949: Der Festakt der Regierung in der Staatsoper. In: Der Morgen, S. 1.

66 Ohne Autor 10.1.1951: Im ollen C-dur. In: Spiegel, S. 35 f.

67 Mia: Auferstanden aus Ruinen (Official Video, Music video by Mia. performing Auferstanden aus Ruinen (Official Video). (C) 2002 Sony Music Entertainment Germany GmbH). URL: https://www.youtube.com/watch?v=Kvvg5jJKQWE (29.11.2020).

68 Siehe Musik-CD zum Themenheft Brieske, Rainer (Hg.) 2004: Hi(t)story. Praxis Geschichte Nr. 5.

69 Noelle, Elisabeth/Neumann, Erich Peter 1956: Jahrbuch der öffentlichen Meinung 1947–1955. Allensbach, S. 159.

Anhang

Verwendete Literatur

Adamek, Karl (Hg.) (1981): Lieder der Arbeiterbewegung. LiederBilderLesebuch&Gitarrenschule von Kalle Pohl. Frankfurt/M.

Adamek, Karl (1987): Politisches Lied heute. Zur Soziologie des Singens von Arbeiterliedern. Empirische Beiträge mit Bildern und Noten. Essen.

Adamek, Karl (2008): Singen als Lebenshilfe. Zu Empirie und Theorie von Alltagsbewältigung – Plädoyer für eine „Erneuerte Kultur des Singens". Münster.

Adamski, Peter (Hg.) (2015): Popmusik. Geschichte lernen, 165/2015.

Adamski, Peter/Bernhardt, Markus (2015): „Time Is on My Side". Popmusik im Geschichtsunterricht. In: Geschichte lernen 165/2015, S. 2–13.

Adorno, Theodor W. (61982): Dissonanzen. Musik in der verwalteten Welt. Einleitung in die Musiksoziologie. Göttingen.

Agentur für Bildung – Geschichte, Politik und Medien e.V. (Hg.) (2013): LaG-Magazin. Der Beutelsbacher Konsens in der historisch politischen Bildung. Sonderausgabe Oktober 2013. Berlin. URL: http://lernen-aus-der-geschichte.de/sites/default/files/attach/lagmagazin_sonderausgabe_oktober.pdf (29.11.2020).

Ahmed, Sara (2004): Collective Feelings. Or, the Impressions Left by Others. In: Theory, Culture & Society, 2/2004, S. 24–42.

Akyazi, Mehmet/Wickner, Mareike-Cathrine (2017): Schüler rappen Geschichte. Historische Konflikte als Rap-Battle im Geschichtsunterricht. In: Geschichte lernen, 176/2017, S. 36–41.

Allmann, Mareike (2013): Der Unerwünschte. „Ich möchte am liebsten weg sein – ich bleibe am liebsten hier". Die Biermann-Ausbürgerung im November 1976. In: Praxis Geschichte, 5/2013, S. 24–27.

Amos, Heike (1997): Auferstanden aus Ruinen ... Die Nationalhymne der DDR 1949 bis 1990. Berlin.

Anderson, Benedict (31996): Die Erfindung der Nation. Zur Karriere eines folgenreichen Konzeptes. Frankfurt/M. u.a..

Arnold, Kerstin (2010): „Wo man singt, da lass' dich ruhig nieder ..." Problematisierende Stundeneinstiege mit Liedern. In: Geschichte lernen, 137/2010, S. 32–37.

Aydın, Yaşar (2018): Heimat Almanya. Die deutsch-türkische Migration. In: Bundeszentrale für politische Bildung: Dossier Türkei. Bonn. URL: https://www.bpb.de/internationales/europa/tuerkei/253189/heimat-almanya (29.11.2020).

Barricelli, Michele (2012a): Darstellungskonzepte von Geschichte im Unterricht. In: Ders./Lücke, Martin (Hg.): Handbuch Praxis des Geschichtsunterrichts. Band 2. Schwalbach/Ts., S. 202–223.

Barricelli, Michele (2012b): Narrativität. In: Ders./Lücke, Martin (Hg.): Handbuch Praxis des Geschichtsunterrichts. Band 1. Schwalbach/Ts., S. 255–280.

Barth, Stefan/Siegel, David (2015): Der Vietnamkrieg im Spiegel zeitgenössischer Lieder. Eine multiperspektivische Quelleninterpretation. In: Geschichte lernen, 165/2015, S. 22–26.

Beddig, Rainer (1985): Das historisch-politische Lied. Seine Funktion und sein medialer Ort. In: Pandel, Hans-Jürgen/Schneider, Gerhard (Hg.): Handbuch Medien im Geschichtsunterricht. Schwalbach/Ts., S. 371–386.

Becker, Tim Oliver/Rode, Paul ([2]2012): Codex Patomomomensis. Hamburg.

Behrendt, Michael (2017): I don't like Mondays. Die 66 größten Songmissverständnisse, Darmstadt.

Beitl, Matthias/Schneider, Ingo (Hg.) (2016): Emotional Turn?! Europäisch ethnologische Zugänge zu Gefühlen & Gefühlswelten. Wien.

Besand, Anja u.a. (Hg.) (2019): Politische Bildung mit Gefühl. Bonn.

Bock, Marc-Thomas (2016): Die Fremden in uns selbst. In: Ossietzky. Zweiwochenzeitschrift für Politik/Kultur/Wirtschaft, 14/2016, URL: http://www.ossietzky.net/14-2016&textfile=3594 (29.11.2020).

Boehlke, Michael (2007): Ostpunk! Too much future. Punk in der DDR 1979–89. Berlin.

Bottà, Giacomo (2010/2013): Zwei kleine Italiener (Conny). In: Fischer, Michael u.a. (Hg.): Songlexikon. Encyclopedia of Songs. Freiburg. URL: http://www.songlexikon.de/songs/zweikleineitaliener (29.11.2020).

Bracke, Sebastian u.a. (2018): Theorie des Geschichtsunterrichts. Schwalbach/Ts.

Brauer, Juliane (2009): Musik im Konzentrationslager Sachsenhausen. Berlin.

Brauer, Juliane (2012): „... das Lied zum Ausdruck der Empfindungen werden kann". Singen und Gefühlserziehung in der frühen DDR. In: Caruso, Marcelo/Frevert, Ute (Hg.): Emotionen in der Bildungsgeschichte. Bad Heilbrunn/Obb., S. 126–146.

Brauer, Juliane (2012): „Ein begeisterndes und begeistertes Gedicht". „Bundeslied" und „Arbeitermarseillaise". In: Kruke, Anja/Woyke, Meik (Hg.): Deutsche Sozialdemokratie in Bewegung. Bonn, S. 54–58.

Brauer, Juliane (2012): Internationale. In: Kruke, Anja/Woyke, Meik (Hg.): Deutsche Sozialdemokratie in Bewegung. Bonn, S. 33–38.

Brauer, Juliane (2015): „Mit neuem Fühlen und neuem Geist". Heimatliebe und Patriotismus in Kinder- und Jugendliedern der frühen DDR. In: Eugster, David/Marti, Sibylle (Hg.): Das Imaginäre des Kalten Krieges. Beiträge zu einer Kulturgeschichte des Ost-West-Konfliktes in Europa. Essen, S. 163–185.

Brauer, Juliane (2020): Zeitgefühle. Wie die DDR ihre Zukunft besang. Bielefeld.

Brauer, Juliane (2021): Heidis Heimweh. In: Frevert, Ute (u.a.): Wie Kinder Fühlen lernten. Weinheim (im Druck).

Brauer, Juliane/Lücke, Martin (Hg.) (2013a): Emotionen, Geschichte und historisches Lernen. Geschichtsdidaktische und geschichtskulturelle Perspektiven. Göttingen.

Brauer, Juliane/Lücke, Martin (2013b): Emotionen, Geschichte und historisches Lernen. Einführende Überlegungen. In: Brauer, Juliane/Lücke, Martin (Hg.): Emotionen, Geschichte und historisches Lernen. Geschichtsdidaktische und geschichtskulturelle Perspektiven. Göttingen, S. 11–26.

Brauer, Juliane/Lücke, Martin (2021): Emotionen, Geschichte, historisches Lernen. In: Frederking Volker/Hofmann, Florian/Gläser-Zikuda, Michaela (Hg.): Emotionen und Unterricht. Pädagogische und fachdidaktische Perspektiven, Stuttgart (im Druck).

Breuer, Julietta (1996): „Wie's die kleinen Mädchen machen …" Erziehungsvorstellungen im Lied. In: Geschichte lernen 50/1996, S. 11–13.

Brieske, Rainer (2003): „Kleine Italiener" und „Itaker Säue". Zur Darstellung von Arbeitsmigranten in Liedern der 1960er Jahre. In: Praxis Geschichte, 4/2003, S. 34–39.

Brieske, Rainer (Hg.) (2004): Hi(t)story. Praxis Geschichte 5/2004.

Brieske, Rainer (2004): Politisch Lied – ein garstig Lied?! Hi(t)story – Möglichkeiten populärer Musik im Geschichtsunterricht. In: Praxis Geschichte, 5/2004, S. 4–13.

Bruhn, Herbert (2019): Notation als mediale Darstellung von Musik. In: Schramm, Holger (Hg.): Handbuch Musik und Medien. Interdisziplinärer Überblick über die Mediengeschichte der Musik. Wiesbaden, S. 256–270.

Buntz, Herweg (2014): Migration in der Geschichte. Ein Arbeitsbuch für den Unterricht. Schwalbach/Ts.

Burkhardt, Hannes (2015): „Gastarbeiter" und „Vertragsarbeiter". Arbeitsmigration in die alte Bundesrepublik und in die DDR. In: Praxis Geschichte, 4/2015, S. 12–17.

Burel, Simone (2013): Politische Lieder der 68er. Eine linguistische Analyse kommunikativer Texte. Mannheim.

Christ, Thomas (2005): Elvis Presley und die Deutschen. Rock'n'Roll und Amerikanisierung der Werte. In: Praxis Geschichte, 6/2005, S. 44–47.

Cook, Nicholas (2001): Between Process and Product: Music and/as Performance. In: Music Theory Online. The Online Journal of the Society for Music Theory 7 (2001), Nr. 2, ohne Seite.

Cornejo, Paloma (2004): Zwischen Geschichte und Mythos. La guerre de 1870/71 en chansons. Eine komparatistische Untersuchung zu den identitätsstiftenden Inhalten in deutschen und französischen Liedern zum Krieg. Würzburg.

Dalebar, Walter (2011): „Danach kann nichts mehr kommen". Zum historischen Wandel des Protestsongs. In: Lindt, George u.a. (Hg.): Protestsongs. Entstehung, Geschichte und Inhalte vom Zweiten Weltkrieg bis heute. Bonn, S. 6–7.

Dithmar, Reinhard (1993): Arbeiterlieder 1844 bis 1945. Neuwied.

Dräger, Marco (2015): „Germany, twelve points!". Nicoles Ein bißchen Frieden. In: Geschichte lernen, 165/2015, S. 40–45.

Ehrenfort, Karl Heinrich (2005): Geschichte der musikalischen Bildung. Eine Kultur-, Sozial- und Ideengeschichte in 40 Stationen von den antiken Hochkulturen bis zur Gegenwart. Mainz u.a.

Escher, Clemens (2017): „Deutschland, Deutschland, Du mein Alles". Die Deutschen auf der Suche nach einer neuen Hymne 1949–1952. Paderborn.

Finscher, Ludwig u.a. (Hg.) (1989): Die Musik des 15. und 16. Jahrhunderts (Teil 1). Wiesbaden.

Fischer-Lichte, Erika (2012): Performativität. Eine Einführung. Bielefeld.

Frevert, Ute (2000): Angst vor Gefühlen? Die Geschichtsmächtigkeit von Emotionen im 20. Jahrhundert. In: Nolte, Paul (Hg.): Perspektiven auf die Gesellschaftsgeschichte. München, S. 95–111.

Frevert, Ute (2009): Was haben Gefühle in der Geschichte zu suchen? In: Geschichte und Gesellschaft, 2/2009, S. 183–209.

Frevert, Ute (2016): The History of Emotions. In: Feldman Barret, Lisa u.a. (Hg.): Handbook of Emotions. New York, S. 49–65.

Gautschi, Peter (2009): Guter Geschichtsunterricht. Grundlagen, Erkenntnisse, Hinweise. Schwalbach/Ts.

Gebhardt, Birgit (2002): Der „Fall Anklam". Schülerprotest an der EOS Anklam im September 1961. In: Herrmann, Ulrich (Hg.): Protestierende Jugend. Jugendopposition und politischer Protest in der deutschen Nachkriegsgeschichte. Weinheim/München, S. 41–56.

Geisthövel, Alexa (2009): Auf der Tonspur. Musik als zeitgeschichtliche Quelle. In: Baumeister, Martin u.a. (Hg.): Die Kunst der Geschichte. Historiographie, Ästhetik, Erzählung. Göttingen, S. 157–168.

Getzschmann, Lutz (2007): „Lieber kämpfend als arbeitend hungern ..." Der TextilarbeiterInnenstreik von Lawrence 1912. In: trend. onlinezeitung 05/07 (URL: http://www.trend.infopartisan.net/trd0507/t080507.html) (29.11.2020).

Gienow-Hecht, Jessica C.E. (2015): Music and International History in the Twentieth Century. New York.

Görtler, Michael (2013): Musik als Einstiegsdroge? Grauzone Rechtsrock als Unterrichtsbeispiel für die Sekundarstufe I und II. In: Politische Bildung, 4/2013, S. 104–125.

Goll, Thomas (2004): Lieder aus der DDR als Quellen im historisch-politischen Unterricht. In: Ders./Leuerer, Thomas (Hg.): Ostalgie als Erinnerungskultur. Symposium zu Lied und Politik in der DDR. Baden-Baden, S. 80–100.

Grossbach, Michael/Altenmüller, Eckhart (2003): Musik und Emotionen- zu Wirkung und Wirkort von Musik. In: Tillmann, Bendikowski u.a. (Hg.): Die Macht der Töne. Musik als Mittel politischer Identitätsfindung im 20. Jahrhundert. Münster, S. 13–23.

Gülke, Peter (1975): Mönche, Bürger, Minnesänger. Musik in der Gesellschaft des europäischen Mittelalters. Wien.

Günther, Ulrich (1999): Lieder und Singepraxis im Deutschen Jungvolk. In: Niedhardt, Gottfried/Broderick, George (Hg.): Lieder in Politik und Alltag des Nationalsozialismus. Frankfurt/M. u.a., S. 189–208.

Harfst, Karsten (2013): Beutelsbach, wo liegt das eigentlich? In: LaG-Magazin. Sonderausgabe Oktober 2013, S. 12–15.

Hartlieb, Marie (2016): Musik für Menschlichkeit. Das Album „Die Kanaken". In: MaviBlau v. 27.7. URL: https://www.maviblau.com/27/07/2016/musik-fur-menschlichkeit-das-album-die-kanaken/ (29.11.2020).

Heilfurth, Gerhard (1954): Das Bergmannslied. Wesen, Leben, Funktion. Ein Beitrag zur Erhellung von Bestand und Wandlung der sozialkulturellen Elemente im Aufbau der industriellen Gesellschaft. Kassel/Basel.

Heister, Hanns-Werner (2016): Politische Kampflieder. In: Bundeszentrale für politische Bildung: Dossier. Sound des Jahrhunderts. Bonn. URL: http://www.bpb.de/geschichte/zeitgeschichte/sound-des-jahrhunderts/210236/politische-kampflieder (29.11.2020).

Henke Bokschatz, Gerhard (2004): Eine Nationalhymne als historische Quelle. In: Geschichte lernen 99, S. 22–24.

Herbert, Ulrich (22017): Geschichte der Ausländerpolitik in Deutschland: Saisonarbeiter, Zwangsarbeiter, Gastarbeiter, Flüchtlinge. München.

Hering, Sabine (2007): „Neue Männer braucht das Land". Die ‚Nationalhymne' der deutschen Frauenbewegung. In: Stambolis, Barbara/Reulecke, Jürgen (Hg.): Good-bye memories? Lieder im Generationengedächtnis des 20. Jahrhunderts. Essen, 361–370.

Herzig, Arno (2007): Festliche Spaltung der Reichsnation? Kaisergeburtstage, Sedantage, Arbeiterfeste. In: Schmid, Harald/Krzymianowska, Justyna (Hg.): Politische Erinnerung. Geschichte und kollektive Identität. Würzburg, S. 42–52.

Hinze, Werner (2009): Historisch-Politische Lieder aus acht Jahrhunderten. Kiel.

Hitzer, Bettina (2011): Emotionsgeschichte. Ein Anfang mit Folgen. Forschungsbericht 2011. Berlin.

Huber, Michael (2002): Popmusik. In: Österreichische Akademie der Wissenschaften: Oesterreichisches Musiklexikon online. Wien. URL: https://www.musiklexikon.ac.at/ml/musik_P/Popmusik.xml (29.11.2020).

Jäger, Uli/Schmid-Vöhringer, Michael (Hg.) (1982): „Wir werden nicht Ruhe geben ..." Die Friedensbewegung in der Bundesrepublik Deutschland 1945–1982. Geschichte, Dokumente, Perspektiven. Tübingen.

Jarausch, Konrad (2008): Verkannter Strukturwandel. Die siebziger Jahre als Vorgeschichte der Probleme der Gegenwart. In: Ders. (Hg.): Das Ende der Zuversicht? Die siebziger Jahre als Geschichte. Göttingen, S. 9–28.

Jeismann, Karl-Ernst (51997): Geschichtsbewußtsein – Theorie. In: Bergmann, Klaus u.a. (Hg.): Handbuch der Geschichtsdidaktik. Seelze-Velber, S. 42–44.

Jeismann, Michael (2009): Die Nationalhymne. In: Francois, Etienne/Schulze, Hagen (Hg.): Deutsche Erinnerungsorte, Band III. München, S. 660–664.

Jerrold, Walter (1907): Thomas Hood. His Life and Times. London.

John, Anke (2018): Lokal- und Regionalgeschichte. Frankfurt/M.

John, Eckhard (Hg.) (2003): Volkslied – Hymne – Politisches Lied. Populäre Lieder in Baden-Württemberg. Münster.

John, Eckhard (2018): Brüder, zur Sonne, zur Freiheit. Die unerhörte Geschichte eines Revolutionsliedes. Berlin.

Kätzel, Ute (2004): „Unbeschreiblich weiblich"? Das Frauenbild im Liedtext der 1960er-1980er Jahre. In: Praxis Geschichte, S. 40–44.

Kellermann, Karina (2000): Abschied vom „historischen Volkslied". Studien zur Funktion, Ästhetik, Publizität historisch politischer Ereignisdichtung. Tübingen.

Kirchenwitz, Lutz (2009): Demmler, Kurt. In: Wer war wer in der DDR. Berlin. (URL: https://www.bundesstiftung-aufarbeitung.de/wer-war-wer-in-der-ddr-%2363;-1424.html?ID=552) (29.11.2020).

Klafki, Wolfgang (1997): Schlüsselprobleme, epochaltypische. In: Astrid Kaiser (Hg.): Lexikon Sachunterricht. Baltmannsweiler, S. 182–183.

Klenke, Dietmar (1995): Nationale oder proletarische Solidargemeinschaft? Geschichte der deutschen Arbeitersänger. Heidelberg.

Klenke, Dietmar (1998): Der singende „deutsche Mann". Gesangvereine und deutsches Nationalbewußtsein von Napoleon bis Hitler. Münster u.a.

Klenke, Dietmar (1999): Musik. In: Pandel, Hans-Jürgen/Schneider, Gerhard (Hg.): Handbuch Medien im Geschichtsunterricht. Schwalbach/Ts, S. 407–450.

Klenke, Dietmar (2002): Musik als subjektorientiertes Medium im Geschichtsunterricht. In: Herzig, Bardo/Schwerdt, Ulrich (Hg.): Subjekt- oder Sachorientierung in der Didaktik? Aktuelle Beiträge zu einem didaktischen Grundproblem. Münster, S. 209–236.

Klenke, Dietmar (2009): Die nationalreligiöse Sakralisierung des deutschen Männerchorgesangs im 19. Jahrhundert. In: Historische Mitteilungen, 2009, S. 24–49.

Körner, Axel (1997): Das Lied von einer anderen Welt. Kulturelle Praxis im französischen und deutschen Arbeitermilieu 1840–1890. Frankfurt/M. u.a.

Kopiez, Reinhard/Brink, Guido (1998): Fußball-Fangesänge. Eine Fanomenologie. Würzburg.

Koselleck, Reinhart (1979): Vergangene Zukunft. Zur Semantik geschichtlicher Zeiten. Frankfurt/M.

Kreutz, Gunter (2014): Warum Singen glücklich macht. Gießen.

Krones, Hartmut (2001): Lied. In: Österreichische Akademie der Wissenschaften: Oesterreichisches Musiklexikon online. Wien. URL: https://www.musiklexikon.ac.at/ml/musik_L/Lied.xml (29.11.2020).

Kuchler, Christian/Sommer, Andreas (Hg.) (2018): Wirksamer Geschichtsunterricht. Baltmannsweiler.

Kuhn, Annette (1974): Einführung in die Didaktik der Geschichte. München.

Kuhn, Bärbel/Windus, Astrid (Hg.) (2017): Geschlechterkonstruktionen. Gender im Geschichtsunterricht. St. Ingbert.

Kural, Mahmut (2007): Rechtsrock. Einstiegsdroge in rechtsextremes Gedankengut? Saarbrücken.

Lamprecht, Niko (2015): Musik im Nationalsozialismus. Ideologie – Propaganda – Widersprüche. Schwalbach/Ts.

Lauterbach, Roland u.a. (Hg.) (1992): Brennpunkte des Sachunterrichts. Vorträge zur Gründungstagung der Gesellschaft für Didaktik des Sachunterrichts e.V. vom 19. bis 21. März 1992 in Berlin. Kiel.

Lemmermann, Heinz (1984): Kriegserziehung im Kaiserreich. Studien zur politischen Funktion von Schule und Schulmusik, 1890–1918, 2: Dokumentationen. Lilienthal u.a.

Lilkendey, Martin (2017): 100 Jahre Musikvideo. Eine Genregeschichte vom frühen Kino bis YouTube. Bielefeld.

Lindenberger, Thomas (2004): Vergangenes Hören und Sehen. Zeitgeschichte und ihre Herausforderung durch die audiovisuellen Medien. In: Zeithistorische Forschungen/ Studies in Contemporary History, 1/2004, Online-Ausgabe, URL: https://zeithistorische-forschungen.de/1-2004/4586 (29.11.2020), Druckausgabe: S. 72–85.

Löser, Claus/Pehlemann, Alexander (2007): filmheft OSTPUNK! TOO MUCH FUTURE. Berlin.

Loh, Hannes (2004): Generation Golfkrieg. Die Kinder der „68er-Revolte" In: Praxis Geschichte, 5/2004, S. 56–61.

Lücke, Martin (2012a): Didaktik der Geschichte – Geschlechterkonstruktionen historisch erzählen. In Kampshoff, Marit A./Wiepcke, Claudia (Hg.): Handbuch Geschlechterforschung und Fachdidaktik. Wiesbaden, S. 185–198.

Lücke, Martin (2012b): Diversität und Intersektionalität als Konzepte der Geschichtsdidaktik. In: Barricelli, Michele/Lücke, Martin (Hg.): Handbuch Praxis des Geschichtsunterrichts. Schwalbach/Ts., S. 136–146.

Lücke, Martin (2014): His-story, her-story, viele Männer und eine halbe Frau. Männlichkeitengeschichte, Geschichtsdidaktik und Geschichtsunterricht. In: Geschichte in Wissenschaft und Unterricht, 1–2/2014, S. 70–82.

Mattes, Monika (2008): Migration und Geschlecht in der Bundesrepublik Deutschland. Ein historischer Rückblick auf die „Gastarbeiterinnen" der 1960/70er Jahre. In: Femina Politica, 1/2008, S. 19–28.

Mecking, Sabine/Wasserloos, Yvonne (2012): Musik – Macht – Staat. Exposition einer politischen Musikgeschichte. In: dies. (Hg.): Musik – Macht – Staat. Kulturelle, soziale und politische Wandlungsprozesse in der Moderne. Göttingen, S. 11–39.

Memminger, Josef (2015): Schüler schreiben Geschichte. Kreatives Schreiben im Geschichtsunterricht zwischen Fiktionalität und Faktizität. Schwalbach/Ts.

Mendivil, Julio (2008): Ein musikalisches Stück Heimat. Ethnologische Beobachtungen zum deutschen Schlager. Bielefeld.

Meyer-Hamme, Johannes u.a. (Hg.) (^{2}2016): Was heißt guter Geschichtsunterricht? Perspektiven im Vergleich. Schwalbach/Ts.

Missfelder, Jan Friedrich (2015) Der Klang der Geschichte. In: Geschichte in Wissenschaft und Unterricht, 11–12/2015, S. 633–649.

Morat, Daniel (2008): Verstehen als Gefühlsmethode. Zu Wilhelm Diltheys hermeneutischer Grundlegung der Geisteswissenschaften. In: Ders./Jensen, Uffa (Hg.): Rationalisierungen des Gefühls. Zum Verhältnis von Wissenschaft und Emotionen 1880–1930. München, S. 101–117.

Morat, Daniel (Hg.) (2018): Handbuch Sound. Geschichte – Begriffe – Ansätze. Stuttgart.

Morat, Daniel/Blanck, Thomas (2015): Geschichte hören. Zum quellenkritischen Umgang mit historischen Tondokumenten. In: Geschichte in Wissenschaft und Unterricht, 11–12/2015, S. 703–726.

Moßmann, Walter/Schleuning, Peter (1978): Alte und neue politische Lieder. Entstehung und Gebrauch, Texte und Noten. Reinbek.

Müller, Sven Oliver (2010): Analysing Musical Culture in Nineteenth-Century Europe. Towards a Musical Turn? In: European Review of History, 6/2010, S. 833–857.

Müller, Sven Oliver/Osterhammel, Jürgen (2012): Geschichtswissenschaft und Musik. In: Geschichte und Gesellschaft, 1/2012, S. 5–20.

Müller, Sven Oliver/Toelle, Jutta (Hg.) (2008): Bühnen der Politik. Die Oper in europäischen Gesellschaften im 19. und 20. Jahrhundert. Wien u.a.

Müller, Sven Oliver u.a. (Hg.) (2010): Die Oper im Wandel der Gesellschaft. Kulturtransfer und Netzwerke des Musiktheaters im modernen Europa. München u.a.

Müller, Sven Oliver u.a. (Hg.) (2015): Kommunikation im Musikleben. Harmonien und Dissonanzen im 20. Jahrhundert. Göttingen u.a.

Mütter, Bernd u.a. (Hg.) (1994): Emotionen und historisches Lernen. Forschung – Vermittlung – Rezeption. Frankfurt/M.

Niedhardt, Gottfried (1999): Sangeslust und Singediktatur im nationalsozialistischen Deutschland. In: Ders./Broderick, George (Hg.): Lieder in Politik und Alltag des Nationalsozialismus. Frankfurt/M. u.a., S. 5–16.

Niedhardt, Gottfried/Broderick, Georg (Hg.) (1999): Lieder in Politik und Alltag des Nationalsozialismus. Frankfurt/M. u.a.

Nieradka, Magali Laure (2007): „Wind of Change". Hymne einer politischen Wende. In: Stambolis, Barbara/Reulecke, Jürgen (Hg.): Good-bye memories? Lieder im Generationengedächtnis des 20. Jahrhunderts. Essen, S. 401–408.

Niessen, Anne (1999): Die Lieder waren die eigentlichen Verführer! Mädchen und Musik im Nationalsozialismus. Mainz u.a.

Nonn, Christoph (2012): Der Schlager und die westdeutsche Gesellschaft nach 1945. In: Mecking, Sabine/Wasserloos, Yvonne (Hg.): Musik – Macht – Staat. Kulturelle, soziale und politische Wandlungsprozesse in der Moderne. Göttingen, S. 259–286.

Pandel, Hans-Jürgen (2011): Die Bildquelle im Geschichtsunterricht. Schwalbach/Ts.

Pasdzierny, Matthias (2014): Wiederaufnahme? Rückkehr aus dem Exil und das westdeutsche Musikleben nach 1945. München.

Pelzer, Kai (2015): Griechischer Wein. Das Bild der Gastarbeiter in den 1970er Jahren. In: Geschichte lernen, 165/2015, S. 34–39.

Penzel, Rainer (2002): Der „Fall Anklam". Erinnerungen des „Rädelsführers". In: Herrmann, Ulrich (Hg.): Protestierende Jugend. Jugendopposition und politischer Protest in der deutschen Nachkriegsgeschichte. Weinheim/München, S. 57–70.

Peters, Sebastian (2010): Ein Lied mehr zur Lage der Nation. Politische Inhalte in deutschsprachigen Popsongs. Berlin.

Petzoldt, Leander (1982): Bänkellieder und Moritaten aus drei Jahrhunderten. Frankfurt/M.

Plamper, Jan (2012): Geschichte und Gefühl. Grundlagen der Emotionsgeschichte. München.

Preuß, Torsten (2005): Stasi, Spaß und E-Gitarren. Die Geschichte der Berliner Punkband Namenlos. In: Galenza, Ronald (Hg.): Wir wollen immer artig sein ... Punk, New Wave, HipHop und Independent-Szene in der DDR 1980–1990. Berlin, S. 71–90.

Raabe, Jan (2019): Rechtsrock in Deutschland. Funktionen, Entwicklung, zentrale Akteure – Umrisse eines wachsenden Problems. In: Botsch, Gedion/Raabe, Jan/Schulze, Christoph (Hg.): Rechtsrock. Aufstieg und Wandel neonazistischer Jugendkultur am Beispiel Brandenburgs, Berlin, S. 19–44.

Reininghaus, Frieder/Kemp, Judith/Ziane, Alexandre (2020): Musik und Gesellschaft. Marktplätze. Kampfzonen. Elysium. Würzburg.

Robb, David/John, Eckhard (2008): Trotz alledem. In: John, Eckhard/Widmaier, Tobias (Hg.): Populäre und traditionelle Lieder. Historisch-kritisches Liederlexikon. Freiburg. URL: http://www.liederlexikon.de/lieder/trotz_alledem/ (29.11.2020).

Röhrich, Lutz (1973): Die Textgattungen des populären Liedes. In: Wilhelm Brednich, Rolf u.a. (Hg.): Handbuch des Volksliedes. Band I: Gattungen des Volksliedes. München, S. 20–35.

Rötter, Günther (2005): Musik und Emotion. In: Motte-Haber, Helga de la/Rötter, Günter (Hg.): Musikpsychologie. Handbuch der systematischen Musikwissenschaft, Band 3. Laaber, S. 269–338.

Rohlfes, Joachim (2005): Geschichte und ihre Didaktik. Göttingen.

Rohr, Christian (2015): Historische Hilfswissenschaften. Eine Einführung, Böhlau.

Rosenwein, Barbara (2002): Worrying about Emotions in History. In: American Historical Review, 3/2002, S. 821–845.

Roth, Alfred (1993): Das nationalsozialistische Massenlied. Untersuchung zur Genese, Ideologie und Funktion. Würzburg.

Sauer, Martina (2015): Eine Analyse im Auftrag des Ministeriums für Arbeit, Integration und Soziales des Landes Nordrhein-Westfalen. Ergebnisse der elften Mehrthemenbefragung 2016. Essen.

Sauer, Michael (Hg.) (1996): Lieder im Geschichtsunterricht. Geschichte lernen Nr. 50/1996.

Sauer, Michael (1997): Historische Lieder. Begleitbuch zur CD. Stuttgart.

Sauer, Michael (102012): Geschichte unterrichten. Eine Einführung in die Didaktik und Methodik. Seelze.

Schatt, Peter (2013): EinFach Musik. Musik und Politik. Braunschweig.

Scheer, Monique (2012): Are Emotions a Kind of Practice (and Is That what Makes Them Have a History)? A Bourdieuian Approach to Understanding Emotion. In: History and Theory, 2/2012, S. 193–200.

Scheer, Monique (2016): Emotionspraktiken. Wie man über das Tun an die Gefühle herankommt. In: Beitl, Matthias/Schneider, Ingo (Hg.): Emotional Turn?! Europäisch ethnologische Zugänge zu Gefühlen & Gefühlswelten. Wien, S. 15–36.

Schilde, Kurt (2007): „Unsere Fahne flattert uns voran". Die Karriere des Liedes aus dem Film „Hitlerjunge Quex". In: Stambolis, Barbara/Reulecke, Jürgen (Hg.): Goodbye memories? Lieder im Generationengedächtnis des 20. Jahrhunderts. Essen, S. 185–198.

Schubert, Klaus/Klein, Martina (52011): Das Politiklexikon. Begriffe Fakten, Zusammenhänge. Bonn.

Schulz-Hageleit, Peter/Wolter, Frank (1983): Lieder für den historisch-politischen Unterricht. In: Klaus Bergmann, Klaus u.a. (Hg.): Geschichtsdidaktik. Probleme-Projekte-Perspektive. Düsseldorf, S. 179–187.

Schweikle, Günther (^{2}1995): Minnesang. Stuttgart.

Seidenfaden, Fritz (1962): Die musische Erziehung in der Gegenwart und ihre geschichtlichen Quellen und Voraussetzungen. Ratingen.

Seim, Roland (2019): Plattencover und Konzertplakate. In: Schramm, Holger (Hg.): Handbuch Musik und Medien. Interdisziplinärer Überblick über die Mediengeschichte der Musik. Wiesbaden, S. 371–417.

Siedentop, Sieglinde (2000): Musikunterricht in der DDR. Musikpädagogische Studien zu Erziehung und Bildung in den Klassen 1 bis 4. Augsburg.

Siegfried, Detlef (2006): Time Is on My Side. Konsum und Politik in der westdeutschen Jugendkultur der 60er Jahre. Göttingen.

Siegfried, Detlef (2011): „... als explodierte gerade ein Elektrizitätswerk." Klang und Revolte in der Bundesrepublik um 1968. In: Zeithistorische Forschungen, 2/2011, Online-Ausgabe, URL: https://zeithistorische-forschungen.de/2-2011/id=4711 (29.11.2020), Druckausgabe: S. 239–259.

Stadler Elmer, Stefanie (2004): „Wo man singt, da lass dich ruhig nieder ..." Erziehung und Verführung durch Lieder. In: Kurt Schärer (Hg.): Königswege, Labyrinthe, Sackgassen. Über Formen und Methoden des Denkens, Handelns und Gestaltens. Zürich. S. 215–233.

Stambolis, Barbara/Reulecke, Jürgen (Hg.) (2007): Good-bye Memories? Lieder im Generationengedächtnis des 20. Jahrhunderts. Essen.

Steinitz, Wolfgang (1979): Der große Steinitz. Deutsche Volkslieder demokratischen Charakters aus sechs Jahrhunderten. Berlin.

Sygalski, Marc (2011): Das „politische Lied“ in der Bundesrepublik Deutschland zwischen 1964 und 1989 am Beispiel von Franz Josef Degenhardt, Hannes Wader und Reinhard Mey. Göttingen.

Thünemann, Holger (72018): Unterrichtsplanung und Verlaufsformen. In: Günter-Arndt, Hilke/Handro, Saskia (Hg.): Geschichts-Methodik. Handbuch für die Sekundarstufe I und II. Berlin.

Tischer, Matthias (2011/2013): Wind of Change (The Scorpions). In: Fischer, Michael u.a. (Hg.): Songlexikon. Encyclopedia of Songs. Freiburg. URL: http://www.songlexikon.de/songs/windofchange (29.11.2020).

Ulrich, Otto (1982): Die historisch- politischen Lieder und Karikaturen des Vormärz und der Revolution von 1848/1849. Köln.

Urbach, Dirk (2004): „Wir sind die Eingeborenen von Trizonesien“. Ein Karnevalsschlager als Spiegel der Mentalitäts- und Politikgeschichte 1948. In: Praxis Geschichte, 5/2004, S. 26–30.

Vovelle, Michel (2005): Die Marseillaise. Krieg oder Frieden. In: Nora, Pierre (Hg.): Erinnerungsorte Frankreichs. München, S. 63–112.

Warner, Ansgar (2014): Trotz alledem. Kleine Geschichte des politischen Liedes in Deutschland (1989–2000). Berlin.

Wasserloos, Yvonne (2012): Kalter Krieg und Staatsmusik. Emotionalisierung und (Ent-)Politisierung in Stings *Russians*. In: Peter Moormann/Albrecht Riethmüller/Rebecca Wolf (Hg.): Paradestück Militärmusik. Beiträge zum Wandel staatlicher Repräsentation durch Musik. Bielefeld, S. 317–333.

Wehling, Hans-Georg (1977): Konsens à la Beutelsbach?. In: Schiele, Siegfried/Schneider, Herbert (Hg.): Das Konsensproblem in der politischen Bildung. Stuttgart, 179–180.

Wenzel, Birgit (72017): Kreative und innovative Methoden. Geschichtsunterricht einmal anders. Schwalbach/Ts.

Wicke, Peter (2019): Der Tonträger als Medium der Musik. In: Schramm, Holger (Hg.): Handbuch Musik und Medien. Interdisziplinärer Überblick über die Mediengeschichte der Musik. Wiesbaden, S. 4–38.

Wicke, Peter (2016): Respect. In: Fischer, Michael/Hörner, Fernand/Jost, Christofer: Songlexikon. Encyclopedia of Songs. http://www.songlexikon.de/songs/respectotisredding (29.11.2020), 01/2016 [revised 02/2016]

Wicke, Peter u.a. (2007): Handbuch der populären Musik. Geschichte. Stile, Praxis, Industrie. Mainz.

Widmaier, Tobias (2008): Glück auf, Glück auf! Der Steiger kommt. In: John, Eckhard/Widmaier, Tobias (Hg.): Populäre und traditionelle Lieder. Historisch-kritisches

Liederlexikon. Freiburg. URL: http://www.liederlexikon.de/lieder/glueck_auf_glueck_auf_der_steiger_kommt/ (29.11.2020).

Widmaier, Tobias (2008): Ob wir rote, gelbe Kragen (Bürgerlied). In: John, Eckhard/Widmaier, Tobias (Hg.): Populäre und traditionelle Lieder. Historisch-kritisches Liederlexikon. Freiburg. URL: http://www.liederlexikon.de/lieder/ob_wir_rote_gelbe_kragen (29.11.2020).

Widmaier, Tobias 2016: Heil Dir im Siegerkranz. Patriotisches Liedgut im Deutschen Kaiserreich. In: Sound des Jahrhunderts. URL: http://www.bpb.de/geschichte/zeitgeschichte/sound-des-jahrhunderts/209559/heil-dir-im-siegerkranz (29.11.2020).

Wimmer, Florian (1996): „Unsere Fahne flattert uns voran". Nationalsozialistische Lieder. In: Geschichte lernen, 50/1996, S. 55–58.

Wimmer, Fridolin (1994): Das historisch-politische Lied im Geschichtsunterricht. Exemplifiziert am Einsatz von Liedern des Nationalsozialismus und ergänzt durch eine empirische Untersuchung über die Wirkung dieser Lieder. Frankfurt/M. u.a.

Wolter, Heike (2018): Forschend-entdeckendes Lernen im Geschichtsunterricht. Frankfurt/M.

Yildirim, Lale (2018): Der Diaspora-Komplex. Geschichtsbewusstsein und Identität bei Jugendlichen mit türkeibezogenem Migrationshintergrund der dritten Generation. Bielefeld.

Verwendete Quellen

Anonym (1951): Versuch einer Nationalhymne, in: Frankfurter Allgemeine Zeitung v. 5.1., S. 6.

Aristoteles (1993): Politeia VIII. Politik. Schriften zur Staatslehre, Buch VIII. Übersetzt und herausgegeben von Franz F. Schwarz. Stuttgart.

Binkowski, Bernhard (1965): Die politische Bedeutung der musikalischen Bildung für die Demokratie. In: Kraus, Egon (Hg.): Fortschritt und Rückbildung in der deutschen Musikerziehung. Vorträge der sechsten Bundesschulmusikwoche Bonn. Mainz, S. 46–63.

Bundesamt für Migration und Flüchtlinge (2015): Migrationsbericht 2015. Berlin.

Degenhardt, Franz Josef (1969): Spiel nicht mit den Schmuddelkindern. Balladen, Chansons, Grotesken, Lieder. Reinbeck bei Hamburg.

Dittrich, Kurt/Frisch, Manfred (1960): Frohes Singen und Musizieren in den 1.-4. Klassen. Eine erste Unterrichtshilfe für Lehrer. Berlin.

Enzensberger, Hans Magnus (1958): Verteidigung der Wölfe. Frankfurt/M.

Freiligrath, Ferdinand (1849): Neuere politische und soziale Gedichte. 5. Band, Berlin u.a.

Freyer, Hans (1928): Über die ethische Bedeutung der Musik., Wolfenbüttel u.a.

Frisch, Max (1965): Vorwort. In: Seiler, Alexander J.: Siamo Italiani – Die Italiener. Gespräche mit italienischen Arbeitern in der Schweiz. Zürich.

Fromm Else (^{7}1922): Pestalozzi-Fröbel-Haus I (Berliner Verein für Volkserziehung). Berlin.

Gailus, Manfred (2003): Das Lied, das aus dem Pfarrhaus kam. In: Zeit Online, 39/2003. URL: https://www.zeit.de/2003/39/H_Wessel-Lied (29.11.2020).

Goebel, Kurt (1950): Die Deutsche Nationalhymne in der Schule. In: Musik in der Schule, 2/1950, S. 49–52.

von Goethe, Johann Wolfgang (1821): Wilhelm Meisters Wanderjahre oder die Entsagenden. Stuttgart und Tübingen.

Haverkamp, Susanne (2013): Am Montagabend im Ersten. Anke Engelke sucht für die ARD das Glück. In: Neue Osnabrücker Zeitung v. 17.11. URL: http://www.noz.de/deutschland-welt/medien/artikel/428986/anke-engelke-sucht-fur-die-ard-das-gluck, (29.11.2020).

Herder, Johann Gottfried (1773): Ossian und die Lieder alter Völker. In: Otto, Regine (Hg.) (^{6}1982): Über die neuere deutsche Literatur (= Herders Werke Band 2), Berlin.

Hillmann, Eva-Maria (1966): Das Massenlied. Seine historische und gesellschaftliche Funktion. Leipzig.

Jansen, Fasia (1982): Erinnerungen. Abgedruckt in: Jäger, Uli/Schmid-Vöhringer, Michael (Hg.) (1982): „Wir werden nicht Ruhe geben …" Die Friedensbewegung in der Bundesrepublik Deutschland 1945–1982. Geschichte, Dokumente, Perspektiven. Tübingen.

Klaus (1947): Der Fackelzug. In: Neues Deutschland v. 29.5., S. 3.

Magistrat der Stadt Berlin, Abteilung für Kunst (Hg.) (1946): Singt alle mit! Lieder für Feier und Gemeinschaft. Berlin.

Meine, Klaus (2018): Wind of Change – Interview im Klaus Meine Frontmann Scorpions. In: St. Gallen Business Review v. 15.10. URL: http://www.stgallenbusinessreview.com/wind-of-change-interview-mit-klaus-meine-frontmann-scorpions/ (29.11.2020).

Lammel, Inge (1988): Das Arbeiterlied. In: Sell, Rüdiger (Hg.): Kleine Liedkunde. Berlin, S. 45–68.

Matzuranēs, Geōrgios (Hg.) (1985): Man nennt uns Gastarbeiter. Frankfurt/M.

Nägeli, Hans Georg (1809/10): Gesangsbildungslehre nach Pestalozzischen Grundsätzen. Zürich.

Noelle, Elisabeth/Neumann, Erich Peter (1956): Jahrbuch der öffentlichen Meinung 1947–1955. Allensbach.

Platon (1855): Politeia. Dialogorum de Republica. Der Staat. Nach der Übersetzung der Bücher I-V von Wilhelm Siegmund Teuffel, und der Bücher VI-X von Wilhelm Wiegand. In: Platon's Werke. Zehn Bücher vom Staate. Stuttgart.

Seume. Johann Gottfried (^{3}1810): Gedichte. Wien u. a.

Sievritts, Manfred (1984): „Politisch Lied, ein garstig Lied?". Lied – Song – Chanson 2. Wiesbaden.

Speit, Andreas (2008): Nazilied im Klassenzimmer. In: Zeit Online v. 21.2. URL: https://blog.zeit.de/stoerungsmelder/2008/02/21/nazilied-im-klassenzimmer_243 (29.11.2020).

Stiehler, Arthur Oswald (1890): Das Lied als Gefühlsausdruck. Altenburg.

Zentralrat der FDJ (Hg.) (1952): Handbuch des Pionierleiters. Berlin.

Wenzel, Erich (1966): Die Waldeck und das Lied. In: Der wohltemperierte Baybach-Bote. Sondernummer 14. Dokumentation zu den Festivals 1964 und 1965. Dorweiler.

Hilfreiche Internetplattformen

BMBF-Verbundprojekt „Das umstrittene Erbe von 1989“: https://89goespop.jimdofree.com/ (1.12.2020).

Bundeszentrale für politische Bildung: Dossier. Sound des Jahrhunderts. Bonn. URL: http://www.bpb.de/geschichte/zeitgeschichte/sound-des-jahrhunderts/ (29.11.2020).

Fischer, Michael u.a. (Hg.): Songlexikon. Encyclopedia of Songs. Eine Netzpublikation des Zentrums für Populäre Kultur und Musik der Universität Freiburg in Kooperation mit Schott Musik und der HS Düsseldorf. Freiburg. URL: http://www.songlexikon.de/ (29.11.2020).

John, Eckhard/Widmaier, Tobias (Hg.): Populäre und traditionelle Lieder. Historisch-kritisches Liederlexikon. Freiburg. URL: http://www.liederlexikon.de/ (29.11.2020).

Rehfeldt, Martin: Deutsche Lieder. Bamberger Anthologie. Jede Woche eine neue Liedinterpretation. Bamberg. URL: https://deutschelieder.wordpress.com/ (29.11.2020).

Robert-Havemann-Gesellschaft e.V./Bundeszentrale für politische Bildung: Jugendopposition in der DDR. Berlin. URL: www.jugendopposition.de (29.11.2020).

UC Santa Barbara Library: UCSB Cylinder Audio Archive. Santa Barbara. URL: http://cylinders.library.ucsb.edu/index.php (29.11.2020).

United States Holocaust Memorial Museum: Music of the Holocaust. Washington DC. URL: https://www.ushmm.org/collections/the-museums-collections/collections-highlights/music-of-the-holocaust-highlights-from-the-collection/music-of-the-holocaust (29.11.2020).

Yad Vashem. The World Holocaust Remembrance Center: Heartstrings. Music of the Holocaust. URL: https://www.yadvashem.org/yv/en/exhibitions/music/index.asp 1.12.2020).

ZEFYS Zeitungsinformationssystem der Staatsbibliothek zu Berlin, Preußischer Kulturbesitz: http://zefys.staatsbibliothek-berlin.de/index.php?id=start (29.11.2020).

Tonaufnahmen/Discographie

(1999): Geschichte in Liedern. Deutschland im 20. Jahrhunderts. Stuttgart u.a.

BMG Berlin Musik GmbH (1999): Fröhlich sein und singen. Die schönsten Pionierlieder. Berlin.

BMG Berlin Musik GmbH (1999): Unser Zeichen ist die Sonne. Die schönsten Lieder der FDJ. Berlin.

Busch, Ernst u.a. (2009): Arbeiterlieder. Die Geschichte des deutschen Arbeiterliedes. 16 Tondokumente auf CD. Berlin.

Deutsches Historisches Museum/Deutsches Rundfunkarchiv (1998): Hymnen der Deutschen.

Die vier Nachrichter (1932–1935): Tanz auf dem brennenden Vulkan, Veröffentlicht von Bear Family Records/Klein aber Kunst.

Kulisiewicz, Aleksander (1996): Lieder aus der Hölle. Aufnahmen von 1968. Bietigheim-Bissingen.

Schebera, Jürgen/Hohn, Klaus Jürgen (2010): Sänger, Chöre, Orchester. Dass nichts bleibt, wie es war! 150 Jahre Arbeiter- und Freiheitslieder. Hambergen.

Schweizer, Daniel (2005): White Terror. CH/FI/FR/DE.

Liedregister